Die Kanzlei als erfolgreiche Marke

Stephanie Hartung

Die Kanzlei als erfolgreiche Marke

Stephanie Hartung
PABLIK WJUING
SYSTEMISCHES MARKENMANAGEMENT
Köln
Deutschland

ISBN 978-3-658-09800-1   ISBN 978-3-658-09801-8 (eBook)
DOI 10.1007/978-3-658-09801-8

Die Deutsche Nationalbibliothek verzeichnet diese Publikation in der Deutschen National-bibliografie; detaillierte bibliografische Daten sind im Internet über http://dnb.d-nb.de abrufbar.

Springer Gabler
© Springer Fachmedien Wiesbaden 2015

Gedruckt auf säurefreiem und chlorfrei gebleichtem Papier

Springer Fachmedien Wiesbaden ist Teil der Fachverlagsgruppe Springer Science+Business Media
(www.springer.com)

Ein moderner Ansatz des Kanzleimanagements

Es ist eine Binsenwahrheit: Der Markt für rechtliche Dienstleistungen steckt in einer Phase des fundamentalen Umbruchs! Auch wenn Rechtsabteilungen in Unternehmen und viele „para-anwaltliche" Dienstleister davon ebenfalls betroffen sind – Anwaltskanzleien bekommen den Paradigmen-Wechsel ganz besonders deutlich zu spüren. Rezepte, die in den letzten drei Jahrzehnten feste Garanten für den Erfolg waren, nämlich Spezialisierung, Internationalisierung und professionelle Exzellenz, greifen nicht mehr automatisch.

Gefragt sind diese Attribute erfolgreicher Mandatsarbeit zwar nach wie vor. Hinzugekommen sind aber Anforderungen wie der Zwang zur Nutzung neuester Technologien, die Fähigkeit zur Zusammenarbeit mit Wettbewerbern bei der Arbeit über mehrere Wertschöpfungsstufen hinaus, Exzellenz im Service, höchste Prozesseffizienz oder etwa die Bereitschaft zur Anwendung alternativer Honorarmodelle, um nur einige zu nennen. Die 2008 einsetzende Finanzkrise hat diesen Bruch mit tradierten Vorstellungen der Kanzleiführung wohl nicht verursacht, ganz bestimmt aber akzentuiert.

Als Folge dieser Entwicklungen bläst gerade ein sehr steifer Wind im Kanzleimarkt. Im obersten Qualitätssegment für wirtschaftsrechtliche Dienstleistungen findet kaum mehr Wachstum statt; Angesagt ist die konsequente Fokussierung auf das „high-end". Enorme Zuwächse dagegen verzeichnen insbesondere im angelsächsischen Raum Anbieter von stark standardisierten rechtlichen Dienstleistungen. Gemeint ist der Aufschwung im Bereich des sogenannten Legal Process Outsourcing (LPO), das von der weitgehend automatisierten Herstellung rechtlicher Teilleistungen in einem zunehmend dis-aggregierten Markt lebt. Besonders stark verunsichert ist aber das große Marktsegment dazwischen, jenes im Sandwich zwischen „oben" und „unten". Gerade international aufgestellte Kanzleien in diesem Segment ergreifen die Flucht nach vorn, fusionieren oder wachsen, indem sie ganze Teams von anderen Kanzleien abwerben und einen Standort nach dem anderen eröffnen. Die Rentabilität bleibt dann leider oft auf der Strecke.

Vielen Kanzleien fehlt schlicht die Kraft zu klarer strategischer Positionierung. Wo es darum ginge, nach Einzigartigkeit und Differenzierung zu streben, greifen Ratlosigkeit und hektische Betriebsamkeit um sich. Stephanie Hartung bietet in dieser Situation Orientierungshilfe. Sie beschreibt die Kanzlei als Marke, als Brand, und verwendet dabei einen sehr weit gefassten Markenbegriff, der deutlich über Bezeichnung, Design und Logo hinausgeht.

Mit ihrer Vorstellung von der Kanzlei als Marke setzt sie bei der Entwicklung einer Vision und eines damit verbundenen klaren Nutzenversprechens für die Mandanten mit dem Ziel der eindeutigen Positionierung im Markt an. Daraus soll dann ein konsistentes Geschäftsmodell wachsen und eine Kanzleikultur, die nicht nur Nährboden für die Entwicklung von juristischen Talenten sein will. Die Kanzleimarke soll vielmehr auch für die Kommunikation und Interaktion der Kanzlei mit ihren Mandanten stehen und diese bestimmen. Gedacht ist die Kanzlei also von außen – vom Markt und seinen Bedürfnissen her – nach innen, wo es dann erst in einem zweiten Schritt um das Design des Kompetenzportfolios und die organisatorische Konfiguration geht. Und nicht umgekehrt!

Damit gelingt ein überaus moderner, umfassender Ansatz des Kanzleimanagements. Stephanie Hartung fügt verschiedenen Bausteine erfolgreichen Managements im Bezugs- und Ordnungsrahmen „Kanzleimarke" zusammen. Ihr Werk bietet damit nicht nur Orientierung, sondern ist auch ganz praktisch als Hilfe angelegt auf dem Weg zur erfolgreichen Positionierung der Kanzlei in einem immer anspruchsvoller werdenden Marktumfeld.

Prof. Dr. Leo Staub
Director Legal Management an der Universität St. Gallen, Schweiz

Game over? Zum Stand der Dinge

Wenn wir uns für einen kurzen Moment in den deutschen Managing Partner einer typischen internationalen Sozietät hineinversetzen, der einen Entwicklungsplan für die nächsten drei Jahre erstellen muss – was überlegt er sich im Moment angesichts der Entwicklungen im Rechtsmarkt? Was denkt er über die zukünftige Entwicklung seiner Sozietät, in Deutschland und weltweit? Wovon geht er aus? Auf welche Hilfen und Unterstützung kann er zurückgreifen?

Zunächst wird er von dem ausgehen, was er und seine Partner unmittelbar spüren: Von zunehmendem Preisdruck, wachsender Konkurrenz, und zwar nicht nur durch die altbekannten Wettbewerber, einer unsicher(er) werdenden Marktposition, Druck auf die Profitabilität, Schwierigkeiten beim Recruiting, bei wachsenden Kosten für Infrastruktur, etc.

Immerhin stellt er auch fest, dass es so schlimm wie in den USA und England nicht ist, verglichen mit den dortigen Kanzleien ist sein deutsches Büro noch ganz gut weggekommen. Wenn seine Kanzlei in das deutsche (gehobene) Mittelfeld gehört, ist es sogar gar nicht schlecht im Moment, denn seine Kanzlei profitiert davon, dass sich die Top-Kanzleien mehr und mehr fokussieren und sich aus Mandatsbereichen zurückziehen; dadurch gewinnen er und andere Kanzleien im Mittelfeld. Aber wie nachhaltig ist das, und kann eine solche „Sterntaler-Strategie" auf Dauer funktionieren? Kann er für die nächsten drei Jahre wirklich auf weiteres Wachstum setzen, oder soll er, wie seine Kollegen aus den anderen Büros seiner Sozietät, eher auf Profitabilität setzen? Und wie bekommt man den Umstand in den Griff, dass Kanzleien sich einerseits immer weiter fokussieren, also ihre Profitabilität ausbauen oder mindestens halten wollen, und andererseits riesige neue Beratungseinheiten entstehen, die nur noch in globalen Dimensionen denken?

Dies sind alles Dinge, welche die operative Seite des Sozietätsmanagements betreffen, also den Versuch, die Sozietät immer so aufzustellen, dass ihre zukünftige Existenz gesichert ist. Da die meisten Managing Partner auch noch für Mandanten arbeiten, ist er damit und den operativen Herausforderungen komplett ausgelastet.

Was wird er sich für strategische Gedanken machen? Auf welche Unterstützung kann er zurückgreifen? Die Literaturliste der strategischen *must reads*, die im Rechtsmarkt kursiert, führt geradewegs in die Depression: Es begann im Jahr 2007 mit Richard Susskinds Buch „*The End of Lawyers?*", aktualisiert im Jahr 2010. Ebenfalls aus dem Jahr 2010 ein langer Aufsatz von Larry Ribstein „*The Death of Big Law*". Im Jahr 2012 legte

Bruce MacEwen mit dem Buch „*Growth is dead: Now what?*" nach, inzwischen gibt es davon die 2. Auflage. Zwei kanadische Autoren schrieben einerseits über „*The Lawyer Bubble: A Profession in Crisis*" und andererseits „*Avoiding Extinction: Reimagining Legal Services fort he 21th Century*". Aus England kommen Beiträge wie „*Partnership: The Grand Delusion*" oder „*Partnerships: Will they survive?*", und insgesamt fasste der Economist den Stand der Dinge in einem Beitrag „*A less gilded future*" zusammen, was angesichts der anderen Buchtitel schon sehr nach britischem Understatement klingt. Dass Richard Susskind neuerdings über „*Tomorrow's Lawyers*" schreibt, hilft aus der Depression nicht heraus, denn die Analyse der als ausweglos beschrieben Situation hat sich nicht geändert, und das, was da als „*Tomorrow's Lawyers*" beschrieben wird, hat mit der klassischen Sozietät und dem, was wir heute kennen, herzlich wenig zu tun.

Eine Kristallkugel wäre gut, aber wer hat die schon? Englische Rechtsmarktzeitschriften präsentieren immerhin und sogar regelmäßig zukünftige Markteinschätzungen, die sich Crystal Ball o.ä. nennen und im Wesentlichen auf Interviews mit „Marktteilnehmern" oder „Marktbeobachtern" beruhen. Vermutlich ist der Begriff Kristallkugel gar nicht so unpassend, denn diese Markteinschätzungen sind den Voraussagequalitäten eines Kristallkugelbetreibers auf einem Jahrmarkt nicht unähnlich. Als die US-amerikanische Kanzlei Dewey & LeBoeuf wegen Insolvenz schließen musste, las man überall, dass das nur die Spitze des Eisbergs sei, mit weiteren Insolvenzen sei demnächst zu rechnen. Es wurden sogar schon konkrete Namen genannt, unter der Hand natürlich. Geschehen ist bislang nichts dergleichen. Bisweilen bekommt man den Eindruck, in den Markteinschätzungen der Periodika das zu lesen, was man in den oben genannten Büchern auch schon ausführlicher lesen konnte.

Offenbar scheint es so zu sein, dass die ernste Lage sich in naher Zukunft nicht ändern wird, sondern sich Kanzleien, gleich welcher Größe, auf ein verändertes und sich weiter veränderndes Marktumfeld einstellen müssen. Wie aber dieses Umfeld aussieht, ist allenfalls in groben Umrissen zu erkennen.

Immerhin ist über den Rechtsmarkt in Deutschland und seine möglichen Entwicklungen in den letzten Jahren viel geschrieben worden. Das ist mindestens ein Beleg dafür, dass hier etwas als ein „Markt" ernstgenommen wird, was noch vor einigen Jahren allenfalls als Tummelplatz von Organen der Rechtspflege verspottet wurde. Bücher über die Entwicklung ausländischer Märkte gibt es schon länger, siehe oben. Es gibt umfangreiche Zahlenwerke über den Rechtsmarkt und weitere Untersuchungen, die den Markt insgesamt betreffen. Hier ist insbesondere auf die Arbeiten des Soldan Institut für Management zu verweisen. Für das Segment der wirtschaftsberatenden Kanzleien gibt es die jährlichen Marktentwicklungsberichte der Juve-Redaktion. Ergänzend dazu kann auf die Gesamtdarstellungen von Staub/Hehli Hidber (**Staub/Hehli Hidber**) und Wegerich/Hartung (**Wegerich/Hartung**) verwiesen werden, jeweils Sammelwerke, in denen Marktbeobachter die Wirkgesetze des Rechtsmarktes analysiert und beschrieben haben.

Wir wissen inzwischen, dass der Rechtsmarkt, insgesamt gesehen, ein Käufermarkt ist: Es gibt mehr Anbieter als Nachfrager. In einzelnen Segmenten des Marktes ist das anders, insbesondere war es lange im Bereich der wirtschaftsberatenden Kanzleien anders. Der

Rechtsmarkt ist auch immer noch ein Wachstumsmarkt, was sich aus den Steigerungsraten des Honorarvolumens für die Rechtsberatung ergibt. Jahr für Jahr drängen aber immer mehr Anwälte auf den Markt: Zwar hat der Markt durch das Erfordernis zweier Staatsexamen Zugangshürden, die nicht jeder bewältigen kann, aber wenn die Hürde genommen ist, steht der anwaltlichen Tätigkeit nichts mehr im Wege, theoretisch jedenfalls. Dabei verteilen sich die neu hinzukommenden Anwälte nicht gleichmäßig über den Markt der Anbieter. Viele, vermutlich die meisten, gehen in kleine Einheiten oder werden als Einzelanwälte tätig. Untersuchungen darüber, ob das jeweils noch Vollzeittätigkeiten sind, fehlen.

Neben den Rechtsanwälten als Anbieter juristischer Dienstleistungen gibt es andere, nichtanwaltliche Dienstleister, die in Konkurrenz zu den niedergelassenen Anwälten treten, und es gibt die Renaissance der Unternehmensrechtsabteilungen, die in den letzten Jahren verstärkt dazu übergegangen sind, die Rechtsangelegenheiten ihrer Unternehmen inhouse zu erledigen.

Hinzu kommt etwas, womit jede eingeführte Industrie zu kämpfen hat: Das Veränderungstempo ist völlig unberechenbar. Es ist sowohl rasend schnell wie auch quälend langsam. Manchmal so langsam, dass überhaupt bestritten wird, dass sich irgendetwas Wesentliches ändern würde. Ein Beispiel für rasante Entwicklungen können wir am Wachstum der alternativen Dienstleister erkennen: Deren Entwicklung findet insbesondere in den USA und in England mit sehr hohem Tempo statt. Die Wachstumszahlen von Legal Zoom, Rocket Law, axiom und anderen sind atemberaubend – und dabei dürfen wir die anderen, fast schon etabliert wirkenden Outsourcing-Provider nicht übersehen: Integreon, pangea3,... Alle diese Anbieter bearbeiten Geschäft, das früher von Kanzleien bearbeitet wurde. Und die meisten dieser Anbieter sind technologiebasiert.

Haben diese Dienstleister das Zeug, den Markt disruptiv zu verändern, sind sie sozusagen die digitale Fotografie des Rechtsmarktes, welche die etablierten Kanzlei-Kodaks zum Verschwinden bringen? In der Theorie jedenfalls bringen die alternativen Dienstleister alles mit, was *disruptive innovation* braucht – sie entwickeln sich am unteren Ende des Marktes, übernehmen eher standardisiertes Geschäft, sind in der Bearbeitung (oder: Abarbeitung) von Prozessen stark und werden den etablierten Marktführern in deren Kerngeschäft (noch) nicht wirklich gefährlich.

Auch die Marktführer verhalten sich klassisch: Sie fokussieren sich auf ihr Kerngeschäft, d. h. sie ziehen sich notgedrungen aus Geschäftsbereichen zurück, in denen sie früher stark waren (oder jedenfalls ein Monopol hatten). Dadurch öffnen sie Raum für andere und neue Anbieter und begeben sich durch die Fokussierung in einen fast heftigeren Konkurrenzkampf an der Marktspitze, die möglicherweise nicht nur nicht genug Mandatsaufkommen für alle diese Anbieter bietet, sondern darüber hinaus schrumpft. Berti Vogts, der frühere Bundestrainer, hätte dazu gesagt: „Die Breite an der Spitze ist dichter geworden".

Dies alleine führt aber noch nicht zu disruptiven Veränderungen. Vielmehr ist das ein normaler Wachstums- und Entwicklungsprozess mit sich verändernden Konkurrenzverhältnissen, den einige überstehen, andere nicht. Disruptiv würde es erst dann, wenn es alternativen Anbietern entweder gelingt, in den Bereich der Etablierten einzudringen, oder, was wahrscheinlicher ist, wenn sich das Nachfrageverhalten ändert. So etwas kann man in der Branche der Unternehmensberater beobachten, in der die rasante Entwicklung der Informationstechnologie – Stichwort: Big Data – zu einer erheblichen Veränderung führt.

Die dort etablierten Marktführer reagieren darauf, indem sie diese Veränderungen regelrecht „umarmen", also selber zum alternativen Anbieter werden – allerdings unter Beibehaltung ihres klassischen Geschäfts. So etwas beobachten wir bei Kanzleien noch nicht. Die Spitze der Innovation besteht hier darin, standardisierte Teile ihres Angebots nach Indien oder immerhin nach Belfast auszulagern, um Kosten zu senken. Aber ist das eine angemessene Vorbereitung auf die anstehenden Veränderungen? Man kann natürlich bestreiten, dass es Veränderungen geben wird. Was aber, wenn man es anerkennt?

Das soll hier nicht zu depressiv oder kassandrisch klingen. Angesichts eines insgesamt wachsenden Marktvolumens besteht eigentlich alle Veranlassung, sich optimistisch auf dieses Wachstum einzustellen. Das Problem für viele, vielleicht sogar die meisten Kanzleien ist jedoch, dass sie versuchen, mit den Mitteln von gestern für morgen vorzusorgen. Wir kennen kein Beispiel aus welchem Markt auch immer, bei dem eine solche Strategie jemals erfolgreich war.

Kanzleien stehen vor (mindestens) zwei Herausforderungen, um sich zukunftsgerecht (vielleicht sogar schon gegenwartsgerecht) aufzustellen: Es ist zum einen der Prozess des strategischen Managements, worunter wir die Verortung in einem Markt verstehen. Natürlich sind alle „im Rechtsmarkt" tätig, aber man muss sich nur die unterschiedlichen Ausrichtungen und Geschäftsmodelle in den TOP50-Kanzleien anschauen, um festzustellen, in welchen unterschiedlichen einzelnen Marktsegmenten diese Kanzleien tätig sind. Der Prozess des strategischen Managements beinhaltet das Erkennen sowie die Definition der eigenen Stärken und Schwächen und eine daraus resultierende realistisch-ambitionierte Definition des Marktumfeldes, in dem eine solcherart aufgestellte Einheit erfolgreich sein kann.

Aber diese Verortung alleine hilft nicht, denn niemand kann erwarten, eine Nische zu finden, in der sich keine Wettbewerber befinden. Im Gegenteil: In einem Markt, der durch zu viele Anbieter einerseits und erheblichen Preisdruck andererseits gekennzeichnet ist, lautet die klassische strategische Lösung für Kanzleien, sich vom Wettbewerb zu unterscheiden und Alleinstellungsmerkmale zu entwickeln, die sie aus Sicht der Nachfrager von den Wettbewerbern unterscheidet. Schon das ist eine immense Herausforderung, und angesichts des Umstandes, dass es über 50.000 Anwaltskanzleien in Deutschland gibt, insgesamt unmöglich.

Wie gesagt: Diese gut 50.000 Kanzleien, überwiegend Einzelkanzleien, konkurrieren nicht in einem Markt; der Rechtsmarkt ist ein unvollkommener Markt und für die große Mehrzahl von Anwälten ein lokaler Markt: Ein auf das Mietrecht spezialisierter Anwalt in Berlin konkurriert in der Regel nicht mit dem Mietrechtsspezialisten in München. Das gilt mutatis mutandis auch für Familienrechtsanwälte, Verkehrsunfallexperten und die anderen Anwälte, die sich um die alltäglichen Rechtsprobleme von Verbraucher kümmern.

Dennoch: Dadurch, dass Konkurrenz in verschiedenen Segmenten stattfindet, wird die Sache nicht einfacher. Denn auch hier, in den einzelnen Segmenten der z. B. bundesweit bekannten Spezialisten, findet Wettbewerb statt. Auch hier besteht die Notwendigkeit der

Differenzierung, der Herausarbeitung von Alleinstellungsmerkmalen, wenigstens von erkennbaren Unterscheidungsmerkmalen.

Soweit der klassische Weg – Definition der Kernkompetenzen, Zielgruppendefinition, strategische Positionierung und die Herausbildung von Differenzierungsmerkmalen. Dies geschieht auf mindestens zwei Märkten, nämlich dem „Mandantenmarkt" und dem „Nachwuchsmarkt". Dieser klassische Weg aber ergibt sich aus den Erkenntnissen von Gestern und eröffnet wenig Potenzial für die Entwicklungen von Morgen.

Für eben diese braucht es ganzheitlichere Modelle der Kanzleiführung, die maximal flexibel auf welche Veränderungen auch immer reagieren lassen und damit langfristig zukunftstauglich sind. Ein solch ganzheitliches Modell ist das der systemischen Markenentwicklung und -führung, wie es hier vorliegt, wobei der Begriff „Marke" zunächst einmal als operationale Größe eine präzise Definition für den Rechtsmarkt erfährt.

Das tut Not. Denn es besteht immer noch eine bemerkenswerte Unklarheit darüber, was eine Marke/ein „Corporate Brand" eigentlich ist, wie man eine Marke im Rechtsmarkt entwickelt, und wie man sie in Zeiten dynamischer und zugleich auch irgendwie lähmender Veränderungen mit „Überraschungscharakter" in all ihren komplexen Aspekten erfolgreich in die Zukunft führen kann.

Das vorliegende Buch beschreitet diesbezüglich einen neuen und zugleich zukunftsweisenden Weg insofern, als es die „Kunst", eine Marke zu sein und diese zu managen, als einen ganzheitlichen Prozess der Selbstverortung und -gestaltung beschreibt. Der Begriff der Markenbildung ist nicht mehr neu, auch nicht im Rechtsmarkt. Was das aber eigentlich jenseits von Design, Logos und Gestaltung bedeutet, wird für den Rechtsmarkt in dem vorliegenden Werk erstmals umfassend untersucht und beschrieben.

Markus Hartung
Rechtsanwalt,
Direktor des Bucerius Center on the Legal
Profession an der Bucerius Law School, Hamburg

Inhaltsverzeichnis

Warum Marke? und: Was ist eine Marke?

Die Marke ist wichtig, heißt es in jüngerer Zeit immer häufiger im Rechtsmarkt. Kanzleien, die mehr Erfolg haben wollen, sollten eine Marke haben. Das klingt so, als ob man sich eine Marke zulegen, sie kaufen oder deren Entwicklung extern beauftragen könnte. Das aber kann man sicher nicht. Man kann Marke weder kaufen, noch sie einer Kanzlei als erfolgssteigerndes Element hinzufügen. Marke ist so wenig ein „Add on" wie ein „nice to have". Marke ist keine gesonderte Werbemaßnahme und keine grafische Spielerei. Soviel vorweg.

Was stimmt, ist, dass Kanzleien nicht denkbar ohne Marke oder besser: als Nicht-Marke sind. Und was auch stimmt, ist, dass Kanzleien, die ihre Marke professionell führen, mehr Erfolg haben, als andere Kanzleien. Es lohnt sich also in jedem Fall für jeden, der mit Rechtsberatung und juristischen Leistungen befasst ist, sich mit dem Phänomen der Marke, insbesondere mit der Marke im Rechtsmarkt zu beschäftigen und zu verstehen, warum eine Kanzlei als strategisch geführte Marke deutlich mehr Erfolg haben wird.

Für den Weg zum Erfolg stellt sich hier die Frage: Was eigentlich ist eine Marke, was ist eine Kanzleimarke? Ist Marke ein Synonym für Erscheinungsbild? Steht Marke in Summe für die Marketingmaßnahmen einer Organisation? Ist Marke ein Produkt, oder kennzeichnet sie lediglich einen Gegenstand, wie ein Warenzeichen? Ist sie Herkunftsbezeichnung? Informiert sie über Zugehörigkeit? Meint Marke Qualität? Hat Marke etwas mit Vertrauen zu tun?

Um zu verstehen, was eigentlich Marke ist – bzw. sein kann – macht es Sinn, vorweg ein wenig genauer auf die gängigen wissenschaftlichen Definitionen für Marke zu schauen, wie sie im Wesentlichen in der Wirtschaft verwendet werden. All diese Definitionen benennen zwar wesentliche Kriterien für die Marke, warum sie aber mit dem Anspruch an Allgemeingültigkeit nicht wirklich hilfreich für den Umfang mit einer Kanzleimarke sein können, wird bei näherer Untersuchung mehr als deutlich. Im Anschluss an diese einfüh-

© Springer Fachmedien Wiesbaden 2015
S. Hartung, *Die Kanzlei als erfolgreiche Marke,* DOI 10.1007/978-3-658-09801-8_1

renden Betrachtungen werde ich dann im folgenden Kapitel eine eigene Definition für die Kanzleimarke vorlegen.

Fragt man einschlägige Experten oder Praktiker, wird schnell deutlich: Für den Begriff „Marke" scheint es in etwa ebenso viele Erklärungen zu geben, wie Befragte. Die Gründe hierfür liegen einerseits in den bis dato veröffentlichten Definitionen aus Wissenschaft und Praxis. Darüber hinaus hat das Phänomen Marke über die Jahrtausende ihrer Entstehungsgeschichte derart viele Bedeutungs-, Funktions- und Wirkungszuschreibungen erfahren, dass in Summe eine einfache Definition tatsächlich nicht leicht scheint. Hinzu kommt, dass Marke insbesondere seit Beginn des letzten Jahrhunderts ausschließlich als Synonym für Markenprodukte stand. Angesichts der sich beinahe überschlagenden Entwicklungen, die durch die industrielle Revolution ausgelöst worden waren, kann das nicht wirklich verwundern: Die Aufmerksamkeit galt den neuen Produktionsmöglichkeiten und deren Ergebnissen. Außerdem verengten zwei Weltkriege den Fokus zusätzlich – wo zunächst Not und Hunger herrschten, war einzig das von Interesse, was man bekommen konnte: das Produkt. Parallel zu den sich wieder sättigenden Märkten verschob sich der Anspruch an das Markenprodukt zwar von der ubiquitären Verfügbarkeit hin zu Fragen von Alleinstellungsmerkmal, Positionierung und Wettbewerbsstrategie. Das Interesse aber galt weiterhin und beinahe ausschließlich dem Produkt, und noch heute verstehen nicht wenige den Begriff Marke als Synonym für ein Markenprodukt.

Erst die Ölkrise der 1970er Jahre und der damit einhergehende Beginn des Wandels von der Produktions- zur Dienstleistungsgesellschaft machten es erforderlich, innovative Ansätze dafür zu entwickeln, wie eigentlich Dienstleistungen zu vermarkten seien – und damit einhergehend – wie eigentlich die Dienstleister hinter den Leistungen sich in Märkten gegen immer mehr Wettbewerber behaupten könnten. Dieselbe Entwicklung zeigte sich auch im Produktionssektor, in dem nun weniger das Produkt als vielmehr der Hersteller des Produktes in den Fokus der Aufmerksamkeit geriet. Und die Weiterentwicklung von der Dienstleistungs- zur Informations- und Kommunikationsgesellschaft beförderte zusätzliche umfangreiche Herausforderungen an die Führung von Unternehmensmarken.

Angesichts dessen erstaunt die Erkenntnis, dass heute, immerhin rund 45 Jahre nach besagter Ölkrise und beinahe 20 Jahre nach dem Wandel zur Kommunikationsgesellschaft, der Umgang mit Unternehmensmarken, so genannten Corporate Brands, noch immer in den Kinderschuhen steckt. Darüber hinaus hat man das Gefühl, dass sich die Märkte in ihrer Komplexität schneller ändern, als das erfolgsorientierte Management von Corporate Brands reifen kann. Die Anforderungen, die sich hierbei ergeben, sind einer uns bislang unbekannten, zunehmenden Dynamik unterworfen. Dennoch: Eine Definition bleibt die Voraussetzung für jedwede Überlegung bezüglich der eventuellen Notwendigkeiten und Möglichkeiten für Kanzleimarken.

Wenn auch die Wirtschaftsgeschichte bereits bei den Sumerern erste Erscheinungsformen von Marke aufweist, so scheint es doch sinnvoll, mit Blick auf mögliche Definitionen zunächst einmal die jüngere Geschichte zu bemühen, konkret, die Geschichte seit 1920, als Marketing zur eigenen Wissenschaft erklärt wurde, Marketingkonzepte kontinuierlich weiterentwickelt, hypothetische Annahmen verifiziert und quantifiziert sowie spezielle

Gebiete des Marketing auf- und ausgebaut wurden. Wie gesagt: Alle Marketingansätze dieser Zeit galten den Vermarktungsbemühungen rund um das Produkt.

Als wissenschaftlicher Assistent von Wilhelm Vershofen organisierte Ludwig Erhard – der 1949 zum Bundesminister für Wirtschaft und 1963 zum Bundeskanzler ernannt wurde – 1935 für die Nürnberger Handelshochschule das erste Marketing-Seminar Deutschlands. In diesen ersten Jahren der Verwissenschaftlichung von Vermarktungsstrategien rangierte die Marke zunächst als untergeordnet und unter „ferner liefen". Schließlich war die Nachfrage beinahe aller Produkte um ein vielfaches höher, als das Angebot. Marke bezog sich somit – wenn überhaupt – auf Aspekte einer zuverlässigen Produktion, einer intelligenten Warenlogistik, sowie schließlich einer Markierung der Produkte durch ein Markensymbol (ein Logo) zum Zweck der Wiedererkennbarkeit.

Die sehnsuchtsvollen Ausläufer der industriellen Revolution lauteten zu Beginn des 20- Jahrhunderts und einmal mehr im Anschluss an 2 Weltkriege: Produktion, Produktion, Produktion, und die Bewerbung der Erzeugnisse pflasterte bald das Straßenbild. Die Erfindung immer neuer Produkte – vom Telefon über das Auto hin zu Waschmitteln – lenkte den Blick primär auf Machbarkeiten und erst viel später auf Vergleichbarkeiten. Es war so gesehen das Paradies der „first mover", ein Garten Eden für eben jene Pionierunternehmen, deren neuen Produkten kein vergleichbares Konkurrenzprodukt gegenüberstand. In diesen Jahren dachte niemand über Dienstleistungsmarken oder über Unternehmensmarken nach, obwohl solche bereits lange zuvor in der Gesellschafts- und Wirtschaftsgeschichte aufgetaucht waren. Der Blick aber verkürzte sich analog zur Zunahme der Machbarkeitseuphorie. Indes: Die Zeiten von knappen Märkten, einer Nachfrage um jeden Preis, sowie einer beinahe ausschließlichen Produktorientierung haben sich geändert – derart, dass man kaum glauben möchte, dass seitdem lediglich ein knappes Jahrhundert verstrichen ist.

Angesichts der damaligen produktorientierten Wirtschaft hatte sich wie gesagt die moderne Marketing-, und mit ihr die aufkommende Markenwissenschaft, auch nach dem Zweiten Weltkrieg zunächst konsequent auf den Markenartikel – als Synonym für Marke – beschränkt. Eine bekannte Markenartikel Definition von Konrad Mellerowicz stammt aus dem Jahr 1963 und verdeutlicht das damalige Verständnis:

> Markenartikel sind für den privaten Bedarf geschaffene Fertigwaren, die in einem größeren Absatzraum unter einem besonderen, die Herkunft kennzeichnenden Merkmal (Marke) in einheitlicher Aufmachung, gleicher Menge sowie {…} Güte erhältlich sind und sich dadurch sowie durch die für sie betriebene Werbung die Anerkennung der {…} Verbraucher erworben haben. (Mellerowicz 1963)

Hier wird deutlich, dass eine solche Definition nur in Zeiten des Mangels und dadurch ungesättigter Märkte entstehen konnte: Ein Massenprodukt mit möglichst großem Absatz bei gleich bleibender Qualität und flächendeckender Bewerbung wird hier – bei antizipiertem, stets vorhandenen Kaufbedarf beim Verbraucher – zum Synonym für das, was Marke sein soll: ein mit bestimmten Merkmalen markiertes Produkt. Ob diese Definition vielleicht schon damals angesichts der Jahrhunderte langen Entwicklungsgeschichte von

Marke kurzsichtig oder zumindest ausschnitthaft war, sei dahingestellt – sie war zu ihrer Zeit „state of the sciences" und Grundlage für den entsprechenden Umgang mit dem, was man zur Marke erklärte, bzw. womit man sich unter Markenaspekten hauptsächlich beschäftigte, und in weiten Teilen auch noch heute beschäftigt.

Tatsächlich aber war das Markenphänomen bereits sehr früh in der Geschichte aufgetaucht – sei es im römischen Reich, das nach Markenkriterien als konsistente Staatsmarke und maximal erfolgreiche Wirtschaftsorganisation mit sämtlichen Markenfunktionen und -aspekten erfolgreich geführt wurde; sei es bei der römisch-katholischen Kirche, die unter Markenexperten als erfolgreichster Corporate Brand der Menschheitsgeschichte überhaupt gilt und immer wieder als Blaupause für das Verständnis von komplexen Markengestalten hervorgeholt wird; oder sei es die Hanse, die als erste, erfolgreich geführte Dachmarke für einen Dienstleisterverbund in die Geschichte einging und eine derartige Strahlkraft hatte, dass die weiteren Entwicklungen wie Humanismus und Renaissance – nicht zuletzt auch die Gründung der europäischen Union – ohne die gesellschaftspolitische und kulturelle Entwicklung, die durch die Verbundmarke der Hanse befördert wurden, nicht denkbar wären.

Vor dem Hintergrund dieser Erkenntnis ist es erstaunlich, wie schnell sich der Blick der Markenexperten analog zum jeweiligen Entwicklungsstand der Wirtschaft verkürzte, und sich mehr und mehr den marketingorientierten Machbarkeiten, als den grundlegenden Fragen widmete, die Marke immer zu beantworten hat, bevor es an die Umsetzung adäquater Maßnahmen geht. Denn Tatsache ist: Die Markendefinitionen, die in den 1960er Jahren entwickelt wurden, gelten vielen noch heute als Orientierung.

Mellerowicz' Definition bietet jedoch aus heutiger Sicht nicht nur keine befriedigende Orientierung mehr – ihr Geltungsbereich, der sich ausschließlich auf einen Konsumartikel für den so genannten Endverbraucher bezieht, ist angesichts der aktuellen Herausforderungen einer modernen Dienstleistungs-, Wissens- und Kommunikationsgesellschaft von so gut wie keiner, bzw. lediglich partieller Relevanz für den Umgang mit Marke. Dennoch: Die Definition gilt noch heute – zumindest insofern, als sich weitere Erklärungsansätze in Folge auf Mellerowicz bezogen und seine Definition lediglich erweitert haben.

Es ist deshalb durchaus nicht verwunderlich, dass sich bei der Frage nach Marke aktuell noch immer die Assoziationen in Richtung der Konsumgüter wie z. B. Coca Cola oder Mercedes bewegen. Tatsächlich aber fragt die Kunst der Markenführung heute in wachsenden Umfang danach, wie Unternehmen – und hier insbesondere Unternehmen der Produktions- und Dienstleistungssektoren im BtoB Bereich – als Marke geführt werden können, und wie sie angesichts der Märkte geführt werden müssen. Denn die Anforderungen für diese Unternehmen haben sich stark gewandelt, und die Veränderungsgeschwindigkeit nimmt weiter zu.

Mit Blick auf den Alltag vieler Unternehmen und eben auch Kanzleien aber zeigt sich häufig, dass die deren Reaktionsfähigkeit für diese Dynamik der Märkte nicht wirklich geschaffen ist: Nur sehr wenige Unternehmen und Kanzleien scheinen tatsächlich verstanden zu haben, dass angesichts der zunehmend komplexen Märkte und der damit einhergehenden wachsenden Dynamik allein die professionelle Markenführung dafür sorgen kann, dass sich dauerhaft Erfolg einstellt.

Die Zunahme von Komplexität geht immer einher mit der Zunahme von Vernetzung, Vielfalt, Gleichzeitigkeit und Interdependenz. Und sie fordert deshalb eine gezielt strategische Reduktion der Komplexität, die einzig und allein einer sinnvollen Orientierung für Interaktion und Kooperation zu dienen hat. Diese Reduktion der Komplexität kann nur eine systemisch verstandene und strategisch geführte Marke leisten – wenn man denn weiß, was Marke überhaupt ist und welche Möglichkeiten sich mit ihr bieten. Hier schließt sich ein Kreis – denn: Was genau an Coca Cola die Marke ist, oder genauer, was die Marke Coca Cola ist, findet wie beschrieben zahlreiche Interpretationen, niemals aber eine einheitliche oder gar befriedigende Antwort.

Auch in der heute gültigen Legaldefinition der Marke findet man keine Antwort, bzw. findet man eine, die für das Verständnis von Marke konsequent in die Irre führt:

> Als Marke können Zeichen, insbesondere Wörter einschließlich Personennamen, Abbildungen, Buchstaben, Zahlen, Hörzeichen, dreidimensionale Gestaltung einschließlich Farben und Farbzusammenstellungen geschützt werden, die geeignet sind, Waren und Dienstleistungen eines Unternehmens von denjenigen anderer zu unterscheiden (§ 3 Abs. 1 MarkenG)

Natürlich bezieht sich die Legaldefinition ausschließlich auf die Aspekte der Marke, die tatsächlich geschützt werden können. Und natürlich spielt nicht zuletzt im Kontext der Markenbewertung der Markenschutz eine ganz wichtige Rolle. Die Sprache aber führt in die Irre, denn hier wird wortwörtlich gesagt, dass die sinnlich wahrnehmbaren Aspekte der Marke als Marke geschützt werden können. Die symbolisierenden und visualisierten Gestaltelemente werden als Synonym für Marke verwendet. Vielleicht ist das mit einer der Gründe, warum die Definition dazu geführt hat, dass sich bei vielen die legallogische Verkürzung auf schützenswerte Markenaspekte als eigentliche Definition von Marke festgesetzt hat.

> ..few firms understand brand and even fewer have developed a coherent brand strategy to grow and develop their brands. Brand is still largely tackled in a limited ad hoc way with the main focus on brand symbols such as names, logos and design elements with occasional reference to a firm's website. (ark group 1)

Wie gesagt: Wirklich viele denken heute, Marke sei ein Logo – oder umgekehrt: das Logo sei die Marke, und so lauten denn die Aufträge genau so: *„Entwickeln Sie uns eine neue Marke"* und für den Experten ist dann gemeint: *„Entwickeln Sie uns ein Symbol für unsere Marke"*. Der Unterschied kann tatsächlich größer nicht sein.

Die definitorische Überlagerung der Marke mit dem Zeichen, das sie lediglich symbolisiert oder auch mit ihrem umfassenderen Erscheinungsbild hat in der allgemeinen Rezeption von Marke – nicht zuletzt auch im Rechtsbereich – dazu beigetragen, dass Marke schlicht mit Logo und Erscheinungsbild gleichgesetzt, bzw. verwechselt wird. Ein durchaus folgenreiches Verständnis von Marke also, das zugleich erklären mag, warum Kanzlei- und Anwaltsmarken sich – wenn überhaupt – eben auf die Anwendung eines

Logos mitsamt eines Erscheinungsbilds ihrer Medien reduzieren, in der Überzeugung, den heutigen Anforderungen an Markenbildung und -führung Genüge zu tun.

Aber nicht nur im Rechtsmarkt hat die Legaldefinition dazu geführt, dass Marke mit ihrer eigenen Erscheinung, mit ihrem Symbol gleichgesetzt wird. Sogar im großen Markenlexikon liest man:

> Eine Marke gilt als Zeichensystem und damit originär als kommunikatives Phänomen, das aus einem oder mehreren der folgenden Markenelemente besteht: Name, Begriff, Zeichen, Symbol, Gestaltungsform etc.; Ziel einer Marke (früher: Warenzeichen) ist es, die Leistung eines oder mehrerer Anbieter zu kennzeichnen und von Wettbewerbsangeboten zu unterscheiden. (Marke Definition 1)

Auch diese Definition reduziert Marke erstens auf die Kennzeichnung eines Angebots und zweitens und vor allem lediglich auf eine Form- und Farbsprache, sowie auf Namen und Begriffe. Die Marke wird so zum gestalteten Anhängsel ihrer selbst. Das gleicht dem Versuch, das Ortsschild der Stadt Berlin mit der Stadt gleichzusetzen – oder anders: Die Stadt würde zur Stadt dadurch, dass sie in Form eines markierenden Ortsschildes präsentiert wird. Dass das absurd ist, scheint offensichtlich.

Das erste Institut für Marketing wurde um 1970 von Heribert Meffert an der Westfälischen Wilhelms-Universität in Münster aufgebaut. Meffert gilt als „der Markenpapst", der in keiner Veröffentlichung über das Thema fehlt, ja beinahe fehlen darf. Sein so genannter identitäts-, bzw. wirkungsorientierter Markenansatz findet noch heute in Theorie und Praxis weit verbreitete Anwendung. Allerdings bietet auch dieser Ansatz angesichts der Herausforderungen eine für den Kanzleialltag nicht befriedigende Definition von Marke:

> In Abgrenzung zum Markenartikel und gewerblichen Schutzrecht kann die Marke als ein in der Psyche des Konsumenten und sonstiger Bezugsgruppen der Marke fest verankertes, unverwechselbares Vorstellungsbild von einem Produkt oder einer Dienstleistung definiert werden. Die zu Grunde liegende Leistung wird dabei in einem möglichst großen Absatzraum in gleichartigem Auftritt und in gleich bleibender oder verbesserter Qualität angeboten. (Meffert et al. 2002)

Diese Definition ist die aktuell weit verbreitete Grundlage für die strategische Führung einer Marke – obwohl eindeutig nur von Produkten und Dienstleistungen, den Angeboten von Unternehmen, nicht aber von den Unternehmen selber die Rede ist. Die übliche Anwendung hinterlässt erstaunte Irritation wenn man bedenkt, dass spätestens seit Eintritt des Internets gerade die Unternehmensmarken mit einer Geschwindigkeit auf dem zukunftsausgerichteten Vormarsch sind, dass der „Corporate Brand" dringend in den Mittelpunkt der Aufmerksamkeit rücken sollte.

Schauen wir auf den zweiten Aspekt dieser doch recht jungen Definition, nämlich auf die identitäts- und wirkungsorientierte Beschreibung, die besagt, dass die Marke das Bild in den Köpfen der Verbraucher sei – die also sagt, dass Marke eine rein subjektive Vorstellung, mithin Phantasie oder Illusion sei. Was sie in gewisser Weise natürlich *auch* ist (darauf komme ich später noch einmal zurück). Dennoch: So ausschließlich definiert klingt das ein wenig nach den Worten des Kabarettisten Erwin Pelzig: *„Ein Image ist das, was man bräucht, dass die anderen denken, dass man so ist, wie man gern wär"* – oder anders: Die Marke wird durch die redundante Erklärung als das virtuelle Wunschbild ihrer selbst umschrieben. Ein verbaler Doppelaxel, der den Fragenden durch die Markenantwort auf die Frage zurückwirft, was Marke ist. Die Marke wird durch ihr Abbild erklärt und nicht an sich – über das Original des Abbildes erfährt man nichts. Genau deshalb wirft die Definition von Meffert die Frage auf: *Was genau ist es denn, was in den Köpfen abgebildet wird?*

Wie wesentlich eben diese Frage ist, wird deutlich, wenn man sich die Vorfälle der Modemarke Abercrombie & Fitch (A&F) aus den Jahren 2012/13 vergegenwärtigt. Das Unternehmen, das sein Marketing auf junge, coole Menschen mit durchtrainierten Ideal-maß-Körpern ausrichtet, wollte sich diesbezüglich bis ins letzte Detail inszenieren. Der Konzernchef Mike Jeffries ließ verkünden: *„In jeder Schule gibt es die coolen Kids. Wir wollen die coolen Kids. Grenzen wir Menschen aus? Na klar!"* Was über einen beachtlichen Zeitraum zum Erfolg der Marke beigetragen hatte – wer A&F trug, war cool und gehörte dazu – wandelte sich in dem Moment, als laut gesagt wurde, wer nicht in die Läden kommen sollte: Die uncoolen, also die, die keine Idealmaße vorweisen konnten. Die Marke A&F hatte hier einen wesentlichen Aspekt ihres Markenkerns öffentlich gemacht und damit ihre Vision preisgegeben: Eine Welt der jungen, durchtrainierten und coolen Menschen, die alle anderen kategorisch ausschließt. Wer diese Vision teilte, sollte zu A&F kommen.

Der Versuchs-Schuss, auf einen gemutmaßten Konsens im Verbrauchermarkt abzuzielen, ging nach hinten los. Kaum jemand teilte diese Vision. Das Bild in den Köpfen der Verbraucher gestaltete sich nicht als gewünschtes Abbild einer coolen Marke. Vielmehr erkannten die Verbraucher sehr genau die gesellschaftlichen Spaltungstendenzen, die sich im Markenkern verbargen. Und sie wollten eine solche Inszenierung von Welt, die Ältere, nicht Durchtrainierte und Uncoole ausgrenzt, nicht. Im Gegenteil – der Drehbuchautor Greg Karber machte gegen das Unternehmen mobil und veröffentlichte bei YouTube ein Video, in dem er dazu aufrief, die Kunden sollten ihre A&F Kleidung an Obdachlose verschenken. A&F solle zukünftig die Marke für die Ausgegrenzten werden. **(A&F You-Tube)**. Das Video wurde mehr als drei Millionen mal angesehen und unter dem Twitter Hashtag *#FitchTheHomeless* prasselt seitdem ein regelrechter Sturm der Empörung auf das Unternehmen nieder. Allein in Deutschland, wo die Marke noch in 2011 laut dem You-Gov-Markenmonitor Brandindex (www.brandindex.de) einen Wert von plus 20 aufwies, fiel der Wert seit Greg Karbers Kampagne auf minus 38.

Dass die Marke also nicht nur das Bild in den Köpfen der Verbraucher ist, sondern in ihrem Kern die Vision einer Welt beheimatet, aus der konsequent gelebte Wirklichkeit wird, zeigt das Beispiel A&F mehr als deutlich. Dass darüber hinaus die Kunden eine Marke ganz maßgeblich mitgestalten und diese bei Nichtgefallen der angebotenen inszenierten Welten schlicht zerstören können, zeigt das Beispiel ebenfalls eindrücklich: Marke ist so viel mehr als die ausschließlich virtuelle Wahrnehmung ihrer Zielgruppen.

Nun soll es hier nicht darum gehen, die zahlreichen wissenschaftlichen und praxis-orientierten Markendefinitionen zu hinterfragen oder gar zu widerlegen, denn eines ist sicher: Sie alle beleuchten wesentliche Aspekte dessen, was zur Marke gehört und un-trennbar mit ihr verbunden ist. Die Marke selber aber beschreiben sie nicht, vielmehr beschreiben sie die Marke mit einer Umschreibung für Marke. Es ist insofern nicht ver-wunderlich, dass es wohl kaum einen Bereich in der Wirtschaftswissenschaft und -praxis gibt, der sich so schwer tut, das auf den Punkt zu bringen, worüber so viele dozieren und schreiben und womit sie vor allem alle umgehen.

Genau hier setze ich an und lege im folgenden Kapitel eine allgemeingültige Definition für Unternehmensmarken vor, die natürlich auch für Kanzleien gilt.

Definition der Rechtsmarke

2

Angesichts der vielen „Umschreibungs"-Definitionen, die Marke insbesondere in der jüngeren Wirtschaftsgeschichte erfahren hat, und auch mit Blick auf das meist verwirrende Nebeneinander von Produkt-, Dienstleistungsmarken und Corporate Brands, ist es für ein vertieftes Verständnis der Möglichkeiten, die eine Kanzleimarke bietet, hier an erster Stelle wichtig, eine eindeutige Definition für einen Corporate Brand, also für eine Kanzleimarke zu formulieren.

Dafür gilt es zunächst zu verdeutlichen, mit welchen unterschiedlichen Bereichen man im Allgemeinen befasst ist, wenn man der vielschichtigen Komplexität der Marke begegnet. Eine hilfreiche Differenzierung verschiedener Markenformen ist zunächst die Unterscheidung in Angebots- und Anbietermarken.

2.1 Angebotsmarken

Angebotsmarken sind BtoC (Business to Consumer) und BtoB (Business to Business) Produkte und Dienstleistungen, die zum Zweck der Absatzsteigerung und des Vermarktungserfolgs nach bestimmten Kriterien markiert sind.

Unabhängig davon, an welche spezifische Endkundengruppe sich dabei das Angebot richtet – für Angebotsmarken gilt grundsätzlich: Ihre erste Funktion ist die Information darüber, was angeboten wird. Ihre zweite Funktion ist die Differenzierung: Die Markierung soll dazu beitragen, dass sich das Angebot von anderen unterscheidet. Ihre dritte Funktion ist Absatz: Die Markierung soll dazu führen, dass das Angebot in seiner Eigenheit Kaufreize bietet und in Folge Begehrlichkeiten und schließlich Kaufbereitschaft hervorruft. Ihre vierte Funktion ist Zugehörigkeit: Die Marke soll den Käufer als Mitglied einer sozialen Peergroup ausweisen und seinen Status visualisieren. Ihre fünfte Funktion ist der Aufbau von Vertrauen – Vertrauen des Abnehmers in das Produkt.

© Springer Fachmedien Wiesbaden 2015
S. Hartung, *Die Kanzlei als erfolgreiche Marke,* DOI 10.1007/978-3-658-09801-8_2

Dass sich die Herausforderungen bei Produkten und Dienstleistungen (zumal mit Blick auf die verschiedenen Kundensegmente) dabei deutlich voneinander unterscheiden, ist verständlich. Grundsätzlich kann man sagen: Ein Produkt ist immer rundum sinnlich und rational begreifbar, unabhängig davon, wie technisch komplex es sein mag. Eine Dienstleistung kann im Vergleich dazu als ein virtuelles Produkt verstanden werden, selbst dann, wenn die Dienstleistung selber faktisch vorhanden ist. Der Unterschied hierbei ist: Beim Produkt kauft man ein im wahrsten Sinne des Wortes *begreifbares* Objekt, das im Wesentlichen verstanden und bewertet werden kann. Bei der Dienstleistung kauft man in den meisten Fällen nicht die Dienstleistung selber, man kauft das Ergebnis der Dienstleistung, weil die Dienstleistung beinahe immer ein Mittel zum Zweck darstellt. Darüber hinaus kann der Nachfrager meistens nicht wirklich beurteilen, ob die Dienstleistung als solche gut ist. Und je anspruchsvoller die Dienstleistung ist, desto schwieriger wird für den Abnehmer die Bewertung derselben.

Rechtsberatung ist eine solch anspruchsvolle Dienstleistung: Wenn der Abnehmer nicht über genügend Rechtswissen verfügt, um zu beurteilen, welche fachliche Qualität die Beratung hat, kann er sich in seiner Einschätzung erstens nur noch auf das Ergebnis der Leistung beziehen und zweitens auf die Qualität der Betreuung, die er während der Leistungserbringung erhält. Er kauft also nicht die Dienstleistung. Er „kauft" ein erhofftes Ergebnis mit einer für ihn erlebbaren Betreuung. Aber auch denen, die über das notwendige Fachwissen verfügen, dient eine hochqualitative Dienstleistung der Rechtsberatung wenig, wenn diese nicht zum gewünschten Ergebnis führt und natürlich erwarten auch sie eine ihren Wünschen und Bedürfnissen angemessene Betreuung.

Hier ahnt man schon, wie maximal komplex die Herausforderung an eine Markenentwicklung bei einem Dienstleistungsangebot ist. Aber auch die erfolgsorientierte Markierung von Produkten stellt hohe Anforderungen an einen bewusst strategischen Umgang mit den komplexen Produktkriterien, die vom Nutzen über den Mehrwert und das Produktdesign bis hin zu soziologischen und psychologischen Aspekten reichen. Dass sich angesichts dessen Lehrstühle für die erfolgreiche Markenentwicklung und -führung im Angebotsbereich entwickelt haben ist verständlich.

Obwohl Kanzleien Rechtsberatung – also Dienstleistungen – anbieten, ist die Entwicklung der Märkte im Moment noch nicht so weit, dass die anwaltlichen Dienstleistungen selber als eigenständige Marke verstanden werden müssen. Ich prognostiziere zwar, dass sich auch die Anforderungen an die Rechtsberatungsanbieter in absehbarer Zeit dahingehend entwickeln werden, dass sich die *rechtsberatenden* von den *rechtsabwickelnden* Leistungen immer mehr abkoppeln und als eigene Leistungsbereiche zu positionieren sein werden. Und spätestens in dem Moment, wo ein Anbieter beide Leistungsbereiche differenziert vermarkten will, wird er vor die Aufgabe gestellt sein, diese mit allen Anforderungen einer Dienstleistungs-Angebotsmarke zu versehen.

Der Aspekt dieser sich in naher Zukunft immer weiter ausdifferenzierenden Dienstleistungsangebote im Rechtsmarkt bietet Stoff für eine gesonderte Beschäftigung mit den dann gezwungenermaßen aufkommenden Dienstleistungsmarken. Im Kontext der Kanzleimarke aber liegt der Fokus meiner weiteren Ausführungen ausschließlich auf dem Segment der Anbietermarken.

2.2 Anbietermarken

Auch Anbietermarken lassen sich grundlegend in Produkthersteller- und Dienstleistermarken (inkl. Handel) unterteilen, auch hier mit einer weiteren Differenzierung bezogen auf die Ausrichtung BtoB und BtoC. Kanzleimarken sind Anbietermarken und sie stehen in Summe für beide Ausrichtungen – sie bieten ihre Leistungen sowohl im privaten als auch im institutionellen Bereich (Politik, Organisationen, Unternehmen) an, und dass hier die Anforderungen grundlegend verschiedener Art sind, ist offensichtlich. Ich komme später auf diesen Aspekt zurück, bleibe hier aber zunächst noch bei den grundlegenden Kriterien für Anbietermarken, die neudeutsch als Corporate Brands bezeichnet werden.

Für Anbietermarken gilt im Wesentlichen zunächst dasselbe wie für Angebotsmarken: Ihre erste Funktion ist die Information darüber, wer der Anbieter ist, und was er wem mit welchem Ziel anbietet. Ihre zweite Funktion ist die Differenzierung: Die Marke soll dazu beitragen, dass sich der Anbieter von anderen absetzt. Ihre dritte Funktion ist Orientierung mit dem Ziel der Erkennbarkeit und Sinngebung: Die Marke soll dazu führen, dass der Anbieter von potentiellen Nachfragern erkannt wird, und dass diese es sinnvoll finden, mit ihm zusammenzuarbeiten. Ihre vierte Funktion ist Vertrauen: Die Marke soll erreichen, dass der Nachfrager sich dem Anbieter (insbesondere dem Dienstleistungsanbieter) anvertraut, und dass darüber hinaus ein mittel- oder langfristiges Kooperationsverhältnis aufgebaut werden kann.

Ihre fünfte und zugleich zentrale Funktion ist Wertschöpfung im Sinn der Wertentwicklung und der Wertsteigerung – Wertsteigerung im Tätigkeitsfeld, Wertsteigerung bei den Nachfragern und last but not least: Wertsteigerung ihrer selbst, will sagen Steigerung des Markenwerts zugunsten der Preisgestaltung und vor allem auch zugunsten der Steigerung des Unternehmenswerts, der durch eine erfolgreich geführte Marke in der Regel um ein Vielfaches höher ist, als wenn das Unternehmen ausschließlich nach Aktiva und Passiva, Umsätzen oder Gewinnen, also nach materiellen Assets bewertet wird. Auf die einzelnen Funktionen einer Dienstleistermarke werde ich im folgenden Kapitel „Die Funktionen der Marke" vertieft eingehen.

Ein wirkliches Bewusstsein für die Bildung und Führung von Anbietermarken, bzw. Corporate Brands, ist in der Literatur überhaupt erst seit rd. 15 Jahren zu erkennen. Dabei konzentrieren sich die Arbeiten im Wesentlichen auf den BtoB Sektor. Beispiele finden sich bei Björn Schultheiss in „*Markenorientierung und -führung für B-to-B-Familienunternehmen*" (Gabler Verlag 2011), bei Jörg Tropp „*Markenmanagement, der Brand Management Navigator – Markenführung im Kommunikationszeitalter*" (VS Verlag für Sozialwissenschaften 2004), bei Bruhn und Staus „*Dienstleistungsmarken*" (Gabler Verlag 2008) oder schließlich auch in dem Aufsatz von Markus Hartung und Ulrich Horstschäfer

„Positionierung einer Law Firm als Marke" (Ringlstetter et al. Strategien und Management für Professional Service Firms 2004).

2.3   Eine Kanzlei ist immer eine Marke, ein Corporate Brand

Weil sich aber auch in dieser genannten Literatur keine Definition findet, die aus heutiger Sicht hilfreich für das Verständnis und den Umgang mit einer Kanzleimarke ist, gebe ich Ihnen hier erstmals eine Definition, die im Rechtsmarkt noch gänzlich fehlt. Das geschieht vor dem Hintergrund zunächst ganz grundsätzlicher Überlegungen:

Wenn Menschen sich zusammentun, um gemeinsam etwas zu unternehmen – also zum Beispiel eine Kanzlei gründen – entwickeln sie gemeinsam eine Organisation, die im Rahmen ihrer Entstehung immer und beinahe automatisch einen spezifischen Charakter ausprägt. Durch die individuelle Art des Umgangs miteinander, durch definierte Leistungen oder ein komponiertes Rechtsdienstleistungsportfolio, durch die Märkte, in denen die Kanzlei agiert, durch das Profil der Mandanten oder auch durch das eigene Erscheinungsbild (inklusive des Kommunikationsverhaltens) wird die Kanzlei ein in sich geschlossenes, komplexes Gebilde, das sich von anderen Kanzleien abgrenzt, ja naturgegeben abgrenzen muss.

Wäre das nicht so – wäre die Kanzlei also keine geschlossene Einheit mit eigenwilligem Charakter – dann wäre es ihren Anwälten nicht möglich, *„Wir"* zu sagen. Auch wenn die detaillierten Inhalte dieses *„Wir"* den Protagonisten möglicherweise im Einzelnen gar nicht bewusst sind – festzuhalten bleibt, dass es gemeinhin kein Vertun bei der Differenzierung von *„unsere Kanzlei"* und *„nicht unsere Kanzlei"* gibt. Die Grenze zwischen *„Wir"* und *„nicht Wir"* ist eindeutig definiert (auch unausgesprochen) – weil sie durch die Eigenheiten dieses „Wir" markiert ist. In welcher Form diese Markierung gestaltet werden kann, und was dabei im Einzelnen zu berücksichtigen ist, wird Inhalt meiner weiteren Ausführungen sein.

Zunächst definiere ich hier:

Jede Kanzlei ist eine Marke, ein Corporate Brand, weil sie als abgegrenzte Einheit durch ihren eigenen Charakter markiert und damit identifizierbar ist.

Der Charakter bezieht sich nicht nur auf persönliche Verhaltenseigenschaften, er beschreibt die Gesamtheit der Kanzlei – ihre grundlegende Ausrichtung, die Kultur des Miteinanders innerhalb der Kanzlei und außerhalb mit den Mandanten und allen anderen Anspruchsgruppen, ihre spezifischen Kompetenzen, die Prozesse, die Kommunikation, das Erscheinungsbild und, und, und. Ob die Kanzlei dabei professionell als markiertes System, also als Marke geführt wird, ob sich also die Entscheider der Kanzlei überhaupt darüber bewusst sind, welche Aspekte zur Identifizierbarkeit ihrer Kanzleimarke führen, und was dabei im Einzelnen beachtet werden muss, damit sich Markterfolg und Wertsteigerung der Kanzlei einstellen, spielt an dieser Stelle in gewisser Weise nur deshalb eine Rolle, weil man nur bei bewusst strategisch geführten Kanzleimarken einen Erfolg diesbezüglich erwarten darf. Dennoch: Auch jenseits des Erfolgs muss die Kanzlei per se als Marke verstanden werden. Das System aus Menschen, Kommunikationen, Leistungen und Leistungserstellungsprozessen, Service und Erscheinungsbild gibt es in dieser Form kein zweites Mal.

Bei dieser Kanzleimarken-Definition stellt sich sofort die Frage, was genau der Unterschied zwischen der Kanzlei und der Kanzleimarke ist, bzw., was es mit der Markierung auf sich hat, mittels derer die Kanzlei automatisch auch eine Kanzleimarke ist. Der Unterschied zwischen der Kanzlei und der Kanzleimarke liegt ganz offensichtlich im Aspekt der Markierung selber – und erweitert gefasst: in der Funktion, die diese Markierung hat. Die Funktion der Markierung ist in erster Linie die Erkennbarkeit, aus der sich dann alle andere Funktionen ableiten. Dabei gibt es kein Vertun: Die erfolgreiche Erkennbarkeit dient ausschließlich dem Ziel, mehr Erfolg mit der Kanzlei zu haben, mehr Mandate zu akquirieren, mehr Umsatz und mehr Gewinn zu machen und nicht zuletzt auch bessere Rechtsberater vorhalten zu können.

Die Markierung macht die Kanzlei erkennbar – erkennbar für die Eigner, die Mitarbeiter und vor allem auch für das Umfeld. Natürlich gehören so gesehen auch das Portfolio und die spezifische Qualität der Rechtsberatung als erfolgskritische Aspekte zu der Markierung einer Kanzlei, sie reichen aber als ausschließliche Hervorhebungen bei weitem nicht für die erfolgreiche Markenführung aus. Bei der Markierung der Kanzleimarken spielen deutlich mehr Faktoren, als nur die Leistung selber, eine zentrale und erfolgskritische Rolle. Was hier in jedem Fall festgehalten werden kann: Die Markierung ist nicht der Mantel, der um die Kanzlei als Organisationssystem gelegt wird. Das System markiert sich als solches automatisch – anderenfalls wäre es kein System.

Nun klingt die Tatsache der automatischen Erkennbarkeit zunächst so, als wäre schon alles getan: Kanzleien sind durch ihre Eigenheit markiert, und somit eine Marke – was gibt es jetzt noch zu tun? Für den aktuellen Stand im Rechtsmarkt können wir konstatieren: Erkennbarkeit ist gemeinhin von nachgeordneter Relevanz. Weil aber jede Kanzlei darauf angewiesen ist, ihre Leistungen zu verkaufen, wird schnell deutlich, dass eine bewusst gestaltete Erkennbarkeit eine wichtige Voraussetzung hierfür ist. Erst wenn eine spezifizierte Erkennbarkeit gegeben ist, besteht die Möglichkeit für einen potentiellen Mandanten zu entscheiden, ob es für ihn oder seine Organisation Sinn macht, mit dieser speziellen Kanzlei zusammenzuarbeiten – und je wirtschaftlich entscheidender die Rechtsberatung oder -begleitung für den Mandanten ist, desto mehr wird er nur auf der Basis der entsprechenden Erkennbarkeit seine zielorientierten Entscheidungen bzgl. eines für seine Zwecke passenden Rechtsbeistands treffen können.

> …most brands, including very significant and valuable brands in the business world, have developed in essence ,by accident'. They have not been intentionally developed and built as part of a coherent, structured brand strategy. A firm may, over many years, have completed valuable technical work, serviced clients well and consistently employed good staff, all with a view to running a good business. In so doing, the resulting by-product is a strong brand.
> (ark group 2)

Das Zitat bringt diese Einschätzung mit anderen Worten auf den Punkt: Unternehmensmarken – und hier Kanzleimarken – entstehen irgendwie automatisch.

Weil jede Kanzlei automatisch zur Kanzleimarke wurde (und im Kontext dauerhafter Veränderung wird), ist auch jede Kanzleimarke angesichts ihrer Markierung erkennbar. Schaut man sich im Wettbewerbsmarkt der Rechtsberater um, sieht man, dass viele Kanzleimarken sich als inkonsistent, verwässert, verwechselbar und unbewusst, ja bisweilen inkompetent zeigen – und genau das wird auch vom Umfeld erkannt. Die Art eines unspezifischen Kanzleimarken-Auftritts zeigt dem Außenstehenden nicht selten unmissverständlich, dass es weder ein Bewusstsein darüber gibt, was die Kanzlei im Einzelnen auszeichnet – noch, dass es Entscheidungen bzgl. der avisierten Märkte und Mandanten gibt. Wenn erkennbar wird, dass eine Kanzleimarke derart geführt wird, bzw. diesen Charakter hat, macht es für einen potentiellen Mandanten verständlicherweise wenig Sinn, eine solche Kanzlei für seine spezifischen Zwecke zu mandatieren.

Die Aspekte von Erkennbarkeit und Sinn führen deshalb zu unserer erweiterten Definition der Kanzleimarke:

Jede Kanzlei ist eine Marke. Sie ist ein markiertes Ganzes, das darauf angewiesen ist, zur eigenen und Fremdidentifikation ein Sinn machendes und Sinn gebendes „ich" oder „wir" zu formulieren und diese Identität in Folge nach innen und außen selbstähnlich (ihrer Identität ähnlich) zu gestalten.

Dass sich eine solche Identität wie erwähnt immer automatisch einstellt, erscheint irgendwie „magisch". Diese Entwicklungsmagie eines sich markierenden Systems nennen die Systemtheoretiker: **Autopoiese**. Das Wort stammt aus dem Griechischen und meint: Selbsterschaffung (*autos* = selbst, *poiein* = schaffen, bauen). Systeme erschaffen sich dadurch selbst, dass sie sich automatisch durch die individuellen Besonderheiten, die in den Kommunikationsprozessen (in den Momenten des Mitteilens und Vereinbarens) entstanden sind, markieren (identifizieren). Jedes System bildet automatisch – bewusst oder unbewusst – einen spezifischen Markencharakter aus.

Die Frage ist deshalb nicht, wie man aus einer Kanzlei eine Marke macht, denn eine Kanzlei – jede Kanzlei – ist bereits eine Marke – ein markiertes Ganzes. Es ist wie mit der Kommunikation: Man kommuniziert immer, egal ob man sich äußert oder nicht – man kann nicht „nicht kommunizieren". Die Frage ist deshalb vielmehr, wie die Kanzlei als Kanzleimarke unter Berücksichtigung der zahlreichen Funktionen und Bedingungen und angesichts der modernen Herausforderungen zielgerichtet entwickelt und erfolgreich geführt wird.

So möglicherweise theoretisch und bis hierher noch allgemeingültig die Herangehensweise an das Grundverständnis für Kanzleimarken klingen mag, so konkret und praxisorientiert sind die Schlussfolgerungen, die sich daraus ableiten. Die wichtigste lautet:

Kanzleien benötigen eine sinnmachende Markierung als Inbegriff der Erkennbarkeit ihres spezifischen Charakters und ihrer strategischen Ausrichtung.

So verstanden bräuchten Kanzleien natürlich erst einmal eine grundlegende Ausrichtung. Sie müssten schon wissen, was sie grundlegend und im Einzelnen wollen, und was sie demzufolge anzubieten haben. Die grundlegende Ausrichtung nennt man auch Vision. Vision deshalb, weil der Kanzleiausrichtung immer eine Idee – ein inneres Bild – vorangeht, die da heißt: „*Das ist unsere eigenwillige und spezielle Vorstellung, unser inneres Bild von der Welt*", und die daraus abgeleitete Mission sagt dann: „*Das, wofür wir antreten, wollen wir auf diese Art und Weise mitgestalten*".

Ohne Vision der Kanzleimarke geht es also nicht. Die gute Nachricht heißt: Eine Vision gibt es immer. Die schlechte Nachricht hingegen: In den seltensten Fällen sind Kanzleien sich ihrer Vision bewusst. Und sind erst einmal Jahre des operativen „Durchwurschtelns" vergangen, ist es gar nicht so leicht, sich der eigenen Vision nachträglich wieder bewusst zu werden, zumal, wenn es viele Partner gibt, die unter dem Dach derselben Organisation ihr „eigenes Süppchen kochen", will sagen, ihre eigene Vision ohne Abstimmung mit den Kollegen durch- und umzusetzen suchen.

Jede Kanzleimarke hat eine Vision. Und jede Kanzlei braucht eine Bewusstheit über diese Vision, die dann – unter der Bedingung der sinnmachenden Erkennbarkeit – dem Umfeld signalisieren kann, in welchen Bereichen und mit welchem Ziel die Kanzlei zur Mitgestaltung antreten will, und dass sie ihre spezifischen Kompetenzen genau hierfür im Rahmen einer erfolgreichen Zusammenarbeit mit den Mandanten anbietet.

Wie genau eine Vision beschaffen sein muss, damit sie den Kern der Marke so stark macht, dass die Markenentwicklung um ein vielfaches leichter wird, und welche Bereiche berücksichtigt werden müssen, damit die Vision für das Umfeld im Einzelnen erkennbar wird, das lesen Sie im praxisorientierten 6. Kapitel des Buchs: „Der Aufbau der Kanzleimarke".

Bevor ich mich aber der Praxis des Markenaufbaus zuwende, macht es Sinn, nach der eindeutigen Definition die wesentlichen Funktionen der Kanzleimarke darzulegen, und es ist dann entscheidend, die einzelnen Aspekte zu kennen, die dafür Sorge tragen, dass die Kanzleimarke eben diese Funktionen erfüllen kann.

Die Funktionen der Kanzleimarke

3

Ich habe zwar definiert, dass jedes System automatisch einen eigenen Charakter ausbildet und durch die unverkennbare Markierung dieses Charakters an ihren Systemgrenzen immer eine Marke ist. Ich weiß aber natürlich, dass die Definition nicht befriedigt – angesichts der Herausforderung, dass es bei erfolgreich geführten Marken im Wesentlichen um ökonomische Aspekte geht. Und Kanzleien sind in erster Linie gewinnorientierte Wirtschaftsbetriebe. Außerdem befinden sich Kanzleien erstens in einem immer dichteren Wettbewerb, der zunehmend globaler wird, und zweitens in einem Marktumfeld, das immer ausdifferenzierter, immer komplexer und auch immer komplizierter wird.

Insofern ist die Kanzleimarke – wiewohl automatisch vorhanden, sobald sich eine Kanzlei konstituiert hat – nicht als gegeben zu verstehen oder gar als „nicht weiter wichtig" zu vernachlässigen. Sie muss vielmehr als Mittel zum Zweck im Kontext der ökonomischen Ausrichtung verstanden und professionell geführt werden. Denn mit der ökonomischen Zweckausrichtung sind bei der bewussten Entwicklung und Führung wichtige Funktionen der Marke zu beachten, wie ich bereits bei der Beschreibung von Angebots- und Anbietermarke erwähnt habe. Welche spezifischen Funktionen die Anbietermarke als ökonomisch erfolgszentriertes Gebilde zu erfüllen hat, stelle ich Ihnen hier vor.

Zu den Grund- und Wirkungsfunktionen einer Anbietermarke gehören

die Information,
die Orientierung,
die Vertrauensbildung,
die Wertschöpfung,
und der Absatz.

© Springer Fachmedien Wiesbaden 2015
S. Hartung, *Die Kanzlei als erfolgreiche Marke,* DOI 10.1007/978-3-658-09801-8_3

3.1   Die Informationsfunktion der Marke

In der Wirtschaftsgeschichte zeigt sich das Phänomen der Informationsfunktion der Marke schon sehr früh: Bereits um 4000 vor Christus taucht die erste Marke auf – seinerzeit als anhängend informierende Warenmarkierung. Die Sumerer drückten mit Stäben die Produktinformationen in noch feuchte Tontafeln, und die Verwendung dieser Stäbe, deren Querschnitt dreieckig war, führte zu einem ausgeklügelten Informationssystem unter Verwendung von Symbolen, das schließlich zur Keilschrift wurde. Die Anfänge unserer Schrift liegen also in der Warenmarkierung, deren erste Funktion die Information über die Zusammensetzung des Produkts war.

Genannt wurde außerdem der Hersteller der Ware – informiert wurde also auch über die Person hinter dem Ding. Die Markierung fungierte dadurch im weiteren Sinne nicht nur als Informationsträger darüber, wer etwas produziert hatte. Sie stand in dieser Funktion – je nach dem Grad der Ausgestaltung der Information – auch für den ersten Imagetransfer einer Person bzw. eines Herstellers und zeigt hier bereits das Wesen der Orientierung von Information. Die Nennung des Herstellers am Produkt war so gesehen der Anfang der Hersteller- und später der Unternehmensmarke.

Die Nennung der Herkunft des Produktes positionierte darüber hinaus eine Region und transportierte unausgesprochen deren besondere Eigenschaften – auch hier zeigen sich eindeutige Orientierungsabsichten. Mit Blick auf die einige tausend Jahre spätere Erfolgsgeschichte der Nationalmarke „*Made in Germany*" versteht man, dass der – zunächst noch der Ware angehängten – Marke bereits in ihren Anfängen umfangreiche Funktionen der informierenden und orientierenden Handels- und Wirtschaftskommunikation zugeschrieben wurden.

Die Sumerer legten also quasi den Grundstein für die später auftauchenden Produkt-, Personen- und Regionalmarken. Marke als Information gab es bereits in der „Wiege der Menschheit", somit in den Anfängen menschlichen Wirtschaftens. Im Verlauf der Geschichte wurde die Informationsfunktion zur ersten Grundregel für Marke überhaupt – jenseits der Frage, ob es sich hierbei um Angebots- (Produkte und Dienstleistungen) oder um Anbietermarken (Produktions-, Handels- und Dienstleistungsunternehmen) handelte.

Das Wort „Marke" tauchte erst sehr viel später auf: Es geht zurück auf den mittel-hochdeutschen Begriff *marc* für Grenze oder Grenzlinie, es findet sich auch im Französischen, wo *marquer* markieren oder kenntlich machen bedeutet, sowie in dem englischen Wort *mark*, was soviel wie Merkmal oder Zeichen heißt. Die Etymologie des Begriffs verweist hier bereits darauf, was jeder Marke grundlegend zueigen ist: Markierung und Grenzziehung. Die Anglifizierung der deutschen Sprache durch die Internationalisierung der Märkte führte schließlich zur Verwendung des Begriffs *brand*, der verkürzten Form des ursprünglichen *brandmark*, Synonym für ein mit heißem Eisen in das Fell von Kühen gebranntes Zeichen, das Eigentum markiert – ein immer wieder gerne gezeigter Vorgang in zahlreichen Cowboyfilmen.

Ausgehend von meiner Definition, dass jede Kanzlei ein markiertes System und somit immer eine Kanzleimarke ist, stellt die Informationsfunktion die erste Funktion der Kanzleimarke überhaupt dar. Die Markierung des Systems beinhaltet ein „Wer", ein „Was", ein „Wo", ein „Mit wem" und ein „Warum". Die Markierung betrifft also die Information nach außen an sämtliche Stakeholder, sie betrifft aber natürlich auch die Information nach innen – in die Kanzlei hinein – an Eigner, Berufsträger und andere Mitarbeiter.

Die Information nach außen sagt im Wesentlichen, wer die Kanzlei ist, in welchem Umfeld sie für wen mit welchem Ziel (Vision) arbeiten will, was sie dafür tun will (Mission) und welches spezifische Leistungsangebot sie dafür vorhält. Die Information nach innen sagt, als wer sich die Kanzlei versteht und für welche Kanzlei folgerichtig gearbeitet wird. Sie informiert darüber, was in Bezug auf die Nachfrager sowie hinsichtlich möglicher interner Aufstiegschancen angeboten wird und darüber, welche Leistungen, Rechte und Pflichten hiermit verbunden sind. Sie informiert schließlich auch darüber, wer genau der Arbeitgeber ist, und wie Prozesse und Strukturen gestaltet sind.

Die Informationsinhalte klingen banal? Sie sind banal. Sie sind so banal wie elementar, und beschreiben in Summe die Mindestanforderung an jede Kanzlei. Umso mehr erstaunt, dass nicht wenige Kanzleien vergessen, dafür Sorge zu tragen, all diese Informationen präzise und verständlich vorzuhalten, geschweige denn, die Informationen als Anlass für ihr strategisch gezieltes Kanzleiverhalten und schließlich für ihre Kommunikation zu nutzen – ein fataler Fehler, der besonders dann deutlich wird, wenn es um die Orientierungsfunktion der Marke geht.

Die Informationen nach außen und innen müssen natürlich in der Tiefe differenziert werden, z. B. da, wo bei der Information nach außen die Stakeholder identifiziert werden müssen (handelt es sich um Märkte, um Mandanten, um Regionen, um Eigner, um neue Mitarbeiter, um die Medien…) oder wo nach innen z. B. Organigramme, dezidierte Stellenbeschreibungen oder Weiterbildungsangebote untrennbare Aspekte der Informationsfunktion der Arbeitgebermarke sind.

Was also so gesehen zunächst banal klingt, entpuppt sich bei genauerem Hinsehen als Herausforderung an ein gezieltes Informationsmanagement, dem andauernd und konsequent Aufmerksamkeit zu zollen ist. Man muss schon präzise wissen, was man will, und man sollte mit eindeutigen Worten darüber sprechen. Anderenfalls werden die Anderen mit ihren Interpretationen oder gar Assoziationen, die möglicherweise so gar nicht gewollt waren, zu den Hauptentscheidern darüber, wer die Kanzlei ist, und wofür sie steht.

Darüber hinaus gilt: Weil sich selbst bei noch so einfachen faktischen Informationen immer auch faktenfremde Interpretationen und Assoziationen einstellen, ist man gut beraten, eben diese zu antizipieren und entsprechend zu steuern. Hierfür muss man sich allerdings sämtlicher Funktionen der eigenen Marke bewusst sein, und es braucht erfahrungsgemäß eine ausgewiesene Professionalität, um insbesondere die psychologischen Aspekte bei der Wahrnehmung von Informationen zielgerecht steuern zu können.

3.2 Die Orientierungsfunktion der Marke

Jede Information, mag sie noch so einfach daherkommen, birgt einen besonderen Knack-punkt. Die Frage ist wie erwähnt nämlich nicht nur, welche spezifischen Informationen notwendigerweise übermittelt werden sollen (oder wollen). Die Frage stellt sich vielmehr in erweiterten Umfang: Mit welcher Absicht soll hier informiert werden?

Jede Information birgt eine Botschaft, die eine bestimmte Absicht verfolgt. Für sich stehende – vermeintlich objektive oder neutrale – Informationen gibt es nicht, ungeachtet dessen, wie objektiv oder neutral sie sich zu behaupten versuchen. Der Sender antizipiert immer einen Empfänger. Ohne die Verbindung von Sender und Empfänger wäre jede In-formation obsolet, sie wäre sinnlos. Und weil jeder Information der Sinn der Verbindung von Sender und Empfänger innewohnt, erscheint bereits hier die psychologische Dimen-sion der informierenden Marke: Verbindung hat immer etwas mit Verstehen zu tun, und Verstehen beinhaltet gleichermaßen kognitive (die Fakten verstehende) wie psychische Prozesse, bei denen die Fakten in Kombination mit Gefühlen den eigenen Gegebenheiten zugeordnet werden.

Die Frage, ob die beabsichtigte Botschaft beim Empfänger genau so verstanden wird, wie sie verstanden werden sollte, weist auf die Gefahr der Interpretation oder ergänzenden Assoziation beim Empfänger hin und es gibt kein Vertun – jede Information birgt diese Gefahr.

Die Absicht, die sich auf das bezieht, was vom Empfänger verstanden werden soll, weist auf den Aspekt der Orientierung. Weil Information deshalb ohne Orientierung nie-mals denkbar wäre, bleibt festzuhalten, dass Information die erste Funktion der Marke, Orientierung ihre zentrale Funktion, ja das Herzstück jeder informativen Maßnahme einer Marke ist und sein muss.

Der Aspekt der Orientierung tauchte, wie gesagt, bereits bei den Sumerern durch die besondere Hervorhebung von Produzent und Herkunftsgebiet der Ware auf, und er zeigte sich nahtlos bei Stempeln und Siegeln, die immer auch Ansprüche auf Eigentum oder Macht demonstrierten, ähnlich wie das von den Griechen erfundene Geld, das schon früh in der Geschichte mit den Portraits der Herrschenden markiert wurde. Die Symbole, mit denen das Tauschmittel Geld über die reine Wertinformation hinaus versehen wurde, ver-folgten den eindeutigen Zweck der Orientierung: Man sollte wissen, zu welcher Nation man gehörte und wer diese Nation führte. Nicht von ungefähr erfährt die Gestaltung des eigenen Zahlungsmittels bis heute in allen Nationen eine besondere Aufmerksamkeit.

Auch im römischen Reich fungierte das römische Symbol SPQR als orientierendes Informationszeichen. SPQR (Senatus Populusque Romanus/Der Senat und das römische Volk) war das Kürzel für das, was erkannt werden sollte – das, womit die Marke Rom in ihrer komplexen Gesamtheit aufgeladen war. Die in der Fachsprache so genannte Wort-bildmarke ein die Marke symbolisierender Schriftzug, der eigens für sie hergestellt wird demonstrierte zum Beispiel das römische Verständnis einer Republik, in welcher der Senat über dem Volk steht (weil der Senat vor dem Volk genannt wird) und mit diesem zu-gleich eine untrennbare Einheit bildet. Das Zeichen – wie auch das spätere Symbol des römischen Kaiserreichs, die „Pax Romana (der römische Friede)" – stand sinnbildlich vor allem für die Vision eines Volkes, die da lautete *„Die ganze Welt ist Rom"* und für eine übergeordnete Mission, deren einzige Aufgabe es war, die Vision Wirklichkeit werden zu lassen: *„Wir erobern die ganze Welt und schaffen so eine von römischen Werten und römischem Weltverständnis geprägte kulturelle Einheit in Frieden".*

Die römische Vision formulierte also jenseits des megaloman anmutenden Machtanspruchs vor allem ein kulturelles Verständnis der Welt, das all denen Orientierung bot, die dazugehörten, sei es freiwillig oder unfreiwillig: *Wenn die ganze Welt Rom ist, sind wir alle eins – eines Geistes, einer Kultur, eines Glaubens. Wer mit uns eins ist, gehört zu uns. Und wenn wir alle zusammengehören und wir alle eins sind, dann sind wir alle richtig. Dann kann uns nichts mehr in Frage stellen.* Genau hier zeigt sich die Orientierungsfunktion der Marke durch die definierte Vision und die ihr nachgeordnete Mission: Sie ist in erster Linie psychologischer Natur, weil Orientierung ein psychischer Vorgang ist, der mit der sinngebundenen Einordnung von informativen Fakten einhergeht.

Dass die römische Vision als Orientierung besonders machtvoll war, ist aus psychologischer Sicht verständlich: Das „Richtig Sein" und das „Dazugehören" gelten als Grundbedingungen für ein sicheres Lebensgefühl und als Basis für ein Miteinander, das eine gemeinsame Welt gestaltet – Aspekte, die deshalb besonders für jede Art der Kooperation, insbesondere der wirtschaftlichen, von entscheidender Bedeutung sind.

Auch die römisch-katholische Kirche beherrschte den Aspekt der Orientierung „at its best". Die Verbindung einer glaubensbekennenden Vision *„Es gibt nur einen Gott für alle Menschen"* mit Geboten, Regeln und Vorschriften, die be- und vorschreiben, was ein diesem Einen Gott gefälliges Leben sei, wird zur Orientierung auf dem Weg zu einem „richtigen" Leben und dem damit verbundenem Recht auf Zugehörigkeit: *„Wenn Du an den Einen Gott glaubst und Dich entsprechend verhältst, gehörst Du dazu, dann bist Du einer von uns".*

Diese Botschaft wurde zur unerschütterlichen Grundlage für die erfolgreiche Entwicklung der weltweit aufgestellten Glaubensorganisation. Wer die Grundbedingungen formuliert, und wer dann für sich den Stellvertreterstuhl Gottes auf Erden konsequent und glaubhaft zu beanspruchen weiß, der hat ein Orientierungsmonopol dafür, wie es für alle zu sein hat – und kann die Bedingungen schließlich diktieren. Beste Voraussetzungen für ein wirtschaftliches Aufblühen, wie es die Kirche in den vergangenen Jahrhunderten par excellence demonstrieren konnte.

Die Betrachtung der Kirche aus der Markenperspektive soll hier keinesfalls den zugrunde liegenden religiösen Glauben bagatellisieren oder gar diskreditieren – vielmehr geht es um das Verständnis vom Aufbau einer Wirtschaftsorganisation mit Fokus auf die Orientierungsfunktion der eigenen Marke. Das Markenkernelement der christlichen Vision wurde bei der Ausübung des Glaubens erst ritualisiert, dann institutionalisiert und schließlich ökonomisiert. Die Information über das Weltverständnis hat so gesehen ihre orientierende Funktion in vollem Umfang erfüllt.

Versteht man die Dimension des ökonomisch ausgerichteten Potentials von Staaten und Glaubensgemeinschaften im Kontext der Kunst von Unternehmens-, bzw. Kanzleiführung, dann versteht man auch, was Marke leisten kann – und was sie an erster Stelle leisten muss: Sie muss ein Orientierungsangebot für Identifikation, Miteinander, Austausch und Kooperation zugunsten der Gestaltung einer gemeinsamen Idee sein (von Welt, von Gesellschaft, von Märkten oder von was auch immer).

Wie aber wird man der Orientierungsfunktion des Corporate Brands – hier der Kanzleimarke – gerecht? Es lohnt sich, bei der Beantwortung dieser Frage etwas auszuholen, um die eigentliche Bedeutung der nötigen Orientierung zu verstehen – denn ohne Orientierung und ohne den bewusst strategischen Umgang damit, in welcher Hinsicht man orientieren möchte und welchem Ziel diese Orientierung dienen soll, wird die Kanzleimarke nicht erfolgreich werden.

Wenn über die Orientierungsfunktion im Kontext eines Corporate Brands gesprochen wird, verweist man immer wieder auf die dynamische Komplexität der Märkte. Gesagt wird: Ohne Orientierung geht es in komplexen Umfeldern nicht. Was genau aber hat man unter dieser Komplexität zu verstehen?

Komplexität bezeichnet den Umstand, dass man ab einer bestimmten Menge von Elementen in einem System (in einem Markt) an eine kritische Grenze gelangt. Die kritische Grenze bezeichnet hier den Moment, in dem es so viele Elemente (Marktteilnehmer) gibt, dass es nicht mehr möglich ist, dass jedes Element jederzeit und direkt mit jedem verbunden ist. Diese zwangsläufig auftretende Unmöglichkeit der totalen und direkten Vernetzung ab einer bestimmten Menge von Elementen gilt in der Wissenschaft als der Beginn von Komplexität. Der Charakter der Komplexität ist: Unzählig viele Elemente, Gleichzeitigkeit, direkte und indirekte Interdependenz, Vielschichtigkeit, Dynamik. Das ist bis hierher Theorie – mit allerdings relevanten Folgen für die Praxis.

Schaut man auf die Wirtschaftsgeschichte, sind genau so Märkte und Unternehmen entstanden, und insbesondere die Globalisierung zeigt, welche Bedeutung die Ausdifferenzierung und die wachsende Zahl an Marktteilnehmern für jedes einzelne Unternehmen – für jede Kanzlei – hat: 1) Die Anzahl der Rechtsberater nimmt zu und mit ihr der Wettbewerb und die Verdrängungsdynamik; 2) die Anzahl der Teilmärkte nimmt zu und damit auch die Ausdifferenzierung von Aktionsfeldern und deren kontinuierliche Verschiebung; 3) die Anzahl der Unternehmen nimmt zu und mit ihr die Ausdifferenzierung hinsichtlich der Spezialisierung; 4) die Veränderungsdynamik sämtlicher Interdependenzen nimmt zu: Ändert sich ein Teil, ändern sich alle Teile, weil sie direkt oder indirekt miteinander verbunden und dadurch voneinander abhängig sind.

Mit der Zunahme der Elemente in diesen vier Bereichen geht also eine zunehmend kritische Unübersichtlichkeit – genannt Komplexität – einher. Und genau diese Komplexität gilt es nun, mit Blick auf Marktanteile und Auftragsvolumen, wieder übersichtlich zu machen und zu managen. Das gelingt nur mit Marke, hier: mit einer Kanzleimarke, die das Management der erfolgreichen Orientierung beherrscht. Denn Orientierung bedeutet im Wesentlichen Vereinfachung, bzw. Reduktion der Komplexität zugunsten von Klarheit, Verständlichkeit und vor allem: Sinn.

In welcher konkreten Hinsicht aber muss nun die Kanzleimarke orientieren? Angesichts der zunehmend vielschichtigen Komplexität aufgrund der oben genannten Zunahme in den vier Bereichen gibt es kongruent hierzu vier Aspekte, welche die Kanzleimarke im Kontext ihrer Informationsaufgabe mit Orientierungscharakter berücksichtigen und bewältigen muss:

3.2.1   Der Wettbewerb im Rechtsmarkt nimmt zu: Die Identifikation des eigenen Systems und die Abgrenzung zum Wettbewerb

Die nötige Orientierung bezieht sich zuallererst auf die Identifikation des eigenen Systems nach innen und außen. In dem Moment, wo eine direkte Verbindung aller Elemente miteinander nicht mehr möglich ist, in dem sich also der Rechtsmarkt als Wettbewerbsmarkt der Anbieter immer weiter ausdifferenziert, erwächst automatisch die Notwendigkeit zur präzisen Abgrenzung – *„Hier hört unsere Verbindung auf – hier sind wir nicht mehr verbunden und eins, sondern unverbunden und dadurch zwei“*. So entstehen (im übertragenen Sinn) *„Ich“* und *„Du“*, als zwei voneinander unterscheidbare Systeme.

Hierbei wird deutlich, dass durch die zunehmende Komplexität im Wettbewerb – also durch die Zunahme der voneinander abgegrenzten Wettbewerber – automatisch Systeme entstehen, die nun für sich ihre Identität an der Systemgrenze erfolgreich markieren müssen. Oder anders: *„Wenn ich (als Unternehmen, als Kanzlei) nicht mit Dir verbunden bin, dann bin ich demzufolge anders als Du – und zwar so:…“*.

Dieses Anders-Sein hat einen besonderen Charakter, den es zu erkennen, professionell zu formen, konsequent aufrecht zu erhalten und schließlich weiter zu entwickeln gilt, damit die Kanzlei erfolgreich „ich" (oder: „wir") nach innen und außen behaupten kann. Das muss sie angesichts der zunehmenden Zahl von Elementen in jedem Fall tun – oder wirtschaftlich konnotiert: Angesichts des zunehmenden Wettbewerbs im Rechtsmarkt bleibt der Kanzlei nichts anderes übrig, als sich eindeutig und möglichst eigenwillig von ihren Wettbewerben abzugrenzen – immer vorausgesetzt natürlich, sie will Erfolg haben.

Auch das mag banal klingen, ja beinahe binsenweise. Nachgerade alarmierend aber ist, dass die der Orientierung dienende Identifikation im Rechtsmarkt bei den wenigsten Kanzleien zu finden ist. Im Gegenteil: Hier präsentiert sich dem Nachfrager in der Mehrzahl ein Weltmeer der Gleichheit, des „me too". Kanzleigruppenweise finden sich gleicher Auftritt, beinahe identisches, unspezifisches Angebot, gleiche Sprache, gleiche Erscheinungsbilder. Es scheint beinahe so, als wollten sich die Kanzleien gegen den zunehmenden Wettbewerb und gegen die damit einhergehende nötige Ausdifferenzierung der einzelnen Wettbewerbsmarktteilnehmer stemmen. Ja, man könnte meinen, dass sie sich und anderen versichern wollen, dass sie alle dazu gehören, vulgo: dass sie in Bezug auf eine mögliche Wahl des Mandanten nicht „falsch" sein können.

Dass das nicht funktionieren kann, ist offensichtlich. Und dass die wenigen Kanzleien, die sich um ihre strategisch entwickelte Einzigartigkeit im Meer der Wettbewerber bemühen, einen viel größeren Erfolg ausweisen, als alle anderen, steht dafür, dass es sich lohnt, der individuellen und einzigartigen Markierung der eigenen Kanzlei in Bezug auf Orientierung um ein vielfaches mehr an Aufmerksamkeit zu zollen.

Clifford Chance, let down by relatively low profitability and a declining income stream, relinquishes the top spot for brand value to the challenging Linklaters. Linklater's brand value is driven largely by steady growth and healthy profit margins combined with recent investment behind the brand and in marketing – something which has also enabled Freshfields to close the gap with Clifford Chance. Freshfields is one of the most profitable law firm brands in the UK. Most of Freshfields' profitability is directly attributable to the strength of its brand which it has been investing in heavily. Allen & Overy is the fourth largest magic circle firm by income and also by brand value, it has a healthy profitability and sound growth prospects. (The UKs Most Valuable Law Firm Brands)

Solche Untersuchungen gibt es in Deutschland (noch) nicht, so dass ich mich frage, nach welchen Erhebungen man überhaupt etwas über die „Stärke der deutschen Kanzleimarke" sagen kann. Dazu muss zunächst berücksichtigt werden, dass Kanzleien sich in mindestens „zwei Märkten" bewegen, nämlich im Mandantenmarkt einerseits und im Bewerbermarkt andererseits. Das darf nicht so verstanden werden, als würden in diesen Märkten jeweils andere Regeln gelten, oder dass man in dem einen Markt tun müsse, was man in dem anderen Markt lassen dürfe. Vielmehr besteht die Herausforderung darin, eine überzeugend markierte Einheit herauszubilden und in Folge so darzustellen, dass in den verschiedenen Märkten und bei den verschiedenen Zielgruppen ein unmissverständlich einheitlicher Wiedererkennungseffekt eintritt.

Für den Mandantenmarkt gibt es zwar eine Reihe von Erhebungen, die sich mit der Marktdurchdringung oder der Bekanntheit befassen. Das sind insbesondere die jährlich erscheinenden Juve-Handbücher, neben den regelmäßig im Herbst von der Redaktion der Zeitschrift Juve Rechtsmarkt ermittelten „Zahlen". Diese Erhebungen sagen aber noch nichts über die „Stärke der Marke" aus – sie informieren lediglich über die wirtschaftliche Stärke (im bereits abgelaufenen Erhebungszeitraum, verbunden mit der Erwartung, dass sich das morgen nicht grundlegend ändern wird). Sie sagen auch etwas über die Wertschätzung durch Mandanten und andere Marktteilnehmer. Juve veröffentlicht dann zwei Rankings, nämlich die Liste der 50 nach Umsatz größten Kanzleien und die Liste der Top50 – beide Listen sind, bis auf ganz wenige Ausnahmen, identisch. Nach dem letztgenannten Ranking der Top50-Wirtschaftskanzleien in Deutschland stehen die Kanzleien Freshfields, Hengeler Mueller und Linklaters an der Spitze des Marktes.

Neben den Juve-Erhebungen gibt es weitere Handbücher, etwa Kanzleien in Deutschland, Chambers oder Legal500, die aber im Wesentlichen dem Muster von Juve ähneln: Die Ergebnisse in diesen Handbüchern beruhen auf Interviews mit Marktteilnehmern sowie einer wertenden Einschätzung der jeweiligen Redaktion.

Einen anderen – und innovativen – Ansatz verfolgt der von der Zeitschrift „unternehmensjurist" herausgegebene Kanzleimonitor, der zur Zeit als Ausgabe 2014/2015 vorliegt (www.kanzleimonitor.de). Dieses Handbuch stützt sich ausschließlich auf Referenzen von Inhouse-Juristen und listet die empfohlenen Kanzleien und Einzelpersonen nach Regionen und Rechtsgebieten auf. Wirtschaftliche Daten der Kanzleien spielen hierbei keine Rolle. Man kann also den Kanzleimonitor quasi als Kanzleibewertung aus Verbrauchersicht beschreiben, der für Kanzleien eminent wichtige Informationen bereitstellt. Er wertet auch die Marktdurchdringung der aus seiner Sicht Top 20 aus, in dem zwei Kriterien zueinander in ein Verhältnis gestellt werden: 1) Anzahl der Rechtsgebiete mit Empfehlung und 2) Anzahl der Empfehlungen insgesamt.

Für den zweiten Markt, den Bewerbermarkt, gibt es ähnliche Erhebungen. Ich würde hier die jährliche azur-Umfrage hervorheben, die das Standing von Kanzleien im Bewerbermarkt auf der Basis von Umfragen unter 1) Associates und 2) Bewerbern durchführt und daraus jedes Jahr eine Liste der Top50-Arbeitgeber erstellt. Die Grundlage dieser Umfrage führt wie beim Kanzleimonitor dazu, dass es sich um eine Auswertung „aus Verbrauchersicht" handelt, die von Kanzleien sehr ernst genommen wird. In dieser Auswertung werden aber auch Unternehmensrechtsabteilungen berücksichtigt, die sich zu ernsthaften Konkurrenten auf dem Bewerbermarkt entwickelt haben. Das gilt nicht nur für den „Klassiker", also den Wechsel eines Senior Associates von einer Kanzlei in die Unternehmensrechtsabteilung, sondern es gilt auch und insbesondere beim Wettbewerb um Berufsanfänger.

Kann man aus diesen Auswertungen Kanzleien ermitteln, die in allen Märkten als besonders stark und führend angesehen werden, unabhängig von der jeweiligen Publikation? Aus Sicht des Kanzleimonitors und aus Sicht von azur100 wären das die Kanzleien Freshfields Bruckhaus Deringer einerseits und CMS Hasche Sigle andererseits. Es sind zwei grundverschiedene Kanzleien, die sich nur in der Zahl der Berufsträger gleichen (um die 500 herum) und damit die größten Kanzleien in Deutschland sind. Die Liste der Top50 Wirtschaftskanzleien von Juve sieht Freshfields, Hengeler und Linklaters im „1st tier", CMS Hasche Sigle hingegen „nur" im „4th tier". Hengeler Mueller schneidet bei azur100 auch gut ab, muss aber einen deutlichen Abstand zu den Erstplatzierten hinnehmen – aber würde man Hengeler deshalb als „schwachen Brand" bewerten? Das Gegenteil ist wohl richtig. Festhalten kann man jedenfalls, dass es verschiedene Betrachtungen mit verschiedenen Ergebnissen gibt, aber keine Untersuchung des „Brand Value" wie in England mit den The UKs Most Valuable Law Firm Brands. Was man aber immerhin sagen kann: Vom „Verbraucherstandpunkt" her gesehen machen Freshfields Bruckhaus Deringer einerseits und CMS Hasche Sigle andererseits viel richtig.

Sind dies alles „starke Marken"? Ja und nein. Es sind Kanzleien, die in den letzten Jahren gewachsen und „gut im Geschäft sind". Haben sie sich so fest etabliert, dass sie nicht mehr „nur noch" Teil des Rechtsmarktes, sondern Teil des Marktes ihrer Mandanten geworden sind? Das lässt sich aus diesen Auswertungen nicht sagen, aber es entspricht der Erfahrung der letzten Jahre, dass sich da etwas in diese Richtung entwickelt.

Unter Punkt 3.4, „Die Wertschöpfungsfunktion der Marke" stelle ich Ihnen hierzu vertiefende Gedanken bzgl. der Markenbewertung vor.

Ich komme hier aber noch einmal darauf zurück, wie Wettbewerbermärkte entstehen und welche Herausforderungen sich dabei ergeben. Der Rechtsmarkt ist ein solcher Wettbewerbermarkt. Er ist nichts anderes als das Feld der Rechtsberater, die im Wettbewerb miteinander stehen, also der Markt, auf dem die Mandanten „einkaufen" gehen. Dieser Wettbewerbermarkt namens Rechtsmarkt fordert unmissverständlich die Einsicht, dass es ohne orientierende, differenzierte Markierung des eigenen Systems im Wettbewerb nicht funktionieren kann. Die Frage ist: Wie ist die Kanzlei anders, warum ist sie anders, und welches Orientierungsangebot verbirgt sich hinter der Information über dieses Anderssein?

Die bisherigen Auswertungen des Geschehens auf dem Rechtsmarkt zeigen, dass diese Fragen nur unvollständig beantwortet werden: Die Frage der strategischen Positionierung als Challenger, Global Elite Firm, Mid Cap-Specialist oder Marktführer sagt ja nur etwas darüber aus, wie Kanzleien versuchen, sich strategisch zu positionieren. Daraus kann man natürlich auch ungefähr etwas herleiten, aber was eine Kanzlei tatsächlich auszeichnet, ergibt sich daraus nicht. Das gilt auch für die Betrachtungen in Handbüchern oder der azur100 oder dem Kanzleimonitor: Wir sehen, dass da etwas ist, aber wir wissen nicht, was es tatsächlich ist. Vielleicht wissen das die Kanzleien selber auch nicht so genau.

3.2.2 Die Anzahl der Teilmärkte nimmt zu

Nun geht es bei der erfolgreichen Abgrenzung zum Wettbewerb ja weniger um den Vorgang als solchen – es geht um den Zweck der Abgrenzung. Dieser Zweck zielt auf den zweiten Aspekt, dem die Orientierung dienen muss: Es geht um die Frage der Zusammengehörigkeit, und unter wirtschaftlichen Kriterien: um die Frage der Kooperation mit Blick auf mögliche Mandate. Es geht konkret um die Frage, welchem Markt sich eine Kanzlei als zugehörig versteht. Erst wenn diese Frage beantwortet ist, können potenzielle Nachfrager erkennen, warum eine Kanzlei wo und mit wem – bzw. für wen – arbeiten will.

Am Beispiel des römischen Reiches und der katholischen Kirche wurde deutlich, dass Zugehörigkeit und das Gefühl „richtig" zu sein die Grundvoraussetzungen für ein erfolgreiches Miteinander sind. So sehr dieses Gefühl einzig und allein der Logik der Psyche folgen mag, so konkret orientiert sich die Psyche an „nackten" Tatsachen. Die Tatsachen betreffen mit Blick auf die Handlungsfelder die Antwort auf die Frage: In welchem spezifischen Teilmarkt (in welchen Teilmärkten) wollen wir mit unseren Kompetenzen antreten?

Eben diese so vermeintlich einfache Frage scheint heute den allermeisten Kanzleien noch als unbedeutend für die ihre strategische Positionierung zu gelten. Die wenigen Ausnahmen bestätigen bestenfalls die kritische Regel: Orientierung findet selten statt. Darüber hinaus ist der Kanzleifokus meistens und im Wesentlichen auf den „eigenen Nabel" gerichtet, das heißt, die vorfindbare Information bezieht sich beinahe ausschließlich auf die eigenen Kompetenzen (rechtsfachspezifische Beratungsleistungen) und nicht darauf, in welchem Bereich man diese bereit zu stellen und was man vor allem damit zu erreichen gedenkt. Die Orientierung hinsichtlich des Einsatzbereiches im Kontext von Teilmärkten und/oder Themengebieten aber birgt die eigentliche Voraussetzung für eine langfristig erfolgreiche Positionierung.

So stellt z. B. die heute gern publizierte Botschaft, auf Wirtschaftsrecht spezialisiert zu sein, eher eine „halbe" Aussage dar. Nicht etwa, weil Wirtschaftsrecht ein nicht abgegrenztes Beratungsgebiet darstellen würde, sondern deshalb, weil die Aussage alle, wirklich alle Unternehmen betrifft, ungeachtet der für sie geltenden, spezifischen Bedingungen und Herausforderungen in ihren differenzierten Märkten. Natürlich gibt es kein Vertun: Wirtschaftsrecht ist und bleibt Wirtschaftsrecht. Im Kontext der Orientierung aber gilt der Fokus nicht dem Bereich der Rechtberatung sondern dem Verständnis der Mandanten.

Welches Unternehmen sollte sich im Speziellen wirklich angesprochen fühlen? Welches Unternehmen sollte sich angesichts seiner spezifischen Herausforderungen, die sich nun mal in erster Linie durch den Markt ergeben, in dem es antritt, verstanden fühlen? Und wie soll ein Unternehmen vor diesem Hintergrund entscheiden, ob eine Kanzlei mit ihrer spezifischen Ausprägung zum Unternehmen gehört, will sagen, ob es richtig ist, mit der Kanzlei im Bereich Risikomanagement und Weiterentwicklung des eigenen Unternehmens in seinem besonderen Umfeld zusammen zu arbeiten?

Gefordert wäre deshalb eine Orientierung darüber, welchen spezifischen Märkten oder übergeordneten Themen sich eine Kanzlei verschrieben hat, wo genau sie dazu beitragen möchte, dass etwas abgesichert werden, sich neu bilden oder sich weiterentwickeln kann.

Die durch Grenzmarkierung identifizierte Kanzleimarke befindet sich – jenseits ihres Wettbewerbs – in einem komplexen Umfeld. Die Märkte sind komplex, und Wirtschaft ist komplex. Komplexität ist nicht beherrschbar, nicht für Personen, nicht für Organisationen, nicht für Unternehmen und auch nicht für Kanzleien. Um aber innerhalb der herrschenden Komplexität einen auf Erfolg ausgerichteten Platz zu finden, gilt es, die Komplexität zu reduzieren. Die Voraussetzung für die nötige Reduktion heißt: Entscheidung. Gemeint ist: Entscheidung für und Konzentration auf einen Teilaspekt der Komplexität.

Übertragen auf Kanzleien und das wirtschaftliche Umfeld bedeutet das: Es braucht die Reduktion der Komplexität auf einen eindeutig zu benennenden Teilsektor, einen Markt, ein Themengebiet. Man spricht in diesem Zusammenhang auch vom Sektormanagement in Kanzleien.

Dieses Sektormanagement (oder Aufstellung nach Branchen bzw. Industriegruppen) nimmt inzwischen fast jede Kanzlei aus dem Segment der führenden wirtschaftsberatenden Kanzleien für sich in Anspruch. Clifford Chance hat das schon vor Jahren eingeführt und inzwischen liest man in so gut wie allen Mandantenbefragungen, dass eins der wesentlichen Kriterien für die Auswahl von Kanzleien die Vertrautheit mit dem jeweiligen Markt ist.

Auch wenn man konzediert, dass viele Kanzleien beachtliche Fortschritte gemacht haben, so kommt man nicht um die betrübliche Erkenntnis herum, dass Industrieunternehmen, aber auch Investmentbanken ungleich viel höhere Aufwendungen unternehmen, um sich „für ihre Märkte" aufzustellen bzw. das Verhalten von Marktteilnehmern sowie die Herausforderungen, vor die sie sich gestellt sehen, wirklich zu verstehen. Dieses Verständnis von Märkten hat viel mit Investitionen in Märkte oder Markterschließungskosten zu tun – ein Fremdwort in Kanzleien. Der Vergleich mag provokant sein, aber: Vielleicht ist die Vernachlässigung von Markterschließungskosten einer der Gründe dafür, warum Rechtsdienstleistungen, verglichen mit den Beratungsleistungen von Investmentbanken, so gering wertgeschätzt werden?

3.2.3 Die Zahl der Marktteilnehmer nimmt zu: Identifikation der avisierten Mandantschaft

Der dritte Aspekt der nötigen Orientierung dient der Beantwortung der Frage, mit welchen Protagonisten man in den identifizierten Teilmärkten zusammenarbeiten will.

Noch ein Allgemeinplatz (vielleicht) in diesem Zusammenhang: Organisationen – Unternehmen oder Kanzleien – sind offene Systeme. Offen meint: Sie sind auf einen kontinuierlichen Austausch mit ihrem Umfeld angewiesen. Schaut man auf den Umstand der zunächst vorliegenden Unverbundenheit der abgegrenzten Systeme (die durch die Komplexität entstanden sind), stellt sich deshalb hier die Frage, wie eine neue Verbindung zwecks des überlebensnotwendigen Austauschs eingegangen werden kann. Für diese Verbindung braucht es an erster Stelle eine Orientierung, die der Erkenntnis gilt: *„Ich bin als Unternehmen gemeint, mit mir will der Rechtsdienstleistungsanbieter eine Verbindung eingehen"*.

Damit ein Unternehmen überhaupt verstehen kann, dass es adressiert wurde, muss es sich erkannt fühlen. Das klingt nach Psychologie, und das ist in erster Linie Psychologie – allerdings und natürlich vor dem Hintergrund harter Fakten: Marke muss ein Angebot für die Verbindung formulieren, und die Botschaft dieses Angebots lautet im Wesentlichen: *„Ich erkenne, wer Du bist, ich zeige Dir wer ich bin. Dann erkläre ich Dir, warum ich sicher bin, dass wir zusammen gehören und deshalb zusammenarbeiten sollten."* Marke ist keine überflüssige Attitüde einiger auf das Marketing konzentrierter Theoretiker oder irgendwelcher designverliebter Gestalter. Marke findet nicht jenseits der faktischen Anforderungen des Arbeitsalltags statt. Marke ist weder „nice to have" noch „quantité negligable". Marke ist die Grundvoraussetzung dafür, dass ein Angebot seinen Nachfrager, eine Kanzlei also ihre Mandanten findet.

Dass es sich angesichts der dafür nötigen Orientierung um eine psychologische Dimension handelt, liegt darin begründet, dass Wahrnehmung ein psychischer Vorgang ist. Die psychologische Dimension der Wahrnehmung verbirgt sich im kontinuierlichen Prozess des Zuordnens. Jeder Einzelne, ebenso wie jedes Unternehmen (jeder potentielle Mandant also), hat einen individuellen Punkt, von dem aus er auf die Welt und deshalb auch auf potentielle Kooperationspartner und Dienstleister schaut. Von jedem Standpunkt aus kann es nur eine ausschnitthafte Teilsicht – eine Perspektive – geben. Und dieser ausschnitthaften Perspektive werden sämtliche Fakten, die wahrgenommen werden, zugeordnet.

Bekannt wurde in diesem Kontext der Fall des Patienten Elliot, dem die Fähigkeit abhanden gekommen war, Entscheidungen zu treffen, nachdem ihm aufgrund eines Tumors ein Teil des präfrontalen Cortex entfernt worden war (der präfrontale Cortex befindet sich hinter der Stirn). Der portugiesische Neurologe Antonio Damasio, der Elliot in den 1980er Jahren betreute, erkannte, dass mit der Entfernung des Tumors die Fähigkeit einer emotionalen Regung des Patienten komplett ausgelöscht worden war. Elliot konnte nicht mehr traurig, nicht mehr ungeduldig, nicht mehr frustriert und eben auch nicht mehr fröhlich oder gar glücklich sein. Sein Verhalten glich dem Gefrierfach eines Kühlschranks, und er selber merkte das nicht einmal – weil er es eben nicht mehr fühlen konnte. Was an Elliot darüber hinaus auffiel: Er war nicht mehr in der Lage, eine Entscheidung zu treffen.

Der Neurologe suchte nach ähnlichen Fällen und er fand sie: Menschen, die durch eine Läsion des Frontalhirns all ihr Fühlen verloren hatten – und damit ihre Fähigkeit zu entscheiden. Damasios Entdeckung war nicht nur für ihn selber völlig neu – sie revolutionierte die bis dahin herrschende Meinung, dass Menschen rational, jenseits von Gefühlen (die nach der Überzeugung selbsternannter „Vernunftmenschen" vermeintlich den Entscheidungsprozess stören) entscheiden würden. Ohne Gefühl aber, so hat man inzwischen wissenschaftlich belegt, ist der Verstand hilflos. Reine Fakten verhelfen nicht zur Entscheidung – der Entscheider braucht einen emotionalen Bezug zu den für ihn bereitstehenden Informationen. Erst die sinnmachende Verbindung von Fakten und Emotion ermöglicht die Entscheidung.

Ich rede hier also weder von „Kopf"- noch von „Bauch"-Menschen – ich rede von der Vernunft, die den Verstand und die Emotion, also das Abwägen von Fakten und das sich-fühlend-in-Beziehung-Setzen, zu verbinden weiß. Auch das mag für den Ein oder Anderen sehr allgemeingültig und wenig relevant für den Wirtschaftsalltag klingen.

Es sind allerdings nicht in erster Linie die Entscheider, die ich bei diesen Darlegungen im Blick habe, als vielmehr die Kanzleien, die diesen Aspekt bisher viel zu wenig angesichts der Maßgabe an orientierende Information berücksichtigen. Ausschließlich die Emotion vermag dem Nachfrager die nötige Orientierung für seine Entscheidung geben – die Entscheidung, die im Wesentlichen lautet: *„Unter Berücksichtigung der faktischen Angebotsinformationen **fühle** ich mich hier zugehörig"*. Die faktische Information des Anbieters muss die emotionale Dimension berücksichtigen.

Ist dieses elementare Grundverständnis für die psychologische Dimension der nötigen Verbindung zwischen der Marke und dem Nachfrager erst einmal vorhanden, ergibt sich daraus zwangsläufig die Erkenntnis, wie wesentlich es für Kanzleien sein muss, Experten für die avisierten Teilmärkte und/oder Themenbereiche und die darin agierenden Protagonisten zu werden. Das Wissen über sämtliche Marktspezifika, über Trends, Entwicklungen, Chancen und Risiken, gehört dazu. Gefragt ist also eine so umfassende wie detaillierte Kenntnis über die jeweiligen Herausforderungen, denen sich die Unternehmen stellen müssen, die in diesen Märkten agieren. Gefragt sind dann Angebote, die für die Unternehmen einen Mehrwert darstellen, und gefragt ist dann auch die Fähigkeit, z. B. neue Geschäftsmodelle oder ein zukunftsweisendes Risikomanagement mitzuentwickeln. Dass es angesichts dessen mit einer Expertise in Wirtschaftsrecht nicht getan sein kann (um bei dem Beispiel zu bleiben), versteht sich hier beinahe von selbst.

Ein Wort noch zu der ebenfalls beliebten Behauptung, die Anwälte der Kanzlei seien selber Unternehmer und würden deshalb Unternehmen gut verstehen. Natürlich ist das ein Verbindungsangebot, das die emotionale Komponente adressieren und sagen will: *„Wir sind gleich, wir haben ein Verständnis füreinander, wir sollten kooperieren"*. In der Realität aber bleibt diese anwaltliche Selbsteinschätzung meistens leere Behauptung: Es ist bekannt und offensichtlich, dass nur wenige Kanzleien wirkliche unternehmerische Stärken aufweisen.

Eine sicher provokante Behauptung, die sofort die Frage aufwirft, was eigentlich unternehmerisches Denken und Agieren auszeichnet. Man kann im Wesentlichen diese Bedingungen identifizieren: Es gilt erstens, die eigenen Ziele zu kennen, und zu wissen, wie man diese erreichen will. Es gilt zweitens Trends, Märkte und Kundenwünsche zu kennen, und diese dann proaktiv in Gestaltungschancen umzusetzen. Es gilt drittens, Stärken gezielt zu entwickeln, um dem Wettbewerb zu enteilen. Es gilt viertens, allen Anspruchsgruppen die richtigen Fragen zu stellen und sich in Folge so zu positionieren, dass Kunden (Mandanten) einen echten Orientierungspunkt haben. Und es gilt schließlich fünftens und vor allem, angemessene Zeit für die eigentliche Unternehmerrolle einzusetzen, die mit dem Unternehmen – und nicht mit den Eigeninteressen – identifiziert ist.

Die Unternehmerrolle ist eben nicht geprägt von der Erbringung der Leistungen (und seien sie auf noch so hohem Qualitätsniveau), sie ist geprägt von der strategischen Gestaltung und konsequenten Weiterentwicklung der Unternehmensmarke selber. Von einem professionellen Unternehmensmanagement mit Fokus auf die Steigerung des Unternehmenswerts sind so gesehen viele Anwälte weit entfernt. Der Alltag ist vielmehr gefärbt von Partial-Interessen und von auf die eigene Person fokussierten Einzelentscheidungen, die Identität ist rundum freiberuflich, und man kann bei nicht wenigen Kanzleien bestenfalls von stark heterogenen Kooperationsgemeinschaften sprechen, in denen viele Köche am Brei mitmischen – seien sie zum Teil noch so beeindruckend erfolgreich. Noch.

Zusammengefasst lässt sich zur Orientierung bezüglich der Märkte und Mandanten sagen: Jedes Unternehmen muss zur eindeutigen Orientierung darüber informieren, in welchem Umfeld es sich verortet, und wie es dazu beitragen will, dieses Umfeld mit zu gestalten (das gilt ganz besonders für die BtoB Ausrichtung). Es muss weiterhin darüber informieren, mit wem es deshalb in diesem Umfeld kooperieren möchte, bzw. für wen es arbeiten will. In der Rechtsbranche spricht man diesbezüglich gemeinhin von der nötigen Markt- und Mandantenspezialisierung.

Zu eben diesem grundlegend notwendig orientierenden Informationsaspekt für erfolgreiche Markenführung nennt die Studie ***Der Rechtsdienstleistungsmarkt 2030*** die Markt- und Mandantenfokussierung nach der fachanwaltlichen Spezialisierung als zweite Wettbewerbsstrategie:

> Zweite zentrale Wettbewerbsstrategie ist die Fokussierung auf ausgewählte Mandantensegmente, die mit wachsender Kanzleigröße zunimmt. Boutiquen, mittelgroße Kanzleien (mit mehr als elf Berufsträgern) und international tätige Großkanzleien verfolgen am häufigsten diese Spezialisierungsstrategie. Kleine Kanzleien und Einzelanwälte hingegen verfügen zumeist nur selten über Spezialisierungen im Bereich der {…} Mandanten. (Prognos 2030)

Wenn man bedenkt, wie heterogen die Einzelleistungen und Anwendungsgebiete der Rechtsberatung als Ganzes sind, ist es mehr als erstaunlich, dass ein zentrales Informationsdefizit in Bezug auf die Fragen „*warum – und für wen eigentlich*" bei der Mehrzahl der Kanzleien vorherrscht. Darüber hinaus kann nicht nur im Rechtsmarkt beobachtet werden, dass sich Arbeitsbereiche, die in der jüngeren Wirtschaftsgeschichte im Wesentlichen auf Fachkompetenz zentriert waren, mehr und mehr auflösen zugunsten von themen- und in Folge von projektspezifischen Kooperationen. Diese Entwicklung wurzelt einerseits in der immer weiter fortschreitenden Spezialisierung, die schlussendlich derart spezifisch und ausschnitthaft sein wird, dass die Frage nach den Nahtstellen zu anderen Kompetenzen zunehmend bedeutsam wird. Andererseits zeigt sich eine Zunahme der Komplexität von Aufgabenfeldern – seien es, um hier nur wenige Beispiele zu nennen, die weltweite Urbanisierung, die nötige Entwicklung von nachhaltigen Energieressourcen, die hoch komplizierte wie komplexe Natur von IT-Projekten, die hoch entwickelte und spezialisierte Humanmedizin und die Gentechnik, oder z. B. auch die zu bewältigen Aufgaben bei Transport und Logistik angesichts der zunehmenden Warenströme und dem damit einhergehenden Verkehrsaufkommen.

3.2.4 Die Dynamik nimmt zu: Der Markenkern als Orientierung

Dass mit der zunehmenden Komplexität zugleich die Dynamik zunimmt, erklärt sich dadurch, dass Komplexität den Zustand der Verflechtung beschreibt (lat., *complectere* = verflechten) – einer Verflechtung, die auch dann gilt, wenn nicht mehr alles mit allem unmittelbar verflochten ist. Indirekt nämlich hängen weiterhin alle Elemente in einem großen System zusammen (hier im Weltmarkt) und dadurch voneinander ab. Soviel an dieser Stelle zu den systemtheoretischen Erkenntnissen bzgl. der Komplexität von Wirtschaftssystemen.

In der systemischen Praxis ist die Zunahme der Dynamik im Kontext der Globalisierung deutlich zu erkennen. Durch die Öffnung und Verbindung der Märkte ist die Anzahl der Teilnehmer im Weltmarkt dramatisch gestiegen. Die Offenheit ihrer Systeme und der damit verbundene Austausch als Grundbedingung für ihr Überleben bedingen, dass sie direkt oder indirekt voneinander abhängig sind. Bewegt sich ein Teil, bewegen sich zwangsläufig alle Teile. Wenn die Anzahl der Elemente immer größer wird und sich das System andauernd bewegt, nimmt die Dynamik des Gesamtsystems als Summe der Bewegungen der Teileelemente permanent zu. In den Weltmärkten zeigt sich dieses Phänomen anhand der zunehmenden Geschwindigkeit von „Ups" and „Downs", von plötzlichen Zusammenbrüchen einzelner Segmente mit der Folge der dominogleichen Rutschpartien anderer Bereiche. Wie gesagt: Man kann Komplexität nicht beherrschen. Aber man kann mit Blick auf Kooperationen die Komplexität managen, und man ist gut beraten zu wissen, dass die Reduktion der Komplexität sowie die Fokussierung auf einen bestimmten Aspekt hierfür die Voraussetzungen sind, wenn man Erfolg haben will.

Für Kanzleien wie für Unternehmen bedeutet die zunehmende Dynamik die größte Herausforderung: Wenn sich alles andauernd und mit zunehmender Geschwindigkeit verändert (wie das insbesondere auch angesichts der Herausforderungen für den Rechtsmarkt zu beobachten ist), stellt sich die Frage, woran man sich angesichts der Gestaltung und Führung der eigenen Marke eigentlich orientieren soll.

Hier lohnt wiederum ein näherer Blick auf die Systemtheorie, die erklärt, warum es für Systeme so schwer ist, neue, der jeweiligen Veränderung adäquate Handlungen zu identifizieren und dabei die eigene Identität zu erhalten. Die Identität eines Systems, so sagt die Theorie, formt sich durch sein Verhalten. Das heißt, sie entwickelt sich automatisch entlang seiner Handlungen. Systeme sagen: *Wir sind so, weil wir es so tun, wie wir es tun.* Diese Selbstidentifikation gilt für einzelne Menschen ebenso, wie für Organisationen, die im Miteinander von Menschen entwickelt werden. Sie gilt ergo für Kanzleien. Die Systemtheorie spricht hierbei von selbstähnlichen, also authentischen Anschlusshandlungen. In der Praxis zeigt sich dieses „Selbst"-Verständnis an Sätzen wie „*Das machen wir hier so, weil wir es hier immer so gemacht haben*".

Man kann angesichts dessen zumindest festhalten, dass Organisationen, die durch ihre Handlungen einen wie auch immer gestalteten Erfolg im Markt erfahren haben (und sei der Erfolg nur das schiere Überleben), verständlicherweise dahin tendieren, die immer selben Handlungen zu wiederholen. Schließlich scheinen diese Handlungen in der Vergangenheit der Grund und folglich der Garant für den Erfolg gewesen zu sein.

Von Sir Ernest Ramsey, der die englische Fußballnationalmannschaft zum Sieg bei der Fußballweltmeisterschaft im Jahr 1966 geführt hatte, und 1967 dafür zum Ritter geschlagen wurde, stammt der berühmte Satz: „*Never change a winning team*". Man könnte sich angesichts dessen fragen: Warum sollte man etwas ändern, wenn man bisher mit dem, was man getan hat, erfolgreich war? Man sollte – und das wusste nicht nur Sir Ramsey, sondern auch der uns noch bekanntere Franz Beckenbauer, dessen Ruhm nicht zuletzt darauf fußte, dass er ein Team führen konnte, das in jedem Moment flexibel auf die jeweiligen Umstände zu reagieren wusste. Der „Change", der Wechsel, bezieht sich nämlich nicht auf die Mannschaft – er bezieht sich auf das Handlungspotenzial. Die Frage ist deshalb, wie man ein erfolgreiches Team in die Lage versetzt, immer anders zu handeln, ohne dass dabei weder die Identität noch die Identifizierbarkeit des Teams verloren geht.

Vergegenwärtigt man sich den Umstand, dass jedes System auf Weiterentwicklung angewiesen ist, und nimmt man zusätzlich ins Kalkül, dass sich das Umfeld angesichts der zunehmenden Komplexität immer schneller verändert, dann wird es verständlicherweise gefährlich mit den immer selben Handlungen. Versteht man dann noch, dass Veränderung und Weiterentwicklung ausschließlich in so gesehen instabilen Momenten von Systemen geschehen können, wird es brenzlig. Die Konsequenz daraus heißt nämlich, dass jede Organisation für ihre Weiterentwicklung bereit sein muss, Unsicherheit und (schlimmstenfalls) Destabilisierung in Kauf zu nehmen, um mögliche Entwicklungsschritte zu gehen. „*Gestärkt aus der Krise hervorgehen*", so liest sich das bisweilen.

Um gestärkt aus einer Krise hervorzugehen, die nichts anderes beschreibt, als partielle oder bisweilen sogar existenzielle Destabilisierung, braucht jede Organisation, braucht also auch jede Kanzlei, für ihr unbedingt nötiges, flexibles Handlungsrepertoire eine grundlegende Orientierung für die eigenen Handlungen. Die Quelle für eben diese existenzielle Orientierung ist grundsätzlich im Wesenskern der Kanzlei zu verorten.

Die Aussage scheint den gängigen betriebswirtschaftlichen Regeln fundamental zu widersprechen. Hier nämlich heißt es, man habe sich am Markt zu orientieren, denn nur dieser gebe vor, was zu tun ist. Das stimmt, ist aber – wie so oft in der Betriebswirtschaft, die Betriebe ausschließlich als rational zu bewältigende Maschinen verstehen – lediglich die halbe Wahrheit. Denn wenn es ausschließlich eine Frage der rationalen Erkenntnis von faktischen Marktbedingungen wäre, dürfte es angesichts der vielen wertvollen Hinweise auf diese (wie zum Beispiel angesichts der erwähnten Zukunftsstudie für den Anwaltsmarkt) keine erfolglos geführten Unternehmen respektive Kanzleien mehr geben. Die gibt es aber, und ihre Zahl nimmt eher zu, denn ab.

Natürlich ist Erfolglosigkeit immer auch bedingt durch eine fehlende Expertise in der Sache. Es gibt brillante Manager, clevere Strategen, herausragende Macher – und es gibt eben andere. Darüber hinaus aber – und das ist der andere Teil der Wahrheit – kann man beobachten, dass Marken erodieren, verwässern oder dramatisch an Vertrauen verlieren, wenn sie angesichts der Herausforderungen keine Orientierung in sich selbst haben. Und genau hier finden wir uns in der „psychologische Abteilung" der Marke wieder, die es leisten muss, die emotionale und die faktische Orientierung für jedwede Verhaltensentscheidung angesichts einer Veränderung zu liefern. Wenn ein Gefühl dafür und ein Wissen darum fehlen, welches Verhalten unter der Maßgabe der eigenen unverkennbaren Identität und angesichts nötiger Weiterentwicklung (mit Blick auf die sich andauernd ändernden Marktbedingungen) das richtige ist, dann fehlt die – im Sinne des Wortes – *wesentliche* Entscheidungsgrundlage für das richtige Verhalten.

Das „richtige", will sagen marktadäquate Verhalten hat also bei weitem nicht nur rationale faktenorientierte Aspekte zu berücksichtigen, es muss vor allem auch das Ziel verfolgen, dass die Organisation in sich und gegenüber möglichen Kooperationspartnern weiterhin unverkennbar identifizierbar bleibt. Denn: Die Unverkennbarkeit ist die wesentliche Voraussetzung für den Aufbau von beständigem Vertrauen. Man will schon wissen, mit wem man es zu tun hat und wem man da vertrauen soll. Denn man wird nur jemandem vertrauen wollen und können, wenn er im Wesentlichen nachvollziehbar und dadurch für die Zukunft einschätzbar wird. Der Vertrauensvorschuss soll jederzeit eingelöst werden können. Ohne Vertrauen der Nachfrager wird deshalb keine Marke Bestand haben und im folgenden Abschnitt über „Die Vertrauensfunktion der Marke" werde ich noch vertieft auf diesen Aspekt eingehen.

Der Marke – als Synonym für die Unternehmens- und/oder Kanzleimarke – bleibt also nichts anderes übrig, als sich an sich selbst zu orientieren, damit sie für das Umfeld und nicht zuletzt auch für die eigenen Leute in der Organisation unverkennbar bleibt. Die Quelle für diese Orientierung verbirgt sich, wie gesagt, in ihrem Wesenskern. Markenexperten nennen diesen Wesenskern den Markenkern, und man kann diesen wie eine DNA des Unternehmens verstehen: Orientiert man sich an den zentralen Gegebenheiten im Markenkern, kann man die Handlungen ändern, ohne die Identität zu verwässern oder gar zu verlieren.

Wie der Markenkern strukturell aufgebaut ist, und in welcher Art und Weise er der grundlegende Leitfaden für jegliche Ausgestaltung eines Unternehmens ist, ja sein muss, werde ich im praxisorientierten Teil „Aufbau der Kanzleimarke" eingehend beschreiben.

Zusammenfassend lässt sich hier feststellen, dass die Orientierungsfunktion der Anbietermarke auf die Fähigkeit des Nachfragers zur Entscheidung zielt. Sie muss deshalb immer zugleich die rationalen wie emotionalen Dimensionen der Nachfrager-Entscheidung berücksichtigen und die Informationen dann entsprechend gestalten.

Die rationale Dimension bezieht sich auf die Orientierung durch bereitgestellte Fakten – Information, Information, Information. Die emotionale Dimension bezieht sich auf die in der Information verborgene Orientierungsabsicht durch ein sinnmachendes Angebot für Zusammengehörigkeit mit dem Ziel der Kooperation. Hierbei gibt es die vier Orientierungsfelder: Wettbewerb, Handlungsfelder, Nachfrager und die eigene Organisation.

Im Wettbewerb lautet die einfache wiewohl nicht immer so leicht zu beantwortende, Frage für die Kanzleimarke: Wofür genau will ich in Abgrenzung zu meinen Mitbewerbern erkannt werden?

Bezüglich der Handlungsfelder lautet die Frage: Zu welchem Themenbereich, in welchem Markt oder Teilmarkt will ich zur Rechtssicherheit und Weiterentwicklung mit welchem konkreten Ziel beitragen?

Mit Blick auf die Identifikation der richtigen Mandanten lautet die Frage: Wer agiert in diesen Märkten, welchen spezifischen Herausforderungen muss er sich stellen, und was biete ich ihm dafür an?

In Bezug auf die eigene Kanzlei lautet die Frage: Wie stelle ich sicher, dass ich immer unverkennbar bleibe – unabhängig davon, ob und wie sich das Umfeld ändert?

Und in Bezug auf die eigene Kanzlei als Arbeitgeber lauten die Fragen: Wir stelle ich sicher, dass ich für meine Mitarbeiter unverkennbar bin und bleibe. Was tue ich, damit alle Mitarbeiter die Visionen der Kanzlei teilen, mittragen und zur zu deren Gestaltung aktiv beitragen? Und welche Maßnahmen muss ich schließlich ergreifen, um die Qualität meiner Arbeitgebermarke in den Markt der neudeutsch genannten „Potentials" überzeugend zu transportieren?

Erst und nur dann, wenn alle diese Fragen mit der nötigen Differenziertheit in der Tiefe beantwortet sind, hat die Kanzleimarke ihre Orientierungsfunktion erfüllt.

3.3   Die Vertrauensfunktion der Marke

Unter Berücksichtigung der Orientierungsfunktion der Marke versteht man auch, dass Vertrauen in diesem Kontext einen besonderen Stellenwert bekommt. Vertrauen ist die emotionale Grundvoraussetzung dafür, dass eine Information unter Kriterien der Orientierung eingeordnet und dadurch als *„für mich richtig"* oder als *„nicht für mich richtig"* entschieden werden kann.

Interessant in diesem Zusammenhang ist, dass es den Begriff „Vertrauen" überhaupt erst seit dem 16. Jahrhundert gibt. Die emotionale Kategorie entstand zur selben Zeit, in der sie auch im Wirtschaftsgeschehen eine wichtigere Rolle bekam. Der Begriff geht zurück auf das gotische Wort *trauan* und gehört laut Lexikon der Wortgruppe um den Begriff „treu" an, der ursprünglich als Synonym für die Werte „stark", „fest" und „dick" stand.

Nähert man sich dem Gebot an das Vertrauen in eine Marke gesellschafts- und wirtschaftsgeschichtlich, dann erkennt man, dass durch die Entdeckung Amerikas durch

Christoph Kolumbus sowie durch die Erschließung des Seewegs nach Indien durch Vasco Da Gama im 15. Jahrhundert nur wenige Jahre danach, nämlich im beginnenden 16. Jahrhundert, eine enorme Verschiebung mit Blick auf den internationalen Handel stattfand. Aus den Eroberungen der Portugiesen und Spanier ergab sich eine bis dahin ungewohnt weite Entfernung zwischen Produzenten und Abnehmern im interkulturellen Miteinander. Dadurch bekamen nun die Händler in der Vermittlung eine besondere Bedeutung.

Anders als noch zu Zeiten des römischen Reiches, als noch die „ganze Welt Rom" war, hatten jetzt Anbieter und Abnehmer keine gemeinsame kulturelle Identität mehr. Und anders als in der Antike wurden nicht mehr nur Rohstoffe über weite Strecken transportiert, man produzierte nun auch nicht mehr vor Ort. Den Abnehmern war deshalb eine persönliche Beziehung zu den Herstellern der fremden Produkte nicht mehr möglich. Man war gezwungen, auf anderen Wegen das so nötige Vertrauen bei den Abnehmern aufzubauen. Die Gestaltung der Beziehungen zu den fremden Kulturen wurde, ebenso wie die Positionierung eines kulturfremden Angebots, zu einer der größten Herausforderung für das nach der Agrarisierung durch die Germanen wieder erwachende, sich zunehmend globalisierende Wirtschaftsgeschehen. Kein Wunder also, dass der Begriff des Vertrauens erstmals in diesem Umfeld auftauchte.

Als Vertrauen förderndes Bindeglied zwischen Anbieter und Abnehmer fungierten die Händler, die sich zunehmend als eigenständige Wirtschaftsmacht zu etablieren wussten. Sie markierten ihre Angebote durch umfangreiche Maßnahmen im Beziehungsmanagement – Glaubwürdigkeit, Verlässlichkeit und Sicherheit waren die Gebote für die Markierung der eigenen Händlerperson und kurze Zeit später der zunehmend aufkommenden Handelsorganisationen – und diese Werte mussten kontinuierlich unter Beweis gestellt werden. Markierung und Markenführung wurden hier in hohem Maße zum Vertrauen stärkenden people's business der Händlerpersönlichkeiten selber.

Gefordert war das Vertrauen in einen Hersteller, den man nicht kannte, Vertrauen in den Nutzen und die Qualität eines Angebots, das fremd war, und schließlich Vertrauen in die Redlichkeit des Händlers selber mit Blick auf die geforderte Fairness seines Angebots. Hier erkennt man deutlich, dass mit dem Marktwachstum und der Internationalisierung eine parallel wachsende Notwenigkeit an Vertrauensbildung einherging – der psychologisch konnotierte Vertrauensbegriff entstand parallel zu seiner faktisch wirtschaftlichen Notwendigkeit.

Darüber hinaus spielte das Vertrauen in dieser Zeit auch in einer zweiten Hinsicht eine entscheidende Rolle: Gemeint ist die selbstbezügliche Dimension des Vertrauens, kurz das Selbstvertrauen, das im Zuge von Humanismus und Renaissance das bis dahin beinahe alleingültige Gottvertrauen zu ersetzen hatte, das für sich eben nicht als Vertrauen, sondern als vermeintlich notwendiges Naturgesetz verstanden und empfunden worden war. Der erste Bruch mit einem bis dahin gottesfürchtigen Leben kam, als die Pest im 14. Jahrhundert ein Drittel der europäischen Bevölkerung in nur vier Jahren dahingerafft hatte, und man sich erstmals fragte, ob man sich einem Gott anvertrauen könne, der solches Leid über die Menschen brachte. Hier zeigen sich aus theologischer Sicht menschliche Anmaßungen bezüglich einer auf Gott bezogenen Wertekategorie, wie sie bis dahin nur in der Antike bekannt gewesen war, in der geglaubt wurde, dass große Persönlichkeiten zu

Göttern würden. Mit Blick auf das durch die Seuche erfahrene Leid verschrieb sich der Humanismus der Idee eines menschlichen und guten Gottes. Die Auferstehung der Menschen als Gottes wiedergeborenes Ebenbild schließlich war ohne das in der Renaissance aufblühende Selbstvertrauen nicht denkbar.

Dass Vertrauen ohne Selbstvertrauen nicht möglich ist, das wissen wir heute, und es ist deshalb nicht wirklich erstaunlich, dass Vertrauen und Selbstvertrauen gleichzeitig in das Bewusstsein der Menschen vordrangen. Als sich zeigte, wie wichtig das Vertrauen der Menschen in sich selbst wurde, entwickelte sich parallel dazu die Bedeutung des Vertrauens in der Wirtschaft zu einem erfolgskritischen Faktor.

Für ihre Vertrauen fördernden Maßnahmen hatten die Händler, die jetzt die weiten Entfernungen zwischen Europa und Amerika, bzw. zwischen Europa und dem Osten überbrücken mussten, ein starkes Vorbild. Die Rede ist hier von der Hanse, die beinahe als Blaupause für die Dachmarken-Entwicklung eines heterogen strukturierten Dienstleisterverbunds mit Kunden im privaten sowie im gewerblichen Sektor verstanden werden darf. Solche Verbünde sind im Rechtsmarkt bekannt, und sie wachsen an der Zahl – einerseits angesichts der zunehmend geforderten Internationalisierungsstrategien von Kanzleien, andererseits mit Blick auf den zunehmenden Einfluss von Rechtsversicherungen, die gerne Flächenverträge mit Kanzleiverbünden unter der vorrangigen Maßgabe der Kostenreduzierung und -dämmung abschließen.

Zwar waren die hanseatischen Kaufleute, von denen hier die Rede ist, größtenteils Rohstoffhändler, die ab dem 12. Jahrhundert mit Salz und Bernstein aus Deutschland, Pelzen und Wachs aus Russland, Stockfisch aus Norwegen oder Wolle aus England handelten. Im Verlauf ihrer Erfolgsgeschichte aber wurden sie selbst zu Produzenten, oder sie ließen in ihrem Auftrag nach dem Verlagsprinzip produzieren und ergänzten ihr Angebot zunehmend um begehrte Produkte wie Tuch, Wein oder Rosenkränze. Anders auch als bei den Ost-West Händlern des 16. Jahrhunderts gehörten bei der Hanse Produzenten, Lieferanten und Händler derselben Organisation an, bzw. agierten alle unter einem Markendach: dem Dach der Hanse.

Mit ihrer dezentralen Struktur und den geostrategisch errichteten Kontoren, in denen die Waren vor Ort umgeschlagen und in die Fläche verteilt wurden, stellte sich die Frage nach „kultureller Fremdheit" nicht in erster Linie. Zugleich: Ehre und Glaubwürdigkeit waren die Kernwerte des hanseatischen Selbstverständnisses, die zu einer bedingenden Grundlage für das Vertrauen der Abnehmer und Kooperationspartner in sämtliche Produktions- und Handelsprozesse wurden. Die Werte prägen noch heute das Bild des ehrhaften Kaufmanns.

Das bekennende Selbstverständnis der Hanse ging sogar so weit, dass eines ihrer bekanntesten Mitglieder, der damalige Bürgermeister von Lübbeck, Johann Wittenborg, im 13. Jahrhundert öffentlich geköpft wurde, nachdem er erstens die Kaufmannsgilde nicht ausreichend vor den Angriffen des Dänenkönigs Waldemar zu schützen gewusst und der Hanse dadurch eine empfindliche Niederlage beim Kampf um den strategischen Standort Gotland beschert hatte, und nachdem zweitens bekannt geworden war, dass er unlauter gehandelt, zu überhöhten Preise verkauft und dazu noch seine Gewinne der hanseatischen Gemeinschaft vorenthalten hatte. Die abschreckende Wirkung der öffentlichen Hinrichtung war stark und bescherte der Kaufmannsmarke nicht zuletzt auch dadurch einen vertrauenswürdigen Ruf, der beinahe ein halbes Jahrtausend überdauerte – die Hanse stand konsequent zu ihrem Wort, ihren Vertretern konnte man vertrauen.

Mit der Erschließung neuer Kontinente und der Verschiebung der Märkte verlor die Hanse ab dem 16. Jahrhundert zwar zunehmend an Einfluss. Geblieben aber war die zentrale Erkenntnis, dass es ohne Vertrauen zwischen Anbieter und Abnehmer nicht geht – genau so, wie es ohne Vertrauen zwischen den Kooperationspartnern nicht funktioniert.

Im weiteren Verlauf der Geschichte zeigte sich, dass das Kommunikationsgeschick der Händler sukzessive durch eine strategische Kommunikationssteuerung der Produzenten selber ersetzt werden musste. Eindrückliche Beispiele hierfür finden sich bei den königlichen Manufakturen, die zwischen dem 16. und 18. Jahrhundert im Zuge des Merkantilismus mit einer exportorientierten Staatsführung königliche Manufakturmarken entwickelten, die mit emotionalen Geschichten rund um ihre Entstehung angereichert wurden. Derart wurde zum Beispiel das Meißner Porzellan Inbegriff einer Qualitätsmarke mit hohem Vertrauensfaktor, deren Strahlkraft bis in die heutige Zeit reicht.

Zunächst aber hatte die Händlermarke einen höheren Stellenwert als die Produzentenmarke. Erst im Zuge zünftiger Meistermarken und später vor allem durch die Industrialisierung rückten die Produzenten selber wieder mehr in den Fokus der Aufmerksamkeit, ebenso wie die damit einhergehende Notwendigkeit, das Vertrauen in das Angebot durch die Produzenten selber sicherzustellen.

Dieser Umstand änderte sich ein weiteres Mal – rund 200 Jahre später – mit dem Eintritt von preisorientierten Handelsunternehmen der Neuzeit, die durch ihre Geschäftsstrategien selber zu Marken wurden. In ihren Beginnen steuerten sie das Vertrauen in ihr Angebot über den geringeren Preis bei vergleichbarer Qualität – sie sprachen von Fairness gegenüber den Verbrauchern und berührten damit eine dem Menschen innewohnende Kernforderung an ein gerechtes Miteinander, hier unter ökonomischen Gesichtspunkten. Später wurden die Handelsketten selber zu Herstellern so genannter Handelsmarken nach den bekannten Kriterien: gute Qualität zum geringeren Preis. Als hierfür typische Beispiele im Lebensmittelsektor gelten die Anbieter Aldi, Lidl oder Plus, im Elektronikbereich Neckermann oder Quelle.

Auch das Gegeneinander einer anfangs entweder an Qualität oder an Preis orientierten Anbieterstrategie hatte es schon einmal im Verlauf der Geschichte gegeben, und auch hier hatte das Vertrauen als verkaufsfördernder Aspekt eine zentrale Rolle gespielt. Die Kaufmannsgilden hatten den Zünften mit ihren so genannten Zunft- oder auch Meistermarken durch eine handelsorientierte Preisführerstrategie erhebliche Marktanteile abgetrotzt und die Hersteller letztlich in die Knie gezwungen. Angesichts des Erfolgs durch ihre Preisführerschaft aber waren sie dann gefordert, dafür zu sorgen, dass das Vertrauen der Abnehmer in die Qualität der Produkte trotz günstiger Preise erhalten blieb.

Der etwas ausführlichere Ausflug in die Geschichte soll den wirtschaftlichen Stellenwert des Vertrauens verdeutlichen, das im Wesentlichen natürlich immer auch an eine Angebotsqualität geknüpft war und immer noch ist. Die Qualität aber allein macht es nicht, sie reicht nicht als Verkaufsargument. Vielmehr kann man beobachten, dass Qualität in gesättigten Märkten mehr und mehr zum Mindestkriterium „verkommt". Wenn es alles im Überfluss gibt, steigen die Ansprüche der Abnehmer – sie gehen von einem immer höheren Grad an Mindestqualität aus, und sie erwarten dabei zunehmend mehr Leistungen für weniger Geld. „More for less" nennt man dieses Phänomen: Erwartet wird eine steigende Qualität bei sinkenden Kosten.

Die Entdeckung des „more for less" Phänomens im internationalen Rechtsmarkt wird Richard Susskind zugeschrieben (Tomorrow's Lawyers 2012). Tatsächlich aber hat er uns nur daran erinnert, dass diese ganz „normale" Forderung im Rechtsmarkt genau so wie in anderen Märkten gilt – und dass sie durch die Digitalisierung einerseits sowie durch die steigende Macht der Unternehmensrechtsabteilungen andererseits verstärkt wird.

Es wäre unfair, wollte man jetzt nur an die Zeiten erinnern, in denen Kanzleien zu Jahresbeginn ihren Mandanten mitteilten, die Stundensätze seien angehoben worden; diese Zeiten sind vorbei, unwiederbringlich. Aber was noch völlig ungelöst ist, ist der Qualitätsbegriff: Ist er absolut oder relativ? Juristen würden eine solche Frage nicht beantworten können oder wollen, Mandanten können das aber. Qualität verliert jedenfalls an Wert, wenn wir den Begriff vom Input her beschreiben: Heute sind nahezu alle ernst zu nehmenden Anwälte promoviert, haben einen LL.M. und waren an Spitzen-Universitäten. Ihr Arbeitsergebnis entspricht allerhöchsten Anforderungen, ist zu 150 % wasserdicht und unanfechtbar. Oder, wie nicht wenige Mandanten sagen: Unanfechtbar, aber unbrauchbar.

Nachfrager, seien es Mandanten oder schlicht Verbraucher, haben ein sehr gutes Gefühl dafür, welche Qualität sie brauchen, und was sie dafür aufzuwenden bereit sind. Das hängt mit einer Risikobereitschaft zusammen, die man für sich managt. Aus Mandantensicht kommt es also auf den Nutzen an, und es kommt auf den Mehrwert an, der sich aus diesem Nutzen ergeben muss. Qualität wird weniger vom Input als vom Output her beschrieben: Das, was früher nur den Hengelers dieser Welt zugetraut wurde, gibt man heute auch denjenigen, die bewiesen haben, dass sie es auch können. Nur so wird es auch möglich, dass sich nichtanwaltliche Anbieter etablieren können, weil sie bestimmte Leistungen mit viel mehr Qualität anbieten können als Kanzleien, und für deutlich weniger Honorar. Dadurch wird die Leistung vergleichbar, und genau das verstärkt die Position der Mandanten, die einen viel größeren Kreis von möglichen Anbietern haben als früher.

Nichtsdestotrotz: Auch eine durchschnittlich hohe Qualität mit mehr Leistungen bei sinkenden Kosten wird das Problem nicht lösen. Die Vertrauensfunktion der Marke fordert deutlich mehr:

> As Neumeier points out, the old method of comparing services by comparing features and benefits no longer works. One of the reasons is that competing firms can so easily copy features and benefits. It is common to hear of firms establishing offices in other locations, starting new practice areas or focusing on new industry sectors, offering more employment benefits, or re-doing their website simply because another firm is doing so. After all, law firms are sometimes like sheep, following whatever other firms are doing, nervous to launch out on their own.
> However, on the opposite side of the spectrum, more and more clients are basing purchasing decisions on symbolic attributes and how they feel: ‚What kinds of clients are using the legal service? Which tribe will I join if I buy it? What are others saying about it?' They are also

questioning ‚who is the provider law firm?‘, because if they can trust the firm they can buy now and worry about it later. The degree of trust a client feels towards the law firm, rather than an assessment of its features and benefits, will determine whether he or she will buy the service. (ark group 2)

Die Information über eine Leistung – gleich welcher Beschaffenheit oder Qualität – wird als Vertrauenstreiber nicht ausreichen. Nicht nur müsste die Qualität dezidiert aus Sicht der Mandantschaft definiert sein, sie müsste vor allem auch konstant unter Beweis gestellt werden, müsste also einer alltäglich gelebten Verlässlichkeit beiseite gestellt werden. Ohne die Verbindung aber zu emotionalen Aspekten, die wesentliche Voraussetzungen für ein erwachendes Vertrauen sind, wird es vor allem in gesättigten Märkten nicht gehen.

Genau hierzu veröffentlicht die Unternehmensberatung Munzinger Sasserath seit 2008 jährlich eine repräsentative Studie zum Thema Markenvertrauen und nennt die Aspekte Qualität (aus Sicht des Kunden) und Verlässlichkeit als die wichtigsten Vertrauenstreiber (**Munzinger und Sasserath 2010**). Erst das Zusammenspiel dieser beiden Aspekte bringe das nötige Vertrauen.

Hinsichtlich der benötigten Verlässlichkeit komme ich deshalb noch einmal zurück auf die Etymologie des Vertrauensbegriffs im Kontext der genannten Werte *fest* und *stark*: Diese Werte müssen von Corporate Brands zur Erfüllung ihrer Vertrauensfunktion vermittelt werden. Wie aber erreicht man eine solche Vermittlung? Die Antwort lautet: durch eine authentische und konsistente, in sich feste und starke Markenführung.

Die Fachwelt spricht angesichts dieser geforderten Markenkonsistenz auch von Selbstähnlichkeit. Der Begriff entstammt der fraktalen Geometrie, die von Benoit Mandelbrot in den 1980er Jahren entwickelt worden war. Mandelbrot hatte erkannt, dass die Natur fraktal ist (lateinisch, *frangere* = in Stücke zerbrechen). Gemeint war damit: Natürliche Formen entstehen dadurch, dass sie die immer selben Muster reproduzieren. Typische Beispiele sind Bäume (das Fraktal ist die Gabelung), Wolkengebilde (das Fraktal sind z. B. Kreise) oder Berge (das Fraktal ist das Dreieck). Diese Selbstähnlichkeit, die Voraussetzung dafür ist, dass eine Form in ihrer Komplexität und bei dauernder Veränderung immer als einfach und eindeutig erkennbar bleibt, ist auch Maßgabe für die Entwicklung und Führung einer Marke. Nur selbstähnlich geführte Marken, Marken also, die ihre vielschichtige Komplexität auf sinnvolle und gut erkennbare Muster zugunsten einer einfachen und immer erkennbaren Einheit reduzieren, sind stark und schaffen Vertrauen in ihre Beständigkeit.

Um zu verstehen, was mit einer selbstähnlichen Marke genau gemeint ist, hilft wiederum der Blick auf die Gestalttheorie, die sich zu Beginn des vergangenen Jahrhunderts intensiv mit den Spezifika von Gestalten und deren Wahrnehmung bei Rezipienten beschäftigt hat. Die Wissenschaftler, die für ihre Erkenntnisse eine metatheoretische Gültigkeit beanspruchten, eine also, die für alle Wissenschaften gültig sein sollte, definierten die Gestalt als ein Ganzes, das mehr und vor allem: etwas anderes ist, als die Summe seiner Teile. Dieses „Mehr“ oder das Andere begründeten sie mit dem automatisch entstehenden, spezifischen Gestaltcharakter, der durch ein Zusammenspiel von Elementen entsteht.

Was genau sie damit meinten, erklärte der Begründer der Gestalttheorie, Christian von Ehrenfels, Ende des 19. Jahrhunderts am Beispiel einer Melodie: Sie entsteht durch die

Komposition von Tönen und bekommt so einen eigenen Charakter, der etwas anderes ist, als die Summe der einzelnen Töne. Der Charakter bleibt auch dann erhalten, wenn man die Melodie in eine andere Tonart transponiert, d. h., wenn man sämtliche Töne gegen andere austauscht, die in derselben strukturellen Beziehung zueinander stehen. Die Gestalt, so die Schlussfolgerungen von Ehrenfels, entwickelt mit ihrem spezifischen Charakter automatisch (autopoietisch) gewisse Strukturgesetze für das Zusammenspiel ihrer Elemente. Die Elemente selber sind austauschbar – unter der Maßgabe, dass sie entsprechend des festen Charakters der Gestalt (hier: der Melodie) nach ihren spezifischen Strukturgesetzen komponiert werden.

Melodien und Kanzleimarken scheinen weit voneinander entfernt – überträgt man die Gedanken und Erkenntnisse der Gestalttheorie jedoch auf die Kunst der Führung eines selbstähnlichen Corporate Brands im Rechtsmarkt, ergibt sich, dass spezifische strukturelle Regeln für das Zusammenspiel der Kanzleielemente zu beachten sind – so gesehen fraktale Muster – damit die Kanzleimarke konsistent und ihr Charakter immer erhalten bleibt. Oder anders: Damit der Markencharakter fest und stark wird und auch genauso auf die Abnehmer wirkt, die doch schließlich der Kanzleimarke ihr Vertrauen schenken sollen.

Als Elemente einer Kanzleimarke gelten ebenso die einzelnen Rechtsberater wie auch deren spezifisches Beratungsangebot, die Prozesse der Leistungserstellung, die Wahl der Handlungsfelder und der Mandanten, die Art der Kommunikation nach innen und außen, und, und, und – kurz: Alles was zur Kanzlei gehört. Es gilt hier, sämtliche Elemente bewusst zu einem starken und festen Charakter mit strategisch komponierten Mustern zu formen und sich in Folge an diesem Charakter bei selbstähnlichen Änderungen zu orientieren. Vom Dividuum zum Individuum könnte man diesen Prozess in Kürze beschreiben: Von einem geteilten, unspezifischen Vielfachen zu einem unteilbaren erkennbaren Ganzen.

Genau das nennt man selbstähnliche Markenbildung und -führung. Das klingt möglicherweise kompliziert – ist aber im Wesentlichen leicht nachvollziehbar an einem einfachen Beispiel: Befindet sich im Markenkern zum Beispiel der Kernwert „innovativ", braucht es als erstes eine eindeutige Definition davon, was genau mit dieser Innovation gemeint ist. In Folge müssen dann sämtliche Bereiche einer Kanzlei diese spezifische Definition von Innovation gleich einem endlos sich wiederholenden Muster spiegeln – angefangen bei den Menschen, über die Qualität der Rechtsdienstleistungen hin zu Technologie, Kommunikation oder auch Erscheinungsbild.

Innovation gibt es nicht als Versprechen. Innovation ist eine Tatsache oder eben nicht. Anders formuliert: Es reicht nicht, Innovation zu behaupten, sie muss rundum unter Beweis gestellt und tagtäglich gelebt werden, damit sie als Wert vermittelt und als Qualität spürbar wird. Nur unter dieser Bedingung wird man dem innovativen Markenwert sein Vertrauen schenken wollen. Die Krux bei der Wahrnehmung ist nämlich – und auch das haben die Gestalttheoretiker herausgefunden – dass wir ein Ganzes nicht als innovativ wahrnehmen, wenn nicht das Ganze, stellvertreten durch seine sämtlichen Teile, innovativ ist.

Die Gestalttheoretiker hatten untersucht, wie Menschen wahrnehmen, und sie hatten erkannt, dass es grundlegende Wahrnehmungsgesetze gibt, die ganz maßgeblich für ein Verständnis von festen und starken Marken sind. Das erste Gesetz nannten sie: *das Gesetz der guten Gestalt*. Es besagt, dass alle Menschen, ausgehend von der Unteilbarkeit des Individuums (lateinisch, **individuum** = Unteilbares, Einzelding), bevorzugt prägnante und geschlossene Gestalten wahrnehmen, wenn sie auf eine Gruppe von Elementen treffen. Dass prägnante Gestalten bevorzugt vor nicht prägnanten wahrgenommen werden, versteht sich von selbst, und ist zugleich einer der Gründe für die nötige Differenzierung der eigenen Organisation in Abgrenzung zum Wettbewerb.

Was aber hat es mit der „guten Gestalt", mit dem Schließen einer Gestalt beim Wahrnehmungsprozess im Kontext des Markenvertrauens auf sich? Die Antwort heißt: Lässt eine Marke bei ihrem Gesamtauftritt Lücken zur Interpretation, will sagen, wird eine Marke nicht bewusst in all ihren Aspekten strategisch komponiert, tendieren die Betrachter der Marke dazu, „sich den fehlenden Rest dazu zu denken", damit sich in der Wahrnehmung eine unteilbare Einheit, ein Marken-Individuum ergibt, das für den Betrachter als Ganzes – als Gestalt – einen Sinn ergibt.

Sinn hat eine rationale, eine emotionale und eine geistige Dimension, und nur er ermöglicht einen verstehenden Zugang. Zeigt sich die Marke als inkonsistent oder mit „offenen Flanken", tendiert der Rezipient dazu, seiner eigenen Wahrnehmung der Ganzheit zu vertrauen – er wendet sich von der Marke ab, oder dieser gar nicht erst zu.

Ob eine vom Rezipienten so verstandene Gestalt auch für den Sinn macht, dessen Marke betrachtet wird, oder ob er gar möchte, dass seine Marke derart verstanden wird, bleibt dann dahingestellt. Grundsätzlich aber wird es wohl kaum Jemanden geben kann, der ernsthaft will, dass seine eigene Marke von Anderen definiert wird. Deshalb lautet eine wichtige Frage: Wer führt die Marke – oder anders: Wer „macht" eigentlich die Marke?

Insbesondere angesichts der zunehmenden Demokratisierung der Kommunikation durch das Internet ist zu beobachten, in wie vielen Fällen die Rezipienten die Deutungshoheit über eine Marke übernommen haben. Man kann davon ausgehen, dass das in den meisten Fällen gegen den Willen der Markeninhaber selber geschieht, wie das Beispiel der Sport- und Freizeitbekleidungsmarke **Lonsdale** zeigt, die wegen der Buchstabenfolge NSDA in ihrem Schriftzug von der rechen Szene vereinnahmt und zum Inbegriff einer nationalsozialistischen Gesinnung wurde. Seit Mitte der 1990er Jahre kämpft das Unternehmen mit hohem finanziellem Aufwand gegen das Image der „Nazimarke", ähnlich wie die Bekleidungsmarken Marke **Fred Perry,** die durch ihr Siegerkranzlogo, oder New Balance, die durch ihr verkürztes N Logo (N = Nazi) von den Rechtsradikalen vereinnahmt worden waren.

Zwar bewegen wir uns hier im Bereich der Produktmarken für den Endkonsumenten. Es gibt aber zahlreiche andere Beispiele für die Übernahme der Markendeutungshoheit durch die Kundschaft, wie es z. B. bei der Raffinerie Shell der Fall war – das Stichwort lautet hier: Brent Spar.

Angesichts dieser Umstände versteht man, warum es so wichtig ist, eine Marke konsistent und in all ihren Aspekten bewusst zu gestalten und sie kontinuierlich in all ihren

Aspekten zu führen – anderenfalls greift genau das, was ich eingangs als eine gängige Definition von Marke vorgestellt hatte: *Marke ist das Image in den Köpfen der Verbraucher*. Will eine Kanzlei ihr Image also nicht dem Markt und dessen Interpretationen zugunsten des Schließens der Markengestalt überlassen, ist sie gut beraten, sich sämtliche Aspekte zu vergegenwärtigen, die zu ihrem Gesamtcharakter gehören, und diese mit dem Ziel einer überzeugenden, selbstähnlichen Einheit professionell zu präsentieren.

Kanzleien werden immer als Gestalt mit einem Charakter wahrgenommen, als unteilbares, markiertes System, als Marke – unabhängig davon, wie gut oder wie schlecht die Marke geführt sein mag. Damit Kanzleien als prägnante, feste und also vertrauenswürdige Marke wahrgenommen werden, muss die Gestalt selbstähnlich sein, und sie muss einen Sinn bieten. Dieser Sinn ergibt sich nicht ausschließlich aus der Qualität der angebotenen Rechtsberatungsdienstleistungen – die einzelnen Leistungen sind lediglich Markenelemente und müssen in einen für den Betrachter verständlichen Gesamtzusammenhang gestellt werden. Nur so ergeben sie sich für den Rezipienten als sinnvoll. Für Mandanten ergibt sich der Sinn auch daraus, *welchen Beitrag die Kanzlei bei der Gestaltung des Umfelds leisten kann*, in der sich der Mandant bewegt. Dieses Umfeld besteht nicht aus Rechtsproblemen, es besteht aus Sachverhalten, Fakten und Entwicklungen, die für Privatpersonen wie für Unternehmer Herausforderungen darstellen, die sich im Wesentlichen auf den Selbsterhalt, mithin die Sicherheit des eigenen Systems und zugleich auf dessen notwendige Weiterentwicklung beziehen. Sicherheit und Weiterentwicklung haben etwas mit Wertschöpfung zu tun, und eben aus dieser ergibt sich die vierte Funktion der Marke, über die im folgenden Abschnitt vertiefende Betrachtungen folgen.

Für Kanzleien ist in jedem Fall Bewusstheit und Proaktivität bei der sinnvollen Teilhabe an der Mitgestaltung des privaten, des sozialen und des ökonomischen Lebens angeraten. Die in der menschlichen Wahrnehmung bevorzugte Prägnanz von Gestalten bedingt, dass die Ausgestaltung sämtlicher Kanzleibereiche zu einer prägnanten Markengestalt führen muss, die getrieben aus der Vision im Markenkern Sinn für den bietet, der sich ihr nähern soll oder will. Macht die Vision keinen Sinn im Kontext eigener Vorstellungen, oder sind die Markenelemente nicht derart gestaltet, dass die Marke als unverkennbar konsistente Einheit mit zum Markt hin offenen Grenzen erkannt werden kann, fehlen die wesentlichen Grundvoraussetzungen für eine starke, vertrauenswürdige Kanzleimarke mit unverkennbarem Charakter, die für den Abnehmer einen Sinn ergeben kann.

Wie die einzelnen Elemente einer Kanzleimarke zueinander geordnet und selbstähnlich aufeinander bezogen werden können, wird im praxisorientierten Kapitel „Der Aufbau der Kanzleimarke" weiter vertieft.

Zusammenfassend lässt sich sagen, dass sich erst in einem Wirkungsverbund mit Vertrauen die einzelnen Aspekte wie Zufriedenheit, Sympathie oder Einzigartigkeit als Erfolgstreiber des Corporate Brands erweisen. Prof. Dr. Jürgen Häusler, Chairman von Interbrand Central and Eastern Europe schreibt hierzu:

> Das tiefliegende Gefühl, das viele dieser Marken in uns hervorrufen, ist {…} Vertrauen. Vertrauen in vermeintlich „nur" funktionale Nutzendimensionen. Was eint diese Marken, im Massenmarkt wie auch im sogenannten Business-to-Business-Markt? Sie erbringen funk-

tionale Leistungen, die angesichts ihrer Bedeutung für individuelle Konsumenten, Unternehmen, letztlich für die Gesellschaft, in tief emotionale Dimensionen eindringen. Sie bearbeiten Unsicherheiten und Risiken, die uns persönlich ängstigen oder im professionellen Umfeld existenzielle Bedeutung erlangen können. Sollten sie versagen, drohen Schweißausbrüche, schlaflose Nächte, persönliche Tragödien, kleine und große Katastrophen.

Ihr emotionaler Nutzen über die funktionale Leistung hinaus ist Verlässlichkeit, die Abwesenheit von Sorgen und Ängsten, ein Gefühl des gut-aufgehoben-Seins. Attraktive Angebote gerade in unsicheren Zeiten, mit immer undurchschaubareren globalen Zusammenhängen, mit zunehmend anonymen und virtuellen Beziehungsgeflechten {…} das Gefühl, das sie in uns wecken, {.} ist Vertrauen {…} Wir verlassen uns auf Trustbrands. (Häusler 2011)

Natürlich gelten die Worte für Konsumentenmarken und den Massenmarkt, aber Häusler bezieht nicht ohne Grund und explizit den BtoB Sektor mit ein, weil auch hier keine Entscheidungen ohne Emotionen getroffen werden können, und weil das Gefühl, vertrauen zu können, grundsätzlich die erste Voraussetzung dafür ist, sich einer Marke zuzuwenden. Vergegenwärtigt man sich dann noch, welche gewaltige ökonomische wie psychologische Dimension die Rechtssicherheit in einer Welt der zunehmenden Verunsicherung und deshalb zunehmenden Verrechtlichung darstellt, wird deutlich, dass Häuslers Worte eins zu eins für Kanzleimarken gelten. Ohne Vertrauen wird es nicht gehen.

3.4   Die Wertschöpfungsfunktion der Marke

Der Begriff der Wertschöpfung im Kontext eines Corporate Brands kann missverstanden werden, weil er üblicherweise als Terminus technicus in der Betriebs- und Volkswirtschaftslehre, ebenso wie in der Finanzwirtschaft, verwendet wird. Dort bezieht er sich im Wesentlichen auf das Ergebnis eines Leistungserstellungsprozesses. Dabei wird in den genannten Disziplinen – gleich einer allgemeinen mathematischen Gleichung – die Wertschöpfung als das Ergebnis einer Gesamtleistung abzüglich der dafür nötigen Vorleistung definiert.

Eine derart verstandene Wertschöpfung wäre demnach im Kontext der Wertschöpfungsfunktion einer Kanzleimarke wenig hilfreich, weil sich die Wertsteigerung des Corporate Brands weniger auf den Prozess der Leistungserbringung, als auf den unternehmerischen Gesamtgestaltungsprozess unter bestimmten Bedingungen bezieht.

Aber auch hier wird man sich den berechtigterweise kritischen Fragen nach einem Return on Invest stellen müssen. Und zugegeben: Die Bewertung einer Wertsteigerung durch markenzentrierte Maßnahmen ist diffizil. Die Kosten für Markenentwicklung und -führung können erstens schwer abgegrenzt werden, weil es sich hierbei im Wesentlichen ja um die kontinuierlich selbstähnliche Gesamtgestaltung einer Organisation handelt, die so gesehen keinen Anfang und kein Ende kennt (und somit nicht abgrenzbar ist), und weil die Kosten zweitens weniger als Ausgaben verstanden werden können, die mit einer direkten Einnahme verrechnet werden, sondern weil es sich vielmehr um Investitionen in mittel- und langfristige Entwicklungen handelt, bei deren Bewertung derart viele Parameter zum Tragen kommen, dass man hier zumindest mit einer hochkomplexen Materie

konfrontiert ist. Außerdem sind auch die Erträge nicht präzise den verschiedenen Maßnahmen zuzuordnen. Unter dem Strich lässt sich angesichts zahlreicher Studien zunächst
nur lapidar feststellen, dass Unternehmen, die konsequent als konsistente Marke geführt
werden, in den allermeisten Fällen erfolgreicher sind, als ihre Wettbewerber. Es hat hierzu genügend Untersuchungen gegeben, die das belegen, wie das beispielhafte Zitat des
Markenverbands deutlich macht:

> Den deutschen Markenunternehmen geht es hervorragend. Sie setzten im Jahr 2010 rund
> 900 Mrd. € mit Markenartikeln und Markendienstleistungen um. […] Die Bedeutung der
> Markenartikelindustrie für die deutsche Volkswirtschaft ist hoch: Sie erwirtschaftete insge-
> samt rund 20 % aller Umsätze in Deutschland. […] Dies sind zentrale Ergebnisse einer aktu-
> ellen Studie, die der Markenverband mit der Unternehmensberatung McKinsey & Company
> durchgeführt hat. Die Untersuchung beleuchtet seit 1999 die volkswirtschaftliche Bedeutung
> der Markenartikelindustrie in Deutschland anhand gesamtwirtschaftlicher Kennziffern und
> einer Umfrage unter den Mitgliedern des Markenverbandes. (Starke Marken 2011)

Zwar ist hier von Markenartikeln und nicht von Corporate Brands die Rede. Nichtsdestotrotz: Hat eine Kanzlei ihr Wesen als Kanzleimarke bisher nicht berücksichtigt, und sind
in Folge für die bewusst strategische Selbstgestaltung keine Investitionen getätigt worden,
wird sich spätestens bei der Entscheidung darüber, ob man weiter so verfahren oder den
in Aussicht gestellten erfolgreicheren Weg einschlagen will, die Frage nach den Kosten in
Verbindung mit der Frage, was man dafür bekommen wird, stellen. Und genau hier kommt
die Wertschöpfungsfunktion der Marke zum Tragen. Denn die markenzentrierte Kanzleiführung dient last but not least der Wertschöpfung, bzw. der Wertsteigerung der Marke.

Um ein der Wertschöpfungsfunktion adäquates und für meine weiteren Auslegungen
verbindliches Verständnis im Kontext der Kanzleimarke zu ermöglichen, definiere ich den
Begriff der Wertschöpfung im Kontext eines Corporate Brands so:

*Wenn der materielle wie immaterielle Unternehmenswert durch markenzentrierte
Maßnahmen steigt, spricht man von der Wertschöpfung der Marke.*

Offensichtlich aber erschließt sich diese Definition in ihrer umfänglichen Gültigkeit erst
dann, wenn im Einzelnen dargelegt wird, wie der Wert jenseits der Leistungserstellung
definiert und in Folge gesteigert werden kann, und außerdem: In welchen Bereichen, und
bei was genau eigentlich der Wert gesteigert werden soll, nicht zuletzt, welches Ziel dabei
verfolgt wird. Erst wenn diese Fragen beantwortet sind, ergibt sich der Kanon der sinnvollen Wertschöpfungsmaßnahmen einer Marke.

Für die Kanzleimarke – wie für jede Anbietermarke – gilt, dass sich ihre Wertschöpfungsfunktion im Wesentlichen auf drei Bereiche bezieht: erstens auf die Kanzlei selber,
zweitens auf die bestehenden und die avisierten Mandanten und drittens auf die Märkte, in
denen die Kanzlei tätig ist, oder in denen sie in Zukunft tätig sein will.

3.4.1 Wertschöpfung für die eigene Kanzlei

Der immaterielle Wert einer Anbietermarke kann um ein Vielfaches höher sein, als alle materiellen Aspekte eines Unternehmens zusammen – und bei erfolgreich geführten Markenunternehmen ist das häufig der Fall. Anders als die Unternehmensteile, die – auch unter Berücksichtigung ihrer bilanztechnischen Gestaltbarkeit – immer einen faktisch belegbaren Wert darstellen, gilt Marke als immaterielles Asset, das unter anderem die Aspekte Bekanntheit, Vertrauen und Erwartungen umfasst.

Bei der Unternehmensbewertung galt in den 1950er Jahren die so genannte objektive Bewertungslehre – sie sollte die Ermittlung objektiver materieller Werte zum Gegenstand haben, aus deren Summierung sich dann der Wert des Gesamtunternehmens würde ableiten können. Dieser galt als einzig gültig, unabhängig davon, welchen subjektiven oder individuellen Wert das Unternehmen für einen Käufer oder einen Weiterverwerter darstellte. Diesen Wert nennt man deshalb auch *Substanzwert*. Ebenso wenig wie individuelle Differenzierungen wurden auch die Änderungen der jeweiligen Marktbedingungen bei dieser Methode nicht berücksichtigt. Es ist deshalb verständlich, dass die objektive Unternehmensbewertung heute als überholt gilt.

Bei der sogenannten subjektiven Bewertung eines Unternehmens, die ab 1960 üblich war, ergaben sich sämtliche Bewertungen unter Berücksichtigung der Subjektbezogenheit. Damit ist gemeint, dass die letztgültige Unternehmensbewertung immer die Aspekte der Erwartungen und Potenziale bzgl. der Verwertbarkeit durch den Käufer berücksichtigen. Man spricht deshalb vom *Ertragswert* eines Unternehmens.

In den 1970er Jahren wurden die beiden Bewertungsansätze in der *funktionalen Bewertungslehre* zusammengeführt, und ab den 1990er Jahren wandte man sich der *marktorientierten Unternehmensbewertung* zu, mittels welcher der Unternehmenswert unter Berücksichtigung sämtlicher Kapitalmarktteilnehmer ermittelt werden sollte.

Insbesondere mit Blick auf die Kapitalmärkte erfuhr Marke dabei erstmals eine besondere Berücksichtigung als Unternehmensasset, und in Bezug auf ihre Immaterialität mit den damit einhergehenden, schwer einzuschätzenden emotionalen und nicht zuletzt ideellen Dimensionen gibt es bis heute keine einheitliche Bewertungsmethode für den so genannten Brand Value, bzw. den Corporate Brand Value. Das Deutsche Institut für Normung e. V. (DIN) hat allerdings im Jahr 2010 einen Standard erarbeitet und sagt hierzu:

> Immaterielle Vermögenswerte sind als ausgesprochen wertvolle Eigentumswerte anerkannt. Marken sind dabei die womöglich wertvollsten, aber am wenigsten verstandenen immateriellen Vermögenswerte. Dessen ungeachtet muss einer Marke ein verlässlicher Wert zuzuordnen sein. Diese Internationale Norm ermöglicht einen in sich stimmigen und zuverlässigen Ansatz zur Markenbewertung, die finanzwirtschaftliche, verhaltenswissenschaftliche und rechtliche Aspekte einschließt. (DIN 2010)

Im selben Jahr wurde auch ein Entwurf zur Bewertung der immateriellen Vermögenswerte des Instituts der Wirtschaftsprüfer (IDW) der Öffentlichkeit zur Prüfung vorgelegt: *IDW*

ES 5: Grundsätze zur Bewertung immaterieller Werte: Besonderheiten bei der Bewertung von kundenorientierten immateriellen Werten (**IDW 2010**).

Zwar sind die beiden Standards im Wesentlichen kompatibel. Sie fokussieren jedoch auf unterschiedliche Bewertungsanlässe. Mit dem Ziel, einen Katalog für verbindliche Bewertungskriterien bei der Markenbewertung unabhängig vom Bewertungsanlass zu formulieren, formierte sich deshalb eine Gruppe von Markenexperten zum *Brand Valuation Forum* – unter ihnen Berater wie Udo Klein-Bölting von BBDO, Dr. Marc Castedello von PricewaterhouseCoopers, Dr. Matthias Schmusch von Ernst & Young oder Nik Stucky von Interbrand Zintzmeyer & Lux, um nur einige von ihnen zu nennen. Im Vorwort ihrer Publikation *10 Grundsätze der monetären Markenbewertung* liest man:

> Daher wurde nicht der Versuch unternommen, die Komplexität der monetären Markenbewertung einem einzigen Verfahren zu unterziehen, sondern es wurde dem Recht verschiedener Verfahren stattgegeben. Dennoch muss eine konsistente Bewertung die Forderung nach Transparenz und Nachvollziehbarkeit sicherstellen.
> Das Brand Valuation Forum definierte zehn Grundsätze, hinsichtlich derer sich ein seriöses Bewertungsverfahren muss prüfen lassen können. Mit Hilfe der zehn Grundsätze wird jeder Interessent einer Markenbewertung nachvollziehen können, welche Aspekte in die Bewertung seiner Marke eingeflossen sind und was seinen Markenwert möglicherweise von anderen unterscheidet. (BVF 2007A)

Bevor ich Ihnen die Grundsätze des Brand Value Forums im Einzelnen vorstelle, stellt sich an dieser Stelle die Frage, was Markenbewertung mit Kanzleimarken zu tun haben kann, wenn man die Tatsache berücksichtigt, dass die Unternehmensbewertung eigentlich immer nur im Kontext besonderer Anlässe stattfindet, wie beim „normalen" Kauf bzw. Verkauf eines Unternehmens oder eines Unternehmensteils, bei der Börseneinführung (IPO), der Ermittlung von Umtauschverhältnissen im Rahmen von Verschmelzungen (Fusionen), bei einem Squeeze-out (§§ 327a ff. AktG) oder bei einer Enteignung (nach Art. 14 (3) GG).

Zwar gibt es schon jetzt zwei übliche Anlässe, die auch heute schon für Kanzleien die Frage nach dem Wert der Kanzleimarke aufwerfen müssten: Die Rede ist vom Ausscheiden eines Gesellschafters aus einer Personengesellschaft oder auch vom Ausschluss von Gesellschaftern aus einer GmbH mit Barabfindung. Der Erfahrung nach werden im Rechtsmarkt hierfür bisher rein mathematische Schlüssel verwendet, welche den Wert der Rechtsberatungsgesellschaft als Ganzes und die immateriellen Werte wenig bis gar nicht berücksichtigen.

Beim Ausscheiden eines Partners, egal ob aus GbR oder GmbH, werden die materiellen Werte eher unterbelichtet berücksichtigt – er bekommt sein Kapitalkonto zurück, aber da Anwaltsgesellschaften gemeinhin kein Anlagevermögen haben, bekommt der Partner davon auch nichts. Berücksichtigt werden nur die immateriellen Vermögenswerte der Mandantenbeziehungen und das darin steckende Erlöspotential, das dann in einen Faktor (multipliziert mit X Jahresumsätzen) umgerechnet wird. Beinahe alle Kanzleien schließen aber einen Anteil am „good will" aus, weil man dann die Kanzlei bewerten müsste, was wiederum zu erheblichen Steuerforderungen führen würde. Also beschränkt man sich auf die möglichen Mandantenerlöse. Bisher werden im Rechtsmarkt deshalb weder materielle noch immaterielle Gesellschaftswerte berücksichtigt, und weil so gesehen kein Wert der Kanzlei vorliegt, wird die Antwort auf die „Return-on-Invest"-Frage nach einer messbaren Wertsteigerung durch Investitionen in die eigene Markenentwicklung beinahe unmöglich gemacht.

Kommen wir noch einmal zurück auf die bereits genannten Bewertungsanlässe wie Unternehmenskauf, etc.: Angesichts der Entwicklungen für den Rechtsmarkt, die eine zunehmend unternehmensorientierte Betrachtung von rechtsberatenden Organisationen fordern, werden die oben genannten Anlässe für die Unternehmens- und Markenbewertung auch im Rechtsmarkt eine zunehmend wichtige Rolle spielen. Bereits heute findet man im Impressum einer Aktiengesellschaft, die Commodity Rechtsberatung im Privatmandantensektor via Internet anbietet, eine Rechtsschutzversicherung als Anteilseigner. Und mindestens mit dem Aufkommen der Alternative Business Structures (ABS) werden solche Miteignerschaften oder gar Übernahmen kein Einzelfall mehr bleiben – vielmehr: Sie werden wohl früher oder später die Regel werden, folgt man der im Anwaltsblatt veröffentlichten Einschätzung von Markus Hartung, dem Direktor des Center on the Legal Profession an der Bucerius Law School:

> Das Thema Fremdbesitz ist in der Diskussion. Nicht-Anwälte sollen Inhaber einer Anwaltsgesellschaft sein können. In Deutschland und in den meisten anderen Ländern innerhalb und außerhalb Europas ist das nicht erlaubt. In Deutschland ist es wohl auch unpopulär. Die Haltung der deutschen Anwaltschaft scheint zumindest nach den Erhebungen des Soldan Instituts eindeutig zu sein: Mehr als zwei Drittel der Befragten lehnen Fremdbesitz ab. Die BRAK hält den Fremdbesitz für rechtswidrig, was de lege lata im Großen und Ganzen auch richtig ist. Es gibt aber dennoch einen guten Anlass, sich mit dieser Frage zu befassen. Denn in England ist der Fremdbesitz seit Oktober 2011 zulässig geworden: In einiger Hinsicht kann man diese Neuordnung als Liberalisierung bezeichnen. England nimmt in Europa eine Vorreiterrolle ein. Alleine durch die grenzüberschreitende Zusammenarbeit wird dieses Thema auch nach Deutschland kommen. Mittlerweile ist der Fremdbesitz aber kein rein englisches Thema mehr: Auch in Italien, Dänemark und Spanien, teilweise auch in der Schweiz sind nicht-anwaltliche Beteiligungen zulässig. Die früher eindeutige Haltung in Europa und vielen anderen Teilen der Welt weicht auf. Angesichts dieser Entwicklung muss man sich diesem Thema stellen. (Hartung 2013)

Lenken wir aber – losgelöst von M&A Spekulationen, die sowieso gefühlt für die meisten Kanzleien so weit entfernt zu sein scheinen, wie die Möglichkeit, sich von A nach B zu beamen – zunächst den Blick auf die Wertentwicklung der eigenen Kanzleimarke, hier zunächst auf die möglicherweise vordringlichste Frage im Kontext der Wertsteigerung durch die Marke: auf die Frage der Preisgestaltung.

Auch hier lohnt ein erneuter Ausflug in die Geschichte des 16. Jahrhunderts: Die Selbstbildnisse des Malers Albrecht Dürers gelten als die bedeutendsten der Kunstgeschichte überhaupt. Besondere Bedeutung erlangte sein *Selbstbildnis im Pelzrock* aus dem Jahr 1500. Zwar hatte der zu diesem Zeitpunkt 23 Jahre junge Dürer bereits seit seinem 13. Lebensjahr etliche Selbstbildnisse veröffentlicht. Auf dem genannten Bild aber stellte er sich selbst in einer hierarchischen Pose dar, die in dieser Zeit nur Königen – und der Darstellung von Jesus Christus – vorenthalten war. Nun war Dürer ein durchaus gläubiger Christ, und er bezog sich mit seinem Gemälde deshalb womöglich auf die „Imitatio Christi", auf eine von Christen bezeichnete Lebensweise, die sich von Jesus Christus leiten lassen will und seinem Vorbild zu folgen versucht.

Mit seinem Portrait aber löste er einen regelrechten Sturm der Empörung angesichts seiner gemalten Anmaßung aus, die den Betrachtern der damaligen Zeit einer Auto-Apotheose gleichkam. Sein Anliegen, einen Beweis für seinen Glauben an den Künstler als den Nachschöpfer Gottes zu präsentieren, untermauerte er außerdem dadurch, dass er – wie schon bei früheren Portraits – sein Bild signierte. Beim Selbstbildnis im Pelzrock bildet die Signatur in der Komposition mit der gezeigten Person eine zusätzliche Kreuzform.

Einerseits reihte Dürer sich mit seinem Vorgehen nahtlos in das bereits beschriebene, aufkommende Selbstvertrauen des Menschen als Gottes ebenbildliche Wiedergeburt ein (ein Selbstvertrauen, das die Antike zum Vorbild hatte, weshalb man auch von *Wieder*geburt sprach) – sich aber als Sohn Gottes selbst zu portraitieren, glich einer Blasphemie sondergleichen, zumal Dürers übliche Signaturen sowieso schon als Affront verstanden worden waren: Ein Maler, so dachte man damals, sollte ein einfacher Handwerker sein, ein Macher ohne eine besondere Identität, kein Künstler. Bis zur Renaissance war man über die Konvenienz eines Bildes lediglich in Bezug auf die Werkstatt aus der es stammte, informiert worden, nie aber über den Maler selber. Die Signatur Dürers markierte jedoch das Produkt und sie wurde zum untrennbaren Element der Künstlermarkierung – oder kurz: der Künstlermarke. Sie gebar den bis dahin so verstandenen einfachen Handwerker als Künstler, der sich – wie in seiner Nachfolge viele seiner Renaissance Kollegen – nun bemühte, durch Geschichten über seine Person und Informationen über sein Auftragsvolumen, einen „Artist Brand" aufzubauen, der dafür sorgte, dass die Bilder kontinuierlich im Preis in beachtliche Höhen stiegen.

Das Beispiel zeigt – in Analogie zu der eingangs gestellten Frage nach dem Verhältnis von Kanzlei und Kanzleimarke – den Unterschied zwischen Handwerker und Künstler: Die Kanzlei beschreibt das Handwerk, die Kanzleimarke die Kunst. Der Künstler ist die Handwerkermarke, oder umgekehrt: Aus dem unbedeutenden Handwerker wird die bedeutende Künstlermarke, ein Phänomen, das, beginnend mit der Renaissance bis heute weltweit zum Werttreiber der künstlerischen Elaborate aufblühte, und ein mächtiges und attraktives Marktvolumen schuf – inklusive sämtlicher unerwünschter Nebenerscheinungen.

Die Folge dieser selbstbewussten Bildmarkierung war Wertschöpfung – es war die Steigerung des Marktwerts des Malers und es war in Folge die Steigerung des Produktwerts seiner Arbeit. Die seit der Renaissance übliche Signierung eines Bildes – Hand in Hand mit der kontinuierlichen Pflege der Künstlermarke – führte dazu, dass sich der Markenwert erstmals in der Geschichte vom materiellen Wert eines Produkts (berechnet nach Größe, Material- und Entstehungsaufwand) ganz maßgeblich abhob: Er war deutlich höher, und er stieg kontinuierlich weiter. Hier offenbart sich eindrücklich der Unterschied zwischen dem Substanzwert eines Produktes und seinem Marktwert, bzw. seinem Markenwert, der durch die immaterielle Markierung in phantasievolle Höhen getrieben werden kann. Und was für Bilder gilt, gilt natürlich auch für Dienstleistungen, hier insbesondere für Rechtsdienstleistungen: Die Wertsteigerung durch die Kanzleimarke ermöglicht Gewinne, die um ein vielfaches höher sind, als es das akribisch mathematische Nachhalten eines Leistungserstellungsaufwands jemals darstellen könnte.

Nun lassen sich Entwicklungen im Gesellschafts-, Wirtschafts-, oder Kulturgeschehen natürlich nicht so präzise voneinander abgrenzen, wie ich das hier getan habe. Alle Geschehen hängt zusammen und fließt so kontinuierlich wie meist nahtlos ineinander über. Dennoch aber kann man die Geschichte um das Dürerbild zugleich als das erste Auftreten des Phänomens eines Künstlers und damit einer Künstlermarke überhaupt verstehen. Man kann auch festhalten, dass die Signatur etwas beförderte, was es bis dahin nicht gegeben hatte: Der Wert des Bildes stieg mit der Bekanntheit des Künstlers, will sagen: Der immaterielle Markenwert löste sich vom materiellen Wert des Produktes. In der Kunstwelt hat dieses Phänomen bis heute Millionenmärkte geschaffen, und die notwendige Beherrschung der Kunst, eine Marke mit Leben zu füllen, hat hier ihren Anfang genommen und ist seitdem ein Muss in der Wirtschaft: Letztlich bestimmt einzig der Wert der Marke den Preis der Leistung.

Wertschöpfung mit der Marke in der eigenen Kanzlei zielt deshalb in erster Linie auf die Steigerung der Ertragskraft bei gleichem faktischen Leistungsaufwand und gleichem faktischen Leistungsergebnis. Neben dieser unmittelbaren Wirkung, die sich auf den Erlös aus den Leistungen bezieht, aber zielt die Wertschöpfung bei der eigenen Kanzleimarke auf einen weiteren Aspekt: auf den Wert der Kanzlei als Organisation für Andere, sprich für potenzielle Käufer oder Miteigner.

Dabei soll hier der Fokus nicht an erster Stelle möglichen Interessenten an der Kanzlei gelten (dann, wenn ABS längst zur Rechtsmarktwirklichkeit auch in Deutschland geworden ist). Ich möchte Ihre Aufmerksamkeit vielmehr auf die Kooperationspartner einer Kanzlei oder anders: auf ihre Anspruchsgruppen lenken. Dabei unterscheide ich zunächst zwischen internen und externen Anspruchsgruppen.

3.4.1.1   Wertsteigerung mit Blick auf die internen Anspruchsgruppen

Als interne Anspruchsgruppen definiere ich bestehende und gewünschte Mitarbeiter einer Kanzlei. Die Leistungserstellung der Rechtsberatung ist eng an die Person geknüpft – *people's business* heißt das Stichwort. Es ist insofern für jede Kanzlei von Interesse, die für Ihre spezifischen Belange besten Köpfe unter ihrem Dach zu vereinen und diese dann auch zu halten. Das gelingt am besten mit einer Kanzleimarke die sowohl als Organisation als auch unter Arbeitgeberkriterien eine besondere Strahlkraft hat. Insofern spielt im Bereich der Personalakquisition und der -verwaltung die Arbeitgebermarke eine besondere Bedeutung.

Die Personalpolitik aller Kanzleien wie auch der Rechtsabteilungen hat sich in den letzten Jahren grundlegend geändert. Die Recruiting-Maßnahmen selbst mittelständischer Kanzleien haben ein hohes Maß an Professionalität erreicht. Fast jede Kanzlei hat hausinterne Aus- und Weiterbildungsprogramme, nicht nur für fachliche Themen (die gab es immer), sondern auch für außerfachliche Themen, sogenannte Soft Skills. Der Personal-markt hat sich in ein Paradies für qualifizierte Absolventen entwickelt, weil sie sich aus-suchen können, wo sie arbeiten.

Dabei geraten kleinere Kanzleien immer mehr ins Hintertreffen, weil es für sie immer schwieriger wird, guten Nachwuchs zu finden. Rechtsabteilungen hatten schon immer einen guten Schlag bei älteren Associates, die ihre Karriere nicht mehr in Kanzleien fort-setzen wollten (oder konnten), jetzt aber wildern sie zunehmend im Bereich der Berufsan-fänger. Dort sind sie eine ernstzunehmende Konkurrenz für Kanzleien, denn mit Blick auf Entwicklungsmöglichkeiten, Diversity und Work-Life-Balance scheinen sie den Kanz-leien Lichtjahre voraus zu sein. Ob sie tatsächlich so weit voraus sind, wird manchmal bezweifelt, aber keinesfalls zweifelt man daran, dass gerade diese Themen bei Kanzleien komplett unterentwickelt sind.

Gleichzeitig ist es nicht leicht auszumachen, was Associates und Berufsanfänger, „wirklich wollen", besonders wenn sie der „Generation Y" angehören. Ist wirklich alles anders? Keine Partnerambitionen mehr? Eher Fokus auf Freizeit? Hier ist viel unklar, und die treffendste Zusammenfassung findet man immer noch bei Wolf Kahles, Director Hu-man Resources bei Clifford Chance (**Kahles 2014**). Was in jedem Fall grundsätzlich gilt: Kanzleien haben nur dann eine Chance, wenn sie auch eine attraktive Arbeitgebermarke sind, und das, was sie im Recruiting-Markt versprechen, müssen sie ganz sicher nicht nur hier halten.

3.4.1.2 Wertsteigerung mit Blick auf die externen Anspruchsgruppen

Als externe Anspruchsgruppe kann z. B. die Region verstanden werden, in der die Kanzlei angesiedelt ist. Anspruchsgruppen sind außerdem Medien, Hochschulen und Weiterbil-dungsinstitute. Kanzleien, die keinen besonderen Wert für diese Stakeholder darstellen, werden wohl kaum die Möglichkeit bekommen, sich ihren Zielen entsprechend öffentlich zu platzieren. Jede Public Relation Maßnahme würde bezüglich einer kostenfreien Mög-lichkeit alleine daran scheitern, dass es z. B. für die Medien im Allgemeinen keinen Wert darstellt, in welcher Form auch immer über eine nicht werttreibend markierte Kanzlei zu berichten. Und umgekehrt: Ist der Kanzleiwert durch markenzentrierte Maßnahmen gestiegen – sei es durch die Positionierung einzelner Köpfe oder durch die Expertise in einem bestimmten Markt- oder Themenbereich – jede Form von Stellungnahme einer sol-chen Kanzlei würde zugleich die mediale Aussage im Wert und damit die Verkaufszahlen potenziell steigen lassen. Allein an diesem Beispiel wird deutlich, dass die markenzent-rierte Wertschöpfung in der eigenen Kanzlei immer auch zur Wertsteigerung bei den Sta-keholdern führen wird. Dasselbe gilt dann natürlich auch für Hochschulen, in denen der potenzielle Nachwuchs zu finden ist.

Natürlich gibt es weitaus mehr externe Anspruchsgruppen als nur die Hochschulen oder die Medien. Den externen Anspruchsgruppen – jenseits der Mandanten – wende ich mich vertieft im praktischen Teil des Buchs im Kapitel über das Stakeholder Relation Management zu.

3.4.1.3 Zehn Grundsätze für die Markenbewertung

Ich komme an dieser Stelle auf die erwähnten zehn Grundsätze des *Brand Valuation Forums* zurück, die für eine monetäre Markenbewertung berücksichtigt werden müssen. Der Einfachheit halber gebe ich hier die Ausführungen der Autoren wörtlich wider:

I. Berücksichtigung des Bewertungsanlasses und der Bewertungsfunktion

Markenbewertungen werden aus verschiedenen Anlässen (z. B. wertorientierte Markenführung oder finanzorientierte Kommunikation) durchgeführt. Der Bewerter hat deshalb sicherzustellen, dass eine dem Anlass adäquate Methode zugrunde gelegt wird.

II. Berücksichtigung der Markenart und Markenfunktion

Marken kommen in unterschiedlichsten Erscheinungsformen wie zum Beispiel als Produkt-, Dach- oder Unternehmensmarke vor. Deshalb sollte zunächst eine genaue Definition erfolgen, um welche Art von Marke es sich handelt, und welche Funktion sie im Markt erfüllt. Diese Differenzierung ist für die angemessene Bestimmung der relevanten Markenrisiken unabdingbar (vgl. Grundsatz 9).

III. Berücksichtigung des Markenschutzes

Marken sind immaterielle Vermögenswerte eines Unternehmens. Als solche sind sie flüchtig und volatil. Der erste Hinweis ihrer Existenz ist ihr Markenschutz. Eine Bewertung sollte immer auf der Basis gesicherter Markenrechte erfolgen.

IV. Berücksichtung der Marken- und Zielgruppenrelevanz

Jedes Bewertungsverfahren sollte auf Marktdaten gestützt sein. Auch wenn Marken per definitionem einzigartig sind, basiert jede Bewertung auf vergleichbaren Informationen.

V. Berücksichtigung des aktuellen Markenstatus auf der Basis von repräsentativen Daten der relevanten Zielgruppe

Die Ermittlung des Markenstatus beruht auf der Identifikation des Markenerfolgs und der Markenstärke.

VI. Berücksichtigung der wirtschaftlichen Lebensdauer der Marke

Eine monetäre Bewertung, die auf Einzahlungsüberschüssen basiert, wird ausschließlich die zukünftigen markenspezifischen Einzahlungen berücksichtigen. Vor dem Hintergrund zukünftiger markenspezifischer Erträge wird jede Bewertung deshalb eine Begründung für die angemessene Nutzungsdauer der Marke geben.

VII. Isolierung von markenspezifischen Einzahlungsüberschüssen

Grundsätzlich sind für Marken mehrere Bewertungsverfahren denkbar. Für manche Bewertungsanlässe kann eine Ermittlung auf Basis von Lizenzpreisen ausreichend sein. Es herrscht jedoch große Einigkeit, dass das zu präferierende Bewertungsverfahren die Erträge berücksichtigt, die ein Unternehmen eben deshalb erzielt, weil es sich durch die Marke von Mitbewerbern im Markt zu unterscheiden vermag. Diese markenspezifischen Erträge können prinzipiell sehr unterschiedlich ermittelt werden, sollten aber im Mittelpunkt eines jeden Bewertungsverfahrens stehen und genau beschrieben werden.

VIII. Berücksichtigung eines kapitalwertorientierten Verfahrens und eines angemessenen Diskontierungssatzes

Bewertungsverfahren, die auf Zukunftserfolgswerten fokussieren, basieren grundsätzlich auf den Erkenntnissen der Finanzierungstheorie, das heißt auf kapitalmarkttheoretischen Bewertungsverfahren. Die meisten Markenbewertungsverfahren basieren auf dem Barwertkalkül, in dem erwartete zukünftige Überschüsse auf den Bewertungszeitpunkt abgezinst werden. Im Barwertkalkül wird das Unternehmensrisiko, verstanden als zukünftige Kapitalkosten, auch bei der Bewertung der Marke berücksichtigt.

IX. Markenspezifischen Risiken (Markt- und Wettbewerbsrisiken)

Zukünftige Erträge unterliegen Risiken, die in der Natur der Zukunft, das heißt der Unsicherheit, liegen. Das Unternehmensrisiko kann vom Markenrisiko abweichen. Deshalb kann die Berücksichtigung des Unternehmensrisikos – bestimmt als die Kapitalkosten – unter Umständen nicht ausreichend sein. Ergänzend müssen markenspezifische Risiken angemessen berücksichtigt werden.

X. Nachvollziehbarkeit und Transparenz

Eine Bewertung ist nur dann aussagekräftig, wenn sie den Grundsätzen der Validität, Reliabilität, Objektivität und Transparenz verpflichtet ist. (BVF 2007b)

Zugegeben, die hier vorgestellten Kriterien sind sehr allgemein gefasst und bedürfen einer präzisierenden Ausarbeitung im Einzelfall. Die Ausführungen geben aber zugleich einen guten Überblick darüber, welche Aspekte bei der Markenbewertung überhaupt zu berücksichtigen sind.

Mit Blick auf die Wertschöpfung der Marke in der eigenen Kanzlei kann zusammenfassend festgehalten werden: Die Wertschöpfung in der eigenen Organisation durch die Marke zielt in erster Linie auf die Unternehmenswertsteigerung durch markierende Maßnahmen. Die Wertsteigerung bezieht sich auf die Kanzlei selber (und hier greift sie im Bereich Unternehmensbewertung, Arbeitnehmermarke und Stakeholder) sowie auf die Steuerung des steigenden Marktwerts der angebotenen Leistungen.

Last but not least zielt eine im Wert gesteigerte Kanzlei auf die Möglichkeit der Mehrgenerierung von Mandaten ab. Dieser so offensichtliche, wie wohl besondere Aspekt wird im Abschnitt der Absatzfunktion der Marke vertieft werden.

3.4.2 Wertschöpfung der Kanzleimarke bei den Mandanten

Zu den Stakeholdern einer Kanzlei gehören wie gesagt nicht nur das regionale Umfeld, Medien oder Lehranstalten: An erster Stelle der Stakeholder stehen natürlich die Mandanten, und die Kanzleimarke hat nicht nur die Funktion der Selbstwert-, sondern sie hat aus Sicht der Mandanten vor allem die wesentliche Funktion der Fremdwertsteigerung. Anders formuliert: Für die Mandanten ist an erster Stelle entscheidend, ob die beauftragte Kanzlei zur Wertsteigerung des Mandantenunternehmens beitragen kann.

Genau hierbei fragt sich, welche wertsteigernden Effekte die Kanzleimarke eigentlich bei den Mandanten bewirken kann. Zwar ist die Grenze zwischen der Wertschöpfung durch die faktischen Rechtsdienstleistungen und der Wertschöpfung durch das immaterielle Markenasset nicht trennscharf. Das liegt darin begründet, dass zumindest auf den ersten Blick ausschließlich die rechtsberatenden Leistungen der Kanzlei zur Wertschöpfung bei den Mandanten beizutragen scheinen, denn wo es um Gestaltungs- und Entwicklungsprozesse geht, sind in erster Linie die Rechtskompetenz und deren Qualität entscheidend.

Ausgehend aber von unserer Definition der Kanzleimarke, welche die Summe *sämtlicher* Kanzleiaspekte umfasst und bestimmte Kriterien zu berücksichtigen hat, gelten die Rechtsdienstleistungen als fester Bestandteil der Marke – so sie denn in die markenzentrierte Gesamtstrategie eingebettet werden. Insbesondere mit Blick auf die spezifischen Funktionen der Marke, wie sie hier beschrieben wurden, gibt es hierbei wertschöpfende Aspekte, die nur und ausschließlich durch eine markenzentrierte Kanzleiführung zu erreichen sind.

Zunächst einmal sollten deshalb die Bereiche definiert werden, in denen die Marke Wert für die Mandanten bzw. deren Unternehmen schöpfen kann. Mit Blick auf den BtoB Sektor gibt es im Wesentlichen fünf Bereiche und/oder -situationen, in denen die anwaltliche Rechtsdienstleistung zur Wertschöpfung direkt beitragen kann: 1) Die Mandatierung, 2) Die Gründung und die Schließung, 3) M&A, 4) Gestaltung und Sicherung des laufenden Geschäfts bzw. des Lebens und 5) die Weiterentwicklung.

3.4.2.1 Wertschöpfung bei der Mandatierung

Für die Mandatierung zeigt sich ein grundlegender Mehrwert, den die Marke diesbezüglich generieren kann: Die Rede ist von der Auswahl und der Mandatierung der „richtigen" Kanzlei. Dafür kann man prinzipiell diese Faustregel aufstellen: Je präziser und überzeugender eine Kanzlei markiert ist, desto einfacher und sicherer der Auswahl- und Mandatierungsprozess für den Abnehmer. In diesem Prozess entfaltet sich das Orientierungspotenzial der Marke zur Gänze, und es ist verständlich, dass beim Entscheidungsprozess auf Seiten des Unternehmens angesichts einer eindeutigen Markierung nicht nur wertvolle Zeit- und Kostenressourcen eingespart werden können, die sich in konkreten Zahlen messen lassen. Auch der Mehrwert, der durch die Vertrauensfunktion der Marke generiert wird, zeigt eine nicht zu unterschätzende Größe: Wenn man genau weiß, wen man vor sich hat, fällt die Entscheidung darüber leichter, ob man sich auf ihn einlassen kann oder nicht. Und ob man will.

Darüber hinaus spielt noch immer auch der soziologische Aspekt der Marke eine nicht zu unterschätzende Rolle. Das Renommee einer Marke kann dem Mandanten (und dessen Umfeld) signalisieren: Wir gehören zusammen (aufgrund z. B. unserer Größe, unseres Marktwertes, unserer Reputation). Allerdings zeigen die jüngeren Entwicklungen, dass die zunehmende Kostensensibilität (more for less) und die damit nicht selten einhergehenden Auftragsentscheidungen jenseits von Fachkompetenz durch das Controlling die soziologischen Aspekte zunehmend in den Schatten stellen. Gerade weil aber immer mehr Unternehmen dazu übergehen, den „Hütern der Kosten" die Entscheidungshoheit bei Aufträgen zu übertragen, brauchen diese für sichere Entscheidungen präzise markierte Anbieter, deren Markt- und Themenkompetenz, deren Kenntnisse bzgl. des nachfragenden Unternehmens, sowie deren rechtsfachspezifische Expertise derart unmissverständlich aufbereitet sind, dass die meist rein zahlenorientierten Entscheider wissen, was sie tun – anderenfalls droht Fehlmandatierung.

Festzuhalten bleibt, dass eine Kanzleimarke den Entscheidungsprozess für den mandatierenden Abnehmer deutlich vereinfacht, mithin verkürzt und einen sowohl monetären als auch emotionalen Mehrwert generiert – und das nennt man Wertschöpfung. Dieser Mehrwert gilt nicht nur im BtoB Sektor, obwohl hier die nötigen Maßnahmen für eine Vereinfachung des Mandatierungsprozesses um ein vielfaches umfangreicher sein müssen – er gilt natürlich auch im BtoC Sektor, wobei hier in den allermeisten Fällen die rein emotionalen Entscheidungsparameter deutlich Vorrang haben. *„Da weiß man, was man hat"*, war einst der hierzu gezielt formulierte Slogan von Persil, der wohlbedacht auf den Entscheidungsparameter der persönlichen Sicherheit abzielte – sowohl im Kontext eines Gefühls von gut Aufgehobensein, als auch mit Blick auf die dem Menschen innewohnende Sehnsucht nach Kontrolle über das Leben mit all seinen Herausforderungen und Unwägbarkeiten. Insbesondere hier gibt es für Kanzleinetzwerke kleinerer Kanzleien unter einer Dachmarke noch goldene Absatzmärkte zu entwickeln, die bisher erstaunlicherweise beinahe gänzlich unberücksichtigt blieben.

3.4.2.2 Wertschöpfung bei der Unternehmensgestaltung der Mandanten

Für die Bereiche 3.4.2–3.4.5, die sich alle auf die Wertsteigerung in sämtlichen Phasen der Unternehmensgestaltung beziehen, treibt insbesondere der Markenkern die mögliche Wertschöpfung. Was genau ist damit gemeint? Im Markenkern ist die Vision als Orientierung für die Kanzleimission beheimatet. Die wiederum ist die Grundlage für die Ausrichtung auf ein spezielles Marktumfeld, und verbunden damit, auf ausgesuchte Mandanten. Die Mission beschreibt, was genau die Kanzlei zur Mitgestaltung in diesem Marktumfeld tun will. Sie fordert so gesehen unmissverständlich eine besondere Expertise für dieses Feld – ebenso wie für die Mandanten, die sich in diesem Feld bewegen.

Die Expertise im Markt bezieht sich, wie bereits beschrieben, auf die Marktspezifika, die Trends und Entwicklungen, und die damit verbundenen Herausforderungen, die sich für Unternehmen ergeben. Und bezogen auf einen avisierten Mandanten bezieht sie sich auf eine vorab gründliche Recherche zu dessen Visionen, dessen Zielen, den aktuellen Themen, und schließlich auf ein Verständnis für eventuelle Möglichkeiten, die sich für ihn daraus ergeben.

So entwickeln sich durch die markenzentrierten Ausrichtung die kooperativen Möglichkeiten von der Risikominimierung, die auf Kostensenkung ausgerichtet ist, über das Risikomanagement, das auf Kostenverhinderung fokussiert, bis schließlich hin zur Geschäftsentwicklung, deren erstes Ziel das Steigern bestehender und deren zweites Ziel das Generieren neuer Erlöse sein muss.

Hier wird deutlich, warum eine markengetriebene Kanzlei einen Mehrwert für Unternehmen in all ihren Phasen bietet: Das spezifische Wissen – die Markt-, Themen- und Mandantenexpertise – ist nicht nur Voraussetzung für einen erfolgreichen Aufbau der eigenen Kanzleimarke, es ist vor allem die Voraussetzung für eine kundenspezifische Beratung und Begleitung. Und es stellt damit einen quantifizierbaren wie emotionalen Mehrwert für ein Unternehmen dar.

Denn aus der kompetenten Kenntnis entwickelt sich beinahe zwangsläufig ein rechtsberatender Ansatz, der in erster Linie proaktiv – und eben nicht – reaktiv ausgerichtet sein wird. Ein solcher Ansatz vermindert eine mögliche Selbstblindheit beim Mandanten, der mit einem marktkompetenten Partner auf spezifische Einsicht und strategische Weitsicht bauen kann. Das ist nicht nur eine gute Grundlage für langfristige Mandantenbeziehungen, die von gegenseitigem Vertrauen und aktiver Kooperation gekennzeichnet sind, es ermöglicht darüber hinaus auch die Wertschöpfung in der Kanzlei selber – in Form eines viel größeren und kontinuierlicheren Auftragspotenzials.

Das mag nach Worthülsen, leeren Versprechungen oder wie schönfärbende Zukunftsmusik klingen – es geschieht aber allenthalben immer wieder und überall. Sei es, dass Anwälte vor dem Hintergrund sich ändernder rechtlicher Möglichkeiten mit Unternehmen neue Produkte mitentwickelt haben (in der Versicherungsbranche ein nicht unüblicher Vorgang), sei es, dass rechtliche Rahmenbedingungen immer neue Finanzprodukte aus dem Boden sprießen lassen und damit nicht nur neue Geschäftsfelder sondern auch neue Umsätze und Gewinne generiert werden, oder sei es z. B. der durch das Unternehmen Apple komplett neu aus der Taufe gehobene Markt der MP3 Titel mit iTunes, der nur im Kontext der zunehmend illegalen Downloads und der Suche nach neuen legalen Möglichkeiten zur Umsatzgenerierung in der Musikbranche entstehen konnte.

Möglicherweise steht hier die berechtigte Frage im Raum, ob es visionäre Rechtsexperten oder ob es nicht vielmehr visionäre Unternehmer waren, die neue Produkte, Geschäftsbereiche oder gar ganze Märkte haben entstehen lassen. Entscheidend aber ist die Frage nicht wirklich – ob es in der Vergangenheit die Einen (Unternehmer) oder die Anderen (Anwälte) waren, wissen wir in den einzelnen Fällen nicht immer. Entscheidend ist hingegen der Blick auf das Potenzial in der Zukunft: Angesichts der Tatsache nämlich, dass sämtliche Markt- und Unternehmensaspekte mit rechtlichen Fragestellungen verbunden sind, sollte für Anwälte die Frage nach der Urheberschaft für Neuentwicklungen eine zentrale Rolle spielen, weist sie doch auf die Dimension der möglichen Marktteilnahme hin, die sich jenseits von einfacher Problemlösung im gegebenen Fall entfaltet.

Ich komme noch einmal zu der eingangs gestellten Frage zurück, ob es sich bei der Entwicklung von Märkten und Mandanten tatsächlich um die Wertschöpfung der Kanzleimarke selber handelt, oder ob es am Ende nicht doch die anwaltlichen Leistungen sind, die zur Wertsteigerung beitragen. Wie gesagt: Ohne die anwaltliche Leistung wird es keinesfalls gehen. Unter der Prämisse jedoch, dass jede rechtliche Kompetenz, die von einer spezifischen Markt- und Mandantenkenntnis getrieben ist, immer ein erster Hinweis auf eine präzise Markierung im Sinne der Markenführung ist, und angesichts der Forderung, als Rechtsexperte vor dem Hintergrund der visionären Mitgestaltung von Märkten proaktiv zu agieren, wird die Frage danach, ob die Wertschöpfung durch die Marke oder durch die Leistung erreicht wird, obsolet. Eben weil die Leistung aus Markenperspektive ein untrennbarer Bestandteil der Marke ist.

Für Kanzleien jeder Größe ist deshalb einzig entscheidend, ob die beschriebene strategische Herangehensweise Teil der eigenen Kanzlei ist oder werden soll, oder ob sie eben nicht Teil ist, und auch nicht werden soll. In der Mehrzahl scheint es aktuell so, als zögen die Unternehmen zunehmend die Gründung und den professionellen Ausbau eigener Rechtsabteilungen vor – eine Entwicklung, die ebenfalls relativ jung und ein möglicherweise deutlicher Hinweis darauf ist, dass es mit der markt- und mandantenorientierten Rechtsberatung nicht so weit her sein kann. Diese provokative Einschätzung zielt bei weitem nicht auf die Qualität der fachlichen Rechtskompetenz als solcher ab, sie beschreibt vielmehr das offensichtliche Phänomen einer fehlenden Verständigung zwischen Kanzleien und Unternehmen. Anders formuliert: Das Phänomen der wachsenden Rechtsabteilungen zeigt, dass die Unternehmen den externen Kanzleien nicht genügend vertrauen. Möglicherweise aber verstehen sie diese auch einfach nicht, oder fühlen sich von diesen nicht genügend verstanden.

Ob hier ein attraktives Geschäftsfeld „ohne Not" preisgegeben wurde, oder ob nicht vielmehr die immer komplexeren Marktbedingungen und die spätestens seit der Lehman Krise beinahe wuchernde Verrechtlichung sämtlicher Bereiche, sowie die seitens des Controllings zunehmend kostengetriebenen Entscheidungen im Bereich Rechtssicherheit zum Anwachsen unternehmerischer Rechtsabteilungen beigetragen haben, darüber kann man durchaus geteilter Meinung sein. Dass aber hier ein attraktives Geschäftsfeld ruht, das steht außer Frage, und es ist nicht selten allein der fehlenden Markt- und Mandantenkenntnis zahlreicher Kanzleien zu schulden, dass dieses nicht befriedigender beackert wird – immer mit dem Ziel der Wertsteigerung bei den Unternehmen und natürlich in Folge mit dem Mehrwert der Steigerung des Kanzleiwerts und damit verbunden: des Mandatvolumens.

Darüber hinaus bieten auch bestehende Unternehmensrechtsabteilungen attraktive Handlungsfelder für Kanzleien, deren Potenzial bei weitem noch nicht ausgeschöpft ist. Die Rede ist hier von der Steuerung von Prozessen, die vom Bedarf an hochkomplexe Rechtskompetenz bis hin zur notwendigen Brillanz in der strukturierenden und auch standardisierten Gestaltung von Commodity Leistungen reicht, und sie verweist auch auf den Bedarf an ein Projekt- und Prozessmanagement, das heute allenthalben noch in den Kinderschuhen steckt.

In der Wirtschaft haben das Projektmanagement und die Steuerung von Arbeitsprozessen eine deutlich längere Geschichte. Was bereits im 17. Jahrhundert bei den Manufakturen begonnen hatte, erfuhr seinen gedanklichen Höhepunkt in dem von Frederick Winslow Taylor (1856–1915) entwickelten Prinzip der Prozesssteuerung von Arbeitsabläufen. Er selbst nannte das Prinzip: *Scientific Management*, der breiten Masse bekannt wurde es als *Taylorismus*. Jeder Produktionsschritt sollte fortan durch eine Arbeitsvorbereitung detailliert fest- und vorgeschrieben werden. Die damit verbundenen Entgelterhöhungen führten bei den Arbeitern zu durchweg positiven Reaktionen, obwohl fortan jeder Handgriff mit der Stoppuhr erfasst und die Arbeitstage mehr und mehr zu monotonen Funktionsstereotypen gerierten. Abgelehnt wurde der Taylorismus hingegen vom Management der Unternehmen, weil sie um ihren Machtverlust angesichts der dezidierten Vorgaben einer Arbeitsvorbereitungs-Abteilung fürchteten. Denn schließlich hatte Taylor die strikte Trennung von Management und Arbeitsvorbereitung gefordert.

Der Taylorismus hat sich, trotz seiner zunächst weiten Verbreitung, vor dem Hintergrund der seit 1960 zunehmenden Humanisierung und damit auch Demokratisierung der Arbeitswelt in den industriellen Branchen nicht halten können. Anders in der Dienstleistungswelt. Hier kann ein Neo-Taylorismus zum Beispiel bei den Banken, aber auch in Call Centern, in der Systemgastronomie oder auch in den Pflegeberufen beobachtet werden.

Natürlich ist die Festschreibung einzelner Dienstleistungsschritte nur ein – wenn auch ein wesentlicher – Teil des gesamten Projektmanagements, dessen magisches Dreieck aus erstens Zeit (Projektdauer und Termine), zweitens Kosten und drittens Inhalt, Umfang und Qualität der Projektergebnisse besteht, die sich alle drei an den Erwartungen des jeweiligen Stakeholders zu orientieren haben.

Insbesondere im Rechtsmarkt, in dem einerseits Commoditiy zunehmend als Begriff für mehr oder weniger standardisierbare Dienstleistungen geführt wird, und in dem außerdem der Unterschied zwischen juristischen Beratungsleistungen und juristischer Zuarbeit im Kontext von „more for less" eine immer größere Bedeutung bekommt, wird die Forderung nach einem gewissen Grad der Taylorisierung im Legal Project Management lauter werden. Erste LPO Anbieter etablieren sich bereits im Markt, und andere stehen beobachtbar in den Startlöchern. Deren Kompetenzen sind die Projektanalyse und das Projektmanagement, inkl. der nötigen Abgrenzung von juristischen zu anwaltlichen Leistungen. Auch das ist ein Geschäftsfeld, das „ohne Not" abgetreten wird, wenn es denn im Rechtsmarkt nicht gelingt, vor dem Hintergrund der geforderten Markt- und Mandantenexpertise den Unternehmen eine wertsteigernde vollumfängliche Projektleitung anzubieten.

Hinsichtlich der Frage, in welcher Form die Kanzleimarke zur Wertschöpfung in Unternehmen beitragen kann, lässt sich zusammenfassend feststellen, dass die Kernelemente Vision und Mission hierfür die maßgebliche Voraussetzung sind. Man wird verstehen, dass Unternehmen zunehmend die Frage nach der Wertschöpfung an die Kanzleien herantragen. Sie werden fragen, in welcher Form konkret Wert geschöpft, bzw. Mehrwert generiert oder Unternehmenswert gesteigert werden kann, und sie werden sich immer weniger mit dem Hinweis auf den Wert der Leistung an sich zufrieden geben.

Das liegt in der banalen Natur der Sache: Rechtsberatung stellt für Unternehmen eine Investition dar. Die Leistung soll nicht als reine Ausgabe verbucht werden müssen. Genau hier rückt der Return on Invest in den Fokus der Aufmerksamkeit, und hier beantwortet die erfolgszentrierte Kanzleimarke passgenau die entscheidenden Fragen.

3.4.3 Wertschöpfung der Kanzleimarke in den Märkten

Was für die Unternehmen und deren Phasen gilt, das gilt gleichermaßen für Märkte. Ohne rechtliche Gestaltung und Steuerung sind sie nicht denkbar, und sie würden wohl auch nicht funktionieren. Das ist eine schlichte Erkenntnis. Die Folge daraus heißt, dass jede rechtliche Regelung die Märkte in hohem Maße mitgestaltet. Hier wird offensichtlich, wie unabdingbar die spezifische Marktkenntnis der Rechtsexperten ist.

Dass das Arbeitnehmerentsendegesetz neue Märkte für Zeitarbeitsunternehmen geschaffen hat, ist ein anschauliches Beispiele aus der Entwicklung der jüngeren Zeit hierfür. Ich habe schon erwähnt, dass es rechtlicher Expertise bedurfte, bestimmte Produkte und Geschäftsbereiche, aber eben auch neue Märkte zu erkennen und entstehen zu lassen, und ich habe auch gesagt, dass es rückblickend dabei nicht in erster Linie um die Frage geht, ob die Visionäre in dem ein oder anderen Fall Rechtsexperten oder Unternehmer waren. Als einzig und allein entscheidend gilt hier die zukünftige Möglichkeit der Neugestaltung. Hier wird deutlich, dass Kanzleimarken ganz maßgeblich zur Wertsteigerung in Märkten beitragen können, und das in Zukunft viel gezielter werden tun müssen, als das bisher der Fall war – es sei denn, sie wollen das Geschäft den anderen überlassen.

Natürlich gilt auch hier: Jede Anstrengung bzgl. einer markenzentrierten Wertschöpfungsstrategie ist immer untrennbar verbunden mit einem steigenden Erfolg für die eigene Kanzlei – sei der Fokus auf den Unternehmenswert, sei er auf den Wert der Arbeitgebermarke, auf die Wertschöpfung beim Mandanten oder schließlich auch auf die Wertschöpfung in den Märkten gerichtet.

3.5 Die Absatzfunktion der Marke

Die bisher genannten Funktionen wie Information, Orientierung, Vertrauen und Wertschöpfung finden ihren Anfang und kumulieren zugleich in der Absatzfunktion. Mehr Geschäft ist das Stichwort. Wenn es bei der Markenführung auch um die Steigerung des eigenen Unternehmenswerts und um die Wertschöpfung in Märkten und Mandanten gehen mag, so lässt sich in gewisser Weise alles an der Höhe des Absatzes und dann – unter Berücksichtigung eines effizienzgesteuerten Kanzleimanagements – an der Höhe der Gewinns festmachen. Der Absatz, der sich erst beim Umsatz zeigt und dann in Gewinn umgesetzt wird, ist die erste und letzte Voraussetzung dafür, dass die Kanzlei erstens überlebt und zweitens über entsprechende Mittel für die hier erwähnten Markierungs-, sprich Markenentwicklungsmaßnahmen verfügt.

Entwicklungsgeschichtlich hatte die Marke nicht immer eine unmittelbare Absatzfunktion. Denkt man noch einmal an die anhängende Produktmarkierung bei den Sumerern, wird deutlich, dass es hier noch kein Bewusstsein für die Steuerung des Absatzes jenseits der persönlichen Beziehung zwischen der Produzenten- oder Händlerperson und dem Käufer gab. Mit den Ups und Downs der gesellschaftlichen und damit wirtschaftlichen Entwicklungen aber traten in regelmäßiger Wiederholung die Phänomene gesättigter Märkte und wachsenden Wettbewerbs auf, so dass spätestens hier die Frage nach Marke in Verbindung mit der Kunst des Absatzes – oder Neudeutsch: des Marketing – stark wurde, ja werden musste.

Einige Beispiele habe ich schon genannt, wie zum Beispiel die Preisstrategien der Kaufmannsgilden im Mittelalter, oder die Qualitätsstrategien der Zünfte mit ihren Zunft- und Meistermarken. Deren Markierung sollte Einfluss auf den gesicherten wie auf den steigenden Absatz haben, und sie sollte im Kontext der Zunftmarken außerdem sicherstellen, dass der Absatz nicht nur in bestimmten Mengen, sondern auch zu möglichst hohen Preisen funktionierte.

Erst mit der Industrialisierung und der Möglichkeit, in großen Auflagen Printprodukte herzustellen (Setzmaschinen und Schnellpressen erlaubten erstmals Anzeigen und Plakatwerbung), wurde die Kunst des Absatzes zu einer komplexen Markenaufgabe, die zahlreiche Aspekte umfasste – vom Erscheinungsbild und den kommunikativen Fähigkeiten des Anbieters über die effizienten Leistungserstellungsprozesse hin zur effektiven Leistungsqualität, über das Produkt- oder Dienstleistungsdesign, bis hin zu Verpackung, Bewerbung, Warenlogistik und schließlich Preisgestaltung.

Es ist deshalb wohl nicht verwunderlich, dass in den ersten betriebswirtschaftlichen Konzepten zur Marke ab den frühen 1960er Jahren erstmals voraussetzende Merkmale für Markenprodukte formuliert wurden, die von einer unterscheidungsfähigen Markierung über ein Qualitätsversprechen mit dauerhafter und nutzenstiftender Wirkung, einer möglichst breit gestreuten Erhältlichkeit (Ubiquität) bis hin zu einem systematischen Absatzkonzept reichten. Zwar waren diese Konzepte noch deutlich gefärbt von einem Markenverständnis, das sich beinahe ausschließlich auf Markenprodukte bezog, wie ich eingangs erläutert habe – hier aber wird deutlich, dass sich beim Absatz sämtliche Maßnahmen einer Markenführung einer kritischen Prüfung unterziehen lassen müssen.

Natürlich geht es in allem Wirtschaftsgeschehen um Verkaufen. Die Absatzfunktion scheint so banal und so grundlegend, dass sie tatsächlich immer wieder aus dem Auge verloren wird. Sie sollte aber dauerhafter Anlass zu der Frage sein, ob die ergriffenen Maßnahmen wirklich die avisierten Ziele erreicht haben – und wenn nicht, warum das so ist. Es geht bei der Absatzfunktion also um gezielte Planung, um Maßnahmenentwicklung und -durchführung und: Es geht um Controlling.

Die klassische Betriebs- und Volkswirtschaftslehre hat hier diverse Gleichungen, wie die der Preis-Absatzfunktion (PAF) entwickelt, die im speziellen Fall einer Marktform des heterogenen Polypols (der Rechtsmarkt ist ein solches Polypol) von einer doppelt geknickten PAF – der so genannten Gutenbergfunktion – sprechen. So hilfreich diese Konzepte sind, so sehr rekurrieren sie in erster Linie auf Zahlen, die zwar symbolhaft für komplexe Inhalte verwendet werden, in ihrem Charakter jedoch die Komplexität weitestgehend zugunsten einer linear analysierbaren und nicht zuletzt sinnmachenden Vereinfachung so verdichten, dass sie am Ende nicht mehr vollumfänglich nützlich für den Wirtschaftsalltag sind. Denn Wirtschaft ist eben nicht nur eine Maschinerie der Zahlen, Wirtschaft ist auch Psychologie.

Natürlich ist ohne die betriebswirtschaftlichen Konzepte und ohne ein valides Controlling die erfolgreiche Markenführung nicht im Ansatz denkbar. Die psychologischen Dimensionen aber werden, wie gesagt, hierbei nicht erfasst, was im Übrigen für jede mathematische Erfassung der Gegebenheiten gilt. Insofern bezieht sich das Gebot des Marken-Controllings mitnichten auf reine Zahlenerhebungen und -prüfungen – es bezieht sich zum Beispiel auch auf die Interaktion mit den Abnehmern. Schließlich sind sie die erste Adresse für erhellende Auskünfte über spezielle Bedürfnisse sowie über ein Pro und Contra bezüglich des Angebots und seiner abnehmerorientierten „Verpackung".

Insofern schließt sich der Kreis wieder zur ersten Funktion der Marke: der Information. Die Information gilt nicht nur als ein erstes Muss nach außen, es gilt auch, so viele Informationen im Außen zu generieren, wie es für eine verbindungs-, bzw. kooperationsorientierte Markengestaltung notwendig ist. Dafür braucht man valide Erhebungen über Märkte, und man braucht darüber hinaus Informationen, die ausschließlich bei den bestehenden wie den avisierten Mandanten eingeholt werden können. Mandantenbefragung wäre hier ein Stichwort. Darüber hinaus muss natürlich auch der Wettbewerb beobachtet und analysiert werden, und schließlich muss wertvolles Wissen über alle anderen Stakeholder der Marke generiert werden. Zu diesen Stakeholdern gehören natürlich und nicht zuletzt auch die eigenen Mitarbeiter.

Strukturgesetze für Marken

So wie für alle Marken – seien sie Angebots- oder Anbietermarken – die grundlegenden Funktionen Information, Orientierung, Vertrauen, Wertschöpfung und Absatz gelten, so weisen Marken als System außerdem spezifische Strukturgesetze auf, so wie das alle Systeme tun. Wichtig zu beachten ist dabei: Marken sind offene Systeme. Die Definition „offen" entstammt der Systemtheorie: Als offen gelten alle biologischen Systeme – Lebewesen und die Systeme, die von Lebewesen gebildet werden, seien es Gesellschaften, Familien oder eben Unternehmen. Die Offenheit bezieht sich auf den Austausch mit der Umwelt, ohne die solche Systeme nicht überleben können.

Der Begriff System wird in der Wissenschaft in vielerlei Hinsicht synonym für den Begriff Gestalt verwendet. Und gehen wir noch einmal zurück auf die Aussage, dass die Struktur- (oder System-)gesetze einer Gestalt darüber entscheiden, wie die Qualität der einzelnen Elemente, ebenso wie deren Verbindungen zueinander und zum ganzen System, konstituiert sein müssen, dann bedeutet das, dass eben diese Strukturgesetze die Bedingung dafür sind, dass erstens der Selbsterhalt eines Systems gewährleistet bleibt, und dass zweitens auf der Basis dieses Selbsterhalts Weiterentwicklung und Wachstum sichergestellt werden können. Selbsterhalt und Weiterentwicklung gelten als die beiden Grundfunktionen von offenen Systemen, sie gelten also für den einzelnen Menschen, ebenso wie für die sozialen Systeme, die Menschen bilden.

Marke ist ein solch soziales und somit offenes System, und deshalb müssen zunächst die grundlegenden Systemgesetze, die für offene Systeme gelten, bei der Markenentwicklung und -führung berücksichtigt werden. Mit diesen Systemgesetzen von Gestalten oder Systemen hat sich wiederum die Systemtheorie seit den 1940er Jahren beschäftigt, und im Lauf der Zeit wurden die Erkenntnisse auf beinahe alle Bereiche menschlichen Wirkens und Zusammenwirkens angewendet und für die jeweiligen Bereiche spezifiziert.

Für die Markenführung im Rechtsmarkt liegt eine solche Spezifizierung bis heute nicht vor – ich stelle hier deshalb die vier grundlegenden Strukturgesetze – Komplexität,

© Springer Fachmedien Wiesbaden 2015   61
S. Hartung, *Die Kanzlei als erfolgreiche Marke,* DOI 10.1007/978-3-658-09801-8_4

Gleichgewicht, Rückkopplung und Selbstorganisation – vor und erläutere ihre spezifische Bedeutung für den Rechtsmarkt.

4.1   Komplexität

Komplexität als erste Spielregel meint: Systeme (hier: Kanzleien) entstehen durch Komplexität. Diesen Aspekt habe ich bereits zu Beginn vertieft ausgeführt bei der Betrachtung der Zunahme von Elementen in einem System bis zu dem kritischen Punkt, ab dem nicht mehr alle Elemente mit allen direkt verbunden sein können, indirekt aber immer verbunden bleiben. Systeme entstehen nicht nur durch Komplexität – sind sie selbst komplex. So bestehen zum Beispiel Kanzleien als komplexe Organisationssysteme aus vielen Elementen (Menschen, Leistungen, Organisationsstruktur, Verwaltung, Strategien, Erscheinungsbild und, und, und), die ebenfalls nicht ausschließlich unmittelbar und direkt, sondern auch mittelbar und indirekt miteinander verbunden sind. Durch diese zeitgleichen direkten und indirekten Verbindungen bilden die Kanzleielemente ein gemeinsames komplexes Ganzes.

Bei dem Versuch, ein komplexes System wie ein kompliziertes durch linear rationale Analyse zu führen, zerstört man die Komplexität. Sie bedeutet nämlich: Alles ist gleichzeitig und bedingt einander in Bezug auf das Ganze. Seit es aber in der Betriebswirtschaftslehre die „Königsdisziplin" der Managementtheorien gibt (seit den 1960er Jahren), gibt es den strikt rationalen und präskriptiven Managementansatz. Er formuliert idealtypische Abläufe für die einzelnen Strategieschritte, die immer gleich sein sollen. Unabhängig vom jeweiligen Unternehmen gibt er also Formeln vor, nach denen sich die Führungskräfte richten sollen. Viele haben das getan und tun es noch.

Der unbestritten große Verdienst von Michael Porter, Professor für Wirtschaftswissenschaft am *Institute for Strategy and Competitiveness* an der Harvard Business School, ist es, dass er die theoretischen Überlegungen der präskriptiven Managementstrategie für die Praxis anwendbar gemacht hat. Bekannte Modelle von ihm sind zum Beispiel die Branchenstrukturanalyse nach dem 5-Kräfte-Modell oder die Wettbewerbsstrategie – Modelle, die in den 1980er Jahren, in denen die zwangsläufige Orientierung auf den Wettbewerb exponentiell wuchs, zunehmende Bedeutung erfuhren.

Auch im Rechtsmarkt ist der Fokus heute zunehmend auf Kanzleistrategien und operative Managementmodelle gerichtet – immerhin, nach vielen Jahren der mehr oder weniger „unstrategischen" Entwicklung. Und ganz sicher sind all die rationalen Ansätze, so wie die von Porter es für die Wirtschaft waren, für die ökonomische Entwicklung von Kanzleien hilfreich – sie sorgen dafür, dass der Aufmerksamkeit bei der strategischen Planung nicht wesentliche Aspekte entgehen, und sie dienen auch als Orientierung für mögliche Maßnahmen.

Was diesen Managementstrategien und -modellen aber sämtlich fehlt, ist ihre präzise Zuordnung zum Markenkern, insbesondere zur Vision, die eine sinngebende Orientierung für jedwede Entscheidung überhaupt erst vorgibt. Denn um die Strategie erfolgreich entwickeln und umsetzen zu können, ist die Fähigkeit gefragt, aus einem komplexen System (einer Kanzlei) durch die Reduzierung der Komplexität und durch eine bewusst selbstähnliche Gestaltung sämtlicher Elemente ein größeres verbundenes Ganzes zu machen, eine selbstähnlich markierte Einheit, deren Charakter durch den Markenkern gesteuert, und deren Einbindung in das größere System (hier in den Wirtschaftsmarkt) durch die Ausrichtung der Vision und Mission gesichert wird.

Nur wenn dieser Bezug hergestellt wird, ist die Komplexität des Ganzen berücksichtigt. Nur dann macht es Sinn, sich für die eine oder andere Strategie oder Methode zu entscheiden. Und nur dann wird die Kanzlei durch ihren spezifischen Markencharakter mit dessen eigenwilligen Wertvorstellungen in all ihren Aspekten durchwirkt und von außen als solche wahrnehmbar. Wenn sich dadurch eine Selbstähnlichkeit (eine Authentizität) wahrnehmen lässt, dann erscheint eine starke Kanzleimarke mit einem unverkennbaren Markenkern – und, wiederum sehr praktisch: Erst so wird sie durch die Außenwelt wie gewünscht als gute Gestalt identifizierbar, kann sich von den vielen Wettbewerbern als prägnante Gestalt abgrenzen, und bietet sich als möglicher Kooperationspartner da, wo gleiche Ideen verfolgt und realisiert werden sollen. Markenentwicklung und -führung ist demnach die Kunst der bewusst gestalteten Umsetzung der subjektiven Reduktion von Komplexität in das Alltagsgeschehen der Kanzlei, sowie die strategische Wiederherstellung der unmittelbaren und direkten Verbindung der Marke mit ihrem Umfeld.

Warum aber muss die Komplexität überhaupt reduziert werden? Um das zu verstehen, sollte man sich noch einmal die Orientierungsfunktion der Marke ins Gedächtnis rufen. In einem globalen System, in dem immer mehr Elemente auftauchen, deren Vernetzung derart komplex ist, dass alles gleichzeitig ist und einander bedingt, braucht es für die eigene Positionsbestimmung eine Reduktion dieser Komplexität. Die Reduktion bezieht sich sowohl auf faktische Aspekte – aus den vielen Möglichkeiten muss eine Auswahl getroffen werden – und sie bezieht sich auf psychologische Aspekte: Die Reduktion muss Sinn machen, damit Entscheidungen getroffen werden können, die ohne Beteiligung von Emotionen anderenfalls eben nicht getroffen werden könnten.

Gefordert ist hierbei also eine sowohl faktisch nachvollziehbare, wie auch eine emotional sinnvolle Aussage über das eigene Selbst, über den Platz, auf dem man dieses Selbst verortet, und schließlich über die spezifische Perspektive, die man von diesem Platz als dieser besondere Charakter hat. Genau das gilt auch für Kanzleien: Sie brauchen eine nachvollziehbare und sinnvolle Aussage darüber, wer genau sie angesichts ihrer sämtlichen Aspekte sind, und sie brauchen eine Positionierung innerhalb des Wettbewerbs im Rechtsmarkt ebenso wie in Bezug auf die potenziellen Abnehmermärkte. Sie müssen außerdem darüber informieren, welchen spezifischen Blick sie auf diese Märkte und deren Herausforderungen haben, sie brauchen ein Bewusstsein über Ihre Idee von Wirklichkeit und eine vor diesem Hintergrund formulierte Idee, in welche Richtung sich Märkte entwickeln sollen. In diesen Märkten müssen sie dann die möglichen Mandanten identifizieren und sich mit ihnen aufgrund des für offene Systeme nötigen Austauschs verbinden, damit sie schließlich den Absatz sichern und fördern können.

Für Kanzleien ist also die Reduktion ihrer eigenen Komplexität, ebenso wie die Reduktion des komplexen Umfelds gefordert. Das geschieht durch die Entwicklung selbstähnlicher Muster zugunsten einer „guten" und prägnanten Gestalt, die dann als Kanzleimarke Position in einem bestimmten Umfeld beziehen kann. Diese Positionsbeziehung geschieht dann wiederum aufgrund der Reduktion der Komplexität. Es gilt, aus den vielen Möglichkeiten der Marktfelder und Mandanten eine Auswahl zu treffen, um sich dann konsequent auf diese auszurichten. Entscheidung und Bescheidung sind hier die Richtungsweiser.

4.2   Gleichgewicht

Die Musterbildung dient also der Reduktion von Komplexität zum Zweck der Orientierung nach innen und außen, und sie dient in diesem Kontext der Selbstähnlichkeit – so wie das bereits im Kontext der Fraktale beschrieben wurde: Sich wiederholende Muster dienen der Erkennbarkeit der Gestalt.

Nach welchen Kriterien die Musterbildung entsteht, beschreibt unter anderem auch die zweite Spielregel für Strukturgesetze: Gleichgewicht. Hierbei geht es grundsätzlich um die Ausgeglichenheit aller Potenziale (Möglichkeiten) und Bewegungen einschließlich möglicher Zu- oder Abflüsse. Einfacher formuliert: Das Prinzip des Gleichgewichts bedingt sämtliche Grundprozesse des Miteinanders von Menschen und sozialen Systemen (Kulturen, Gesellschaften, Unternehmens- und Kanzleimarken).

Die systemische Gleichgewichtsregel ist aus der Erkenntnis entstanden, dass Systeme grundsätzlich in sich und mit anderen Systemen nach Gleichgewicht streben. Hierin liegt begründet, warum monopolistische Weltreiche (wie das römische Reich) untergehen, warum Unternehmen, die eine lange Zeit Märkte beherrschen, plötzlich kollabieren, oder auch, warum Einzelne nach eine langen Phase einer einseitigen Überforderung zusammenbrechen: Fehlt das Gleichgewicht im eigenen System, gerät es im wahrsten Sinn des Wortes in „Schräglage" – es kann sich nicht selbst erhalten. Fehlt darüber hinaus das Gleichgewicht mit anderen Systemen innerhalb eines größeren Systems (zum Beispiel innerhalb eines Markts), dann fehlt jedem System die Grundvoraussetzung, sich angesichts seiner Offenheit und des damit verbundenen, nötigen Austausches selbst zu erhalten.

4.2.1   Gleichgewicht im Außenverhältnis der Kanzleimarke

Im Rechtsmarkt bedeutet die Regel des Gleichgewichts, dass es ohne Marktorientierung und ohne eine spezifische Mandantenexpertise keinen dauerhaften Kanzlei(marken-)erfolg geben wird. Das Gleichgewicht bezieht sich dabei in erster Linie auf Geben und Nehmen. Aus diesen beiden Grundelementen besteht der Tausch von Leistungen, mithin jeder Kaufvorgang. Ich habe bereits im Kontext der Abgrenzung von Ausgaben und Investitionen darauf hingewiesen: Kein Unternehmen wird die Kosten für Rechtsberatung als reine Ausgabe verbuchen wollen. Die einzig ökonomisch sinnvolle Erwartungshaltung muss lauten: *„ Was wird der Return on Invest für unsere Investition in die Rechtsberatung sein?"* Entspricht dieser Return nicht dem geforderten Gleichgewicht zwischen Mandanten und Kanzlei, kann man mit Sicherheit davon ausgehen, dass sich hier früher oder später Unzufriedenheit oder sogar Ärger einstellt. Was aber schlimmer ist: Es stellt sich Misstrauen ein, wenn eine Seite das Gefühl hat, mehr zu geben, als zu bekommen. Was der Mandant investiert, sollte er also gleichgewichtig zurückbekommen. Und das, was er zurückbekommt, bezieht sich hier nicht auf die rechtsberatenden Leistungen – sie sind nur das Mittel zum Zweck – sondern auf die Wertsteigerung, sprich die Weiterentwicklung, die durch die beratenden Leistungen im Unternehmen ermöglicht wird.

Insbesondere mit Blick auf die existenziell notwenige Weiterentwicklung kann es deshalb mit einer Rechtsberatung, die ausschließlich auf die Sicherheit eines Unternehmens im Sinne des Erhalts abzielt, allein nicht getan sein kann. Die Rechtberatung muss eben auch der Weiterentwicklung des Unternehmens dienen, und deshalb so aufgestellt sein, dass das Unternehmen mit Hilfe der Rechtsberatung Gewinne erwirtschaften kann. Der Return on Invest durch die Beratung muss insofern in jedem Fall höher sein, als die unternehmerische Investition. Gemäß der unternehmerischen Grundfunktion ist erst dann das Gleichgewicht zwischen Selbsterhalt und Weiterentwicklung im Unternehmen hergestellt, wenn genau das der Fall ist.

Die Forderung nach Gleichgewicht birgt ein starkes psychologisches Element: Das Gleichgewicht muss nicht nur faktisch vorhanden sein, es muss auch gefühlt werden können. Nun mag der ein oder andere Leser denken, dass der Geschäftsalltag nicht wirklich vor dem Hintergrund psychologischer Überlegungen funktioniert. Man soll sich aber nicht vertun: Jede Entscheidung und jedes Handeln geschehen vor dem Hintergrund einer psychischen Logik, die in jedem System verankert ist. Ohne diese Psychologik wird es nicht gehen, und man ist gut beraten, sich die Gesetze der Psyche bei der Beziehung der eigenen Marke zum Umfeld ebenso wie angesichts der Erwartungen der Mandanten an Gleichgewicht immer wieder zu vergegenwärtigen.

Es reicht also bei weitem nicht aus, ein Rechtsfachgebiet – und sei es auf noch so hohem Niveau – zu beherrschen. So, wie es für den Einzelanwalt selbstverständliche Pflicht ist, in seinem Fachgebiet gut zu sein, gilt für die Führung der Kanzleimarke die unbedingte Maßgabe, sich auf spezifische Themenbereiche, auf ausgewählte Märkte oder auf ausgesuchte Sektoren zu fokussieren und eine umfassende Kenntnis darüber zu erlangen, welchen spezifischen Herausforderungen sich die Unternehmen und Organisationen hier stellen müssen oder in Zukunft werden stellen müssen.

Das ist die Grundbedingung für jedwede Return on Invest Argumentation gegenüber den Mandanten. Vertiefte Markt- und Unternehmenskenntnis sowie ein Verständnis für kurz- und langfristige Trends mit entsprechendem Einfluss auf die mögliche Veränderung des Marktes sind ein Muss. Um sich dann auf die Bedürfnisse in einem so identifizierten Markt im Sinn des Gleichgewichts abzustimmen, gilt es, mögliche Mandanten zu identifizieren und im Einzelnen direkt zu befragen.

Die Strukturregel des Gleichgewichts ist deshalb eng mit der Informations- und der Orientierungsfunktion der Marke verbunden. Ohne ein Wissen über den möglichen Bedarf und die Vorstellungen eines Mandanten ist eine gleichgewichtige Abstimmung schlicht unmöglich. Erst dann – und nur dann – kann das Angebot der Kanzlei im Kontext einer Marktbewegung und mit Blick auf die eigene Absicherung und Weiterentwicklung als sinnvoll erkannt werden. Es geht dann nicht mehr (ausschließlich) um Rechtsberatung – es geht vielmehr um einen Beitrag zum Erfolg oder zur Weiterentwicklung in einem Gesamtsystem, einem Markt, einem Technologiesektor o.ä., ebenso wie um einen Beitrag zur Weiterentwicklung der Unternehmen, die in diesen Märkten agieren. Das führt dann, wie ich bereits dargelegt habe, zur Wertschöpfung, welche die wohl zentralste Funktion der Marke darstellt.

Angesichts meiner Ausführungen erkennt man vielleicht auch, dass die Komplexität des Ganzen dazu führt, dass sich immer wieder argumentative Kreise schließen oder dass Bedingungen und Grundregeln oder -funktionen rückbezüglich aufeinander verweisen. Alles ist miteinander mittelbar sowie unmittelbar verknüpft und bedingt somit einander. Die Komplexität bedingt eine andauernde Interdependenz aller Elemente. Insofern kann man angesichts der Berücksichtigung der Komplexität immer auch von notwendig ganzheitlich systemischen Markenmanagementansätzen sprechen, die das Wesen der Komplexität des Umfelds wie der eigenen Organisation berücksichtigen.

4.2.2 Gleichgewicht im Inneren der Kanzleimarke

Die Systemregel des Gleichgewichts gilt nicht nur im Außenverhältnis der Marke, sie gilt ebenfalls mit Blick auf die Gestaltung der Marke selbst. Hierbei zielt das Gleichgewicht erstens auf die Ausgewogenheit sämtlicher Markenelemente ab. Zu denken, ein Aspekt – wie zum Beispiel die Qualität der Leistung – sei wichtiger als andere Aspekte, und insofern schwerer zu gewichten, führt oft zu einer Schräglage des Gesamtsystems.

Gleichgewicht ist deshalb eine existenzielle Grundforderung für die Ausgestaltung einer Marke zur „guten" Gestalt: Alle ihre Elemente wollen gleichermaßen berücksichtigt und im Interesse der überzeugenden Gesamtgestaltung zueinander in Beziehung gesetzt werden. Geschieht das nicht bewusst, und geschieht es eben nicht gleichgewichtig, dann kann es passieren, dass ein nicht beachtetes Element das Gesamtgefüge aus dem Gleichgewicht bringt. Die Forderungen, die sich hieraus für die Praxis ergeben, beziehen sich grundsätzlich darauf, sämtliche Kanzleiaspekte im Blick zu behalten, sei es bezüglich der Qualität der Leistungen, bzgl. der Personalentwicklung oder der Partnerprogramme, bzgl. des HR, des Erscheinungsbildes, der Kommunikation, oder, oder, oder. Sie beziehen sich außerdem darauf, die Ausgestaltung all dieser Bereiche in ein Gleichgewicht mit der eigentlichen Vision zu setzen, also zu prüfen, ob sie dem eigentlichen Anliegen der Kanzlei überhaupt in dieser Form dienlich sind.

Die Notwendigkeit für einen solch ganzheitlich gleichgewichtigen Markenansatz bestätigt die aktuelle Zukunftsstudie für die deutsche Anwaltschaft „*Der Rechtsdienstleistungsmarkt 2030*" der Prognos AG im Auftrag des Deutschen Anwaltvereins. Auf S. 17 ff wird darauf hingewiesen, dass die Änderung der berufsrechtlichen Rahmenbedingungen im Rechtsmarkt sowie die Prognose, dass das Gros (47 %) der Bruttowertschöpfung bis 2035 dem Dienstleistungssektor zugeschrieben wird, erwarten lässt, dass der Wettbewerbsdruck zunimmt und zugleich die Vielfalt der Kanzleien steigt. Die Studie sagt:

> Die bereits bestehende Vielfalt wird erweitert durch zunehmende Spezialisierungen auf der einen Seite und die Ausbildung weiterer Kanzleiformen auf der anderen Seite {…} Es kann davon ausgegangen werden, dass mit der Zulassung von Alternative Business Structures (ABS) im deutschen Rechtsdienstleistungsmarkt und der zumindest teilweisen Abschaffung des Anwaltsmonopols zahlreiche neue (finanzkräftige) Akteure in den Rechtsdienstleistungsmarkt eintreten. Gesellschaften können im Besitz von Berufsfremden stehen. Klassische Finanzinvestoren wie Versicherungen und Banken können in Anwaltsgesellschaften einsteigen und Anteile an Kanzleien erwerben. Versicherer können als 100 %ige Stakeholder auch eigene Law Firms gründen {…} Anwälte können {…} mit vielen anderen Berufen eine gemeinsame Berufsausübungsgesellschaft gründen und in diesem Rahmen gemeinsam wirtschaften beziehungsweise zusammenarbeiten. (Prognos 2030)

Folgt man dieser Prognose, wird die Notwendigkeit einer professionellen Kanzleimarkenführung mehr als deutlich. Erkennbar wird auch, dass es ratsam ist, sich mit den Möglichkeiten von Eco-Systems auseinanderzusetzen. Dieser speziellen Form der Unternehmung und der Entstehung von Eco Brands widme ich mich vertieft im Kapitel „Die Marke als Eco Brand". An dieser Stelle nur so viel dazu: Die nahe Zukunft fordert Kooperationskonstrukte, die weniger spezifisch kompetenz- sondern vielmehr projekt- und sinngebunden entstehen. Konkret: Über die mögliche Zusammenarbeit entscheidet die gemeinsame Richtung in der Sache. Diese „Sache" ist die spezifische Vorstellung der Wirklichkeit und Gestaltung einer Welt (eines Umfelds, eines Marktes, eines Sektors), der sich alle kooperierenden Protagonisten verschrieben haben. Und genau hierauf muss sich die Kanzleimarke gleichgewichtig im Innen und im Außen ausrichten.

In diesem Zusammenhang habe ich bereits mehrfach von Selbstähnlichkeit gesprochen. Die Selbstähnlichkeit basiert wie beschrieben auf der andauernden und gleichgewichtigen Wiederholung identischer Formen und Muster – ein Phänomen, das in der Mathematik Iteration genannt wird. Der Begriff Iteration bezeichnet einen Schritt, eine Aktion oder einen Prozess, der mehrmals wiederholt wird, um ein bestimmtes Ziel zu erreichen. Der selbstähnliche Charakter der Iteration ist auf Menschen wie Systeme leicht übertragbar. Auch hier gibt es gewisse Grundstrukturen, die andauernd wiederholt werden. Menschen sind und bleiben sich in den meisten Fällen selbstähnlich, ihr durch die Biografie begründetes, individuelles Verständnis der Welt durchwirkt ihr gesamtes Sosein, ihre Überzeugungen, Glaubenssätze und Handlungen. Dadurch werden sie typisch (markiert), erhalten ihr eigenes System im konstanten Gleichgewicht und entwickeln sich aus dieser grundlegenden Bedingung weiter.

Dasselbe gilt für offene Systeme wie Gruppen und Gesellschaften. Im Bereich der Wirtschaftssysteme – hier: Kanzleien – muss die selbstähnliche Iteration als solche verstanden, strategisch gewollt und konsistent umgesetzt werden. Zwar geschieht der Vorgang des sich selber Wiederholens zum Zwecke des Gleichgewichts in gewisser Weise automatisch. In Bezug aber auf den gewünschten Erfolg eines Wirtschaftssystems oder einer Kanzlei braucht es ein grundlegend bewusstes Verständnis darüber, welche „Grundform" bedingend für die Ausgestaltung des Systems als Marke ist. Eben diese Grundform entsteht durch die Vision, die Mission, die Ziele und die Kultur einer Kanzlei.

Genau hierin liegt auch die conditio sine qua non begründet, die Kanzlei nicht als Partnerschaft von eigenmächtig und unabhängig voneinander gestaltenden Freiberuflern, sondern vielmehr als Unternehmen, als Corporate Brand mit einer klaren und sinnvollen Ausrichtung zu führen.

Das Gleichgewicht bezieht sich zweitens auf die beiden Grundfunktionen von Unternehmen: Selbsterhalt und Weiterentwicklung. Systeme müssen sich selbst erhalten, und das können sie nur, wenn sie sich weiterentwickeln. Hier erscheint einer der für komplexe Systeme typischen, scheinbaren Widersprüche: Selbsterhalt gelingt durch Stabilität und die Wiederholung immer gleicher Handlungen. Die Systemtheorie spricht hierbei von selbstähnlichen Anschlusshandlungen und sagt: Systeme beziehen sich mit dem Ziel des Selbsterhalts auf sich selbst. Stabilität und dauerhafte Wiederholung aber befinden sich zugleich im Widerspruch zu Instabilität und Unsicherheit – und die sind wiederum Voraussetzungen für Weiterentwicklung.

Die Krise – als der Moment des sich Trennens von herkömmlichen Verhaltensweisen (griechisch, *krinein* = trennen, {unter-} scheiden) – ist also maßgeblich für Weiterentwicklung. Und der durch die Komplexität bedingte, scheinbare Widerspruch zwischen Selbsterhalt und Weiterentwicklung löst sich genau an der Stelle zu einer einander ergänzenden Qualität auf, wo man versteht, wie viel Grundstabilität es braucht, um eine Krise durchzustehen.

Unternehmenssysteme müssen sich kontinuierlich weiter entwickeln, um bestehen zu bleiben. Entscheidend ist deshalb die Formulierung einer starken Basis, von der aus jedwede Flexibilität ermöglicht wird. Dass diese Basis ganz individuell ist, und dass es deshalb keine Rezepte für Stabilität und Krisenmanagement gibt, ist verständlich. Dennoch gibt es zahlreiche Fachliteratur, die das suggerieren will.

Auch wenn es also keine Rezepte gibt, ist jedoch mindestens die Kenntnis der verschiedenen Formen von Krisen hilfreich. Hierzu hat der Soziologe Ulrich Oevermann eine Krisentheorie entwickelt, in der die Gegensatzpaare Krise und Routine einander gegenüber stehen. Oevermann unterscheidet drei verschiedene Typen der Krise. Es gibt erstens die Krise, die unvermittelt und unmittelbar einbricht („brute fact"). Ein Beispiel hierfür waren der von Niemandem erwartete Zusammenbruch des neuen Marktes oder die Pleite von Lehman Brothers und das in Folge kaskadenartige Abrutschen ganzer Märkte und großer Organisationen. Der zweite Krisentyp beschreibt situative Prozesse, in denen eine Veränderung sich langsam und unabwendbar ankündigt. Als Beispiel stehen die avisierten Entwicklungen im Rechtsmarkt und die damit einhergehenden Forderungen, sich als Kanzlei auf die schleichende Krise einzustellen und eventuell notwendige Entscheidungen zu treffen. Bei diesem Krisenmodell gilt im Übrigen, dass auch die Nicht-Entscheidung, also das „Weitermachen wie bisher" oder das Nichtmachen als Entscheidung gelten. Den dritten Krisentyp nennt Oevermann „Krise durch Muße". Bei der intensiven (sich versenkenden)

Beschäftigung mit einem Thema kann es sein, dass plötzlich Aspekte in das Blickfeld rücken, die der bisherigen Wahrnehmung widersprechen, und das Gefüge von Überzeugungen oder Glaubenssätzen ins Wanken bringen.

Von welcher möglichen Krise im Rechtsmarkt wir auch immer sprechen, entscheidend wird die innere Kraft der Kanzleien sein, um bei Veränderungen und Entwicklungen erfolgreich bestehen zu können. Und es ist deshalb auch verständlich, dass die bewusste Steuerung des Gleichgewichts zwischen Selbsterhalt und Weiterentwicklung für das innere Gefüge einer Kanzlei entscheidend ist.

Das gelingt nicht zuletzt auch durch den gleichgewichtigen Austausch mit anderen Systemen – seien diese Mandanten oder andere Stakeholder. Vielleicht klingt das hier nach schöner Theorie mit einer moralisierenden Anmutung. Der Ansatz des Gleichgewichts aber ist keinesfalls wertend gemeint – es gibt in Systemen kein gutes oder schlechtes Gleichgewicht an sich, es gibt nur Gleichgewicht, und nur angesichts des jeweiligen Zustands eines Systems zeigt sich, ob dieses adäquat vorhanden ist.

4.3 Rückkopplung

Die dritte Regel für offene Systeme ist die Rückkopplung. Sie entsteht bei der notwendigen Verbindung von Systemen mit ihrem Umfeld, bei der sie auf einen kontinuierlichen und gleichgewichtigen Austausch angewiesen sind. Für Kanzleien ergibt sich dieses Umfeld z. B. durch die Gesellschaft, den Gesetzgeber und das spezifische regulatorische Umfeld, die Mandanten, die Märkte der Mandanten, die Wettbewerber usw. Das Angewiesensein auf den Austausch ist eine Banalität, auf die Milton Friedman einmal mit der lapidaren Feststellung *„the business of business is business"* hingewiesen hat.

Business meint *„the state of being busy"*, übersetzt: der Zustand des **beschäftigt** Seins. Friedman wollte aber nicht auf die Bedingung des Gleichgewichts beim beschäftigt Sein hinweisen. Mit „Being busy" meinte er vielmehr den Zustand des **geschäftig** Seins. Im geschäftig Sein, also im unternehmerischen Wirken liegen die Aspekte der Verbindung, der Interaktion und des ökonomischen Austauschs verborgen. Und genau hierbei kommt die Rückkopplung zum Tragen.

Der Zweck der Rückkopplung ist einmal mehr der Erhalt des Gleichgewichts. Dabei sind es – interessanterweise – die *negativen* Rückkopplungsprozesse, die in der Natur für ein andauerndes Gleichgewicht sorgen, etwa da, wo die Katzen die Mäuse fressen, bis diese dezimiert sind, die Katzen in Folge nicht mehr genug Nahrung finden und ihrerseits dezimiert werden, was die Population der Mäuse wieder anschwellen lässt usw.

Es ist ein Phänomen in der Wirtschaft, dass Unternehmen statt „gesunder" *negativer* in den meisten Fällen *positive* Rückkopplungseffekte suchen, etwa dann, wenn sie vor dem Hintergrund eines Handlungserfolgs dieselben Handlungen dauernd zu wiederholen oder gar zu verstärken suchen. Was natürlich irgendwie verständlich ist. Es führt aber dazu, dass durch das fehlende strategische Austarieren von Potential und Handlung eine Preisschraube nach unten entsteht. Und genau dieses Phänomen ist in den jüngeren Jahren im

Rechtsmarkt aufgetaucht. Die Preise tendieren abwärts, und die damit verbundene Forderung seitens der Mandanten heißt, und ich habe es bereits erwähnt, more for less. Dieses Prinzip ist nicht neu, in der Wirtschaft hat es nachgerade einen langen Bart. Für den Rechtsmarkt hat Richard Susskind in seinem Buch „Tomorrow's Lawyers" im Jahr 2013 wie gesagt auf dieses Prinzip hingewiesen und damit große Aufmerksamkeit erlangt – offenbar war hier in Vergessenheit geraten oder noch gar nicht ins Bewusstsein gelangt, dass gesättigte Märkte immer wieder an diesem Punkt ankommen.

Als Beispiel für eine ausschließlich positive Rückkopplung steht eine Firma, die mit einer neu entwickelten Technik für die Bedruckung von Servietten und Papiertaschentüchern als erster Anbieter im Markt gestartet war (first mover). Sie wies anfangs hohe Erfolgsquoten auf. Die Leute kauften die Servietten mit den bunten Mustern gerne und viel. Die Händler rissen sich darum, die Ware in ihrem Sortiment anbieten zu können. Das war zunächst ein nahezu goldener Absatzmarkt für den Anbieter – es gab schließlich nur ihn. Bis zu dem Moment, in dem seine Wettbewerber die Technik ebenfalls beherrschten, und dieser Moment kam schnell, wie Sie sich vielleicht denken können. Die Reaktion des Unternehmens war: Ausdehnung der Kollektionen mit immer neuen Mustern (positive Rückkopplung). Aber auch das war nur so lange erfolgreich, bis die Wettbewerber nachzogen und ihrerseits die Kollektionen ausdehnten. Das „immer mehr vom selben" – das exponentielle Wachstum der Kollektionen als positive Rückkopplung (die bei allen Wettbewerbern gleichermaßen betrieben wurde) – führte dazu, dass keiner mehr vom anderen zu unterscheiden, und jeder Beteiligte nun gezwungen war, über den Preis zu verkaufen. Wettbewerb über den Preis kennt ein natürliches Ende – irgendwann geht es nicht mehr günstiger. Preise können – entgegen dem gerne verwendeten Bild – nicht ins Bodenlose fallen. Bei Null ist definitiv Schluss. Minuspreise gibt es nicht, Verluste hingegen sehr wohl.

Alle Versuche unseres Beispielunternehmens, durch Straffung der Produktionsprozesse effizienter zu produzieren, um im Preiskampf zu bestehen, führten nicht zu den benötigten Gewinnmargen – denn die Wettbewerber zogen immer gleich nach (dieser Discount-Kampf zeigt sich aktuell z. B. auch in der Lebensmittelindustrie, und die unappetitlichen Folgen sind bekannt). Außerdem stiegen die Kosten für die Designer der stetig wachsenden Kollektionen parallel zu den immer strafferen Produktionsprozess-Kostensenkungen. Die Folge waren Entlassungen in der Produktion, Einsparungen bei der Maschinenwartung – und schließlich auch Einsparungen beim Designpersonal mit der Folge, dass nun jeder im Unternehmen aufgerufen war, sich neue Dekors auszudenken, um die Kollektion immer noch weiter auszudehnen. Die Strategie hinter dieser Kollektionsentwicklung lautete: Wenn wir jedes nur denkbare Muster haben, dann ist die Möglichkeit größer, das unser Angebot einen Käufer findet. Je mehr Designs und Geschmacksrichtungen das Unternehmen produzierte, desto verwässerter wurde sein Markenprofil. Der Ausgang dieser falschen positiven Rückkopplungsstrategie sei der Fantasie des Lesers überlassen.

Im Moment gilt im Rechtsmarkt als einer der Zukunftstrends das wissensbasierte und prozessorientierte Legal Project Management. Tatsache ist: Für die Professionalisierung einer Rechtsberatungsdienstleistung, bei der Qualität, Effizienz und Effektivität (Nutzen und Wertschöpfung für den Mandanten) in einem ausgewogenen Verhältnis stehen, ist die Zeit reif, ja überreif. Dem widerspricht im Übrigen nicht die Erfahrung, dass es jahrzehntelang auch anders ging. Wir blicken hier also nicht auf einen Zukunftstrend, sondern auf eine nachgerade überfällige ökonomische „Alphabetisierung" einer Branche, welche die Märkte von morgen mitgestalten will und muss.

Eine nachhaltige, strategisch betriebene, negative Rückkopplung setzt voraus, dass ein Unternehmen sich des eigenen Potenzials im Markenkern bewusst wird. Eine Technik zu beherrschen ist kein Potenzial – die Fähigkeit entspringt demselben. Und was für die Technik gilt, zeigt sich gleichermaßen bei der Dienstleistung – in ihr ist kein Potenzial verborgen. Vielmehr ist es umkehrt: Die Fähigkeit zur Dienstleistung erwächst erst aus dem Potenzial. Am gegebenen Beispiel stellt sich deshalb die Frage, welches Potenzial, welche grundlegende Fähigkeit es dem Anbieter ermöglicht hat, die Technik der Serviettenbedruckung zu entwickeln. War es das Potenzial, ungewöhnliche Dinge miteinander zu komponieren oder kann man hier erkennen, dass eine besondere Begabung bezüglich zu gestaltender Bereiche besteht?

Es ist dieses Potenzial, das überhaupt erst ermöglicht, Wertschöpfungsbereiche für das eigene Unternehmen zu identifizieren und diese konsequent aufzubauen. Nur so gelingt die Reduzierung auf das, was ein Unternehmen ausmacht, und nur so gelingt die Reduzierung von Komplexität – eine Grundvoraussetzung für die erfolgreiche Marke, die auf Gleichgewicht und damit eben auch auf negative Rückkopplung angewiesen ist.

Das Potenzial von Apple zum Beispiel ist es, Angebote zu entwickeln, mit denen Menschen über sich hinauswachsen können. Ein solches Potenzial bietet zahlreiche Möglichkeiten für Flexibilität innerhalb einer präzisen Markenpositionierung. Hätte Apple dieses Potenzial nicht erkannt und für sich genutzt, es wäre im negativen Rückkopplungskampf mit Microsoft untergegangen. Ähnliches gilt für das Beispiel eines Mittelständlers der Zuliefererindustrie, der sich aufgrund positiver Rückkopplung einem gefährlichen Preiskampf ausgeliefert sah – er hat schließlich sein Potenzial in der Entwicklung von Teilen erkannt, die befestigen, verbinden und verschließen, damit seinen Handlungsspielraum deutlich erweitert und schließlich neue Märkte und Kunden identifiziert. Ein Cateringunternehmen erkannte sein Potenzial in der Inszenierung von Unternehmens- und Produktmarken und konnte sich so deutlich vom Wettbewerb abheben und der Falle der positiven Rückkopplung (noch mehr besondere Inszenierungen, noch ausgefallenere Menüs) entkommen. Das Potenzial einer Kanzlei (oder einer losen Gruppe von Anwälten, die unter einem Markendach gemeinsam auftreten) könnte es sein, besondere Fähigkeiten in der Strukturierung, in der Koordination oder in der Prozessgestaltung zu haben – oder aber z. B. Märkte oder Technologien vorausschauend zu verstehen, und vor diesem Hintergrund innovative Rechtsgestaltung aktiv zu betreiben. Nur in den seltensten Fällen jedenfalls besteht das Potenzial in der außergewöhnlich guten Beherrschung eines bestimmten Rechtsbereichs. Das ist zwar ein Werttreiber. Wird er aber nicht in Bezug zu seinem Potenzial gesetzt, droht schnell die Gefahr der positiven Rückkopplung und der abwärts gerichteten Preisschraube.

4.4   Selbstorganisation

Selbstorganisation schließlich ist die vierte und letzte Systemregel für die erfolgreiche Kanzleimarkenführung. Sie steht dafür, dass Systeme, wie bereits beschrieben, aus sich selbst heraus, quasi automatisch entstehen (autopoietisch) und sich entwickeln – was der Tatsache, dass Menschen diese Systeme gestalten, keinesfalls widerspricht. Menschen sind eben auch Systemelemente. Sie steuern das System nicht von außen, sondern sie sind steuernde Elemente des Systems selber und müssen deshalb ihre Steuerung unter Berücksichtigung der Systembeziehungen zu managen wissen. Nun geht es mir hier nicht darum, irgendeine systemische Theorie zu bedienen. Es geht darum, in eben dieser Theorie Möglichkeiten zu erkennen, mit denen sich Markenerfolg leichter und sicherer einstellt.

Systeme organisieren sich selbst, und sie verfolgen dabei wie gesagt ausschließlich zwei Ziele: ihren Selbsterhalt und ihre Weiterentwicklung. Wenn man sich vergegenwärtigt, dass die Systemtheorie ihren Ursprung in der Biologie hat, versteht man mit einem Blick auf die Natur, was mit Selbsterhalt und Weiterentwicklung gemeint ist. Das Natürliche gleicht einem dauernden Anpassungsprozess an die Gegebenheiten, bei dem in Momenten von Destabilisierung mitunter gewaltige Entwicklungssprünge geschehen können.

Mit Blick auf den Rechtsmarkt ist dasselbe zu beobachten. Er weist eine hohe Veränderungsdynamik im Rahmen seines Selbsterhalts im dynamischen Weltmarktumfeld auf. Zu beobachten sind z. B. Internationalisierungen, Spin Offs, Übernahmen, Fusionen und Neugründungen von Kanzleien oder auch Zu- und Abwanderungen einzelner Anwälte mit teils erheblichen Folgen in die ein oder andere Richtung. Die Entwicklung der Rechtsabteilungen von Unternehmen oder das Anschwellen der Bedeutung von Compliance gehören ebenso dazu wie ABS, weitgehende Abschaffung des Anwaltsmonopols, neu auftauchende Gebote an LPM oder LPO, Kostensensibilität seitens der Mandanten oder neue Rechtsräume wie das Internet. Alles bewegt sich, alles entwickelt sich irgendwie automatisch – und es bleibt doch immer: Rechtsmarkt.

Ich sage: Es bleibt noch Rechtsmarkt, und ich betone dieses „noch", weil ich mit Blick auf die ABS prognostiziere, dass der Rechtsmarkt in näherer Zukunft im allgemeinen Wirtschaftsmarkt aufgehen wird. Die Grenzen werden hier jedenfalls deutlich mehr verschwimmen.

Heute aber gibt es noch einen abgegrenzten Rechtsmarkt, und darin agieren die wettbewerbenden Kanzleien als Subsysteme, deren Aufgabe es nun ist, die Selbstorganisation in bewusste, ökonomiezentrierte Strategien zu verwandeln. Für sie stellt sich die entscheidende Frage, wie sie eine Kanzleimarke erfolgreich führen können, wenn sie dauernden Änderungen unterworfen und zugleich im Sinn der prägnanten Marke auf Selbstähnlichkeit und Konsistenz angewiesen sind. Wie erhält man eine unverkennbare Marke, wenn man andauernd gezwungen wird, sein Verhalten angesichts der Veränderungsdynamik zu modifizieren, ja anzupassen? Dieser Frage tauchte ja schon im Kapitel über das interne Gleichgewicht auf.

Es ist offensichtlich, dass das nur gelingen kann, wenn man die Anpassungshandlungen aus dem Markenkern steuert, sich also andauernd fragt, welche Aktions- und Reaktionsmöglichkeiten die DNA im Markenkern hergibt. Der Markenkern als Orientierungsleitfaden führt dann dazu, dass jede Handlung und jede Entscheidung als „typisch Marke x" wahrgenommen wird.

Nicht die Märkte bestimmen also die Kanzleien, bzw. die Kanzleimarken. Vielmehr orientieren und organisieren sich die Kanzleimarken angesichts der Marktbedingungen vor dem Hintergrund ihrer eigenen Vision, ihrer Überzeugungen, Glaubensätze und nicht zuletzt Handlungsmuster. Die Systemtheorie nennt dieses Phänomen operative Geschlossenheit: Systeme orientieren sich ausschließlich an sich selbst, nicht am Umfeld. Dass genau hierin eine Gefahr liegt, ist offensichtlich. Damit die Marke unverkennbar bestehen bleibt, muss sie sich immer wieder auch mit den Marktbedingungen und den vorhersehbaren Entwicklungen abgleichen, und sie muss sich dabei zugleich der ihrer eigenen Spezifika bewusst sein.

Die operative Geschlossenheit mag nicht wirklich wichtig klingen. Ihre Bedeutung jedoch liegt in der Handlungshoheit. Selbstorganisierende Mitgestaltung bedeutet eben auch: Mitverantwortung – und Verantwortung meint das Gegenteil von: „Opfer der Umstände" sein. Welche Aspekte und Zusammenhänge bei der Selbstorganisation der Marke berücksichtigt werden müssen, werde ich im praktischen Teil vertiefen.

Bevor ich mich aber dem Aufbau der Kanzleimarke in der Praxis widme, stelle ich Ihnen im folgenden Kapitel eine Sonderform des Corporate Brands vor, die ich Eco Brand nenne. Als Eco Brand definiere ich das Ergebnis der Markierung eines ökonomischen Systems, einer neuen Art von ganzheitlichem Unternehmensverständnis, das zunehmend in den Märkten zu beobachten ist.

Marke als Eco Brand

5

Habe ich mich bis hierher ausschließlich dem Aspekt der Marke als Corporate Brand – stellvertretend für eine markierte, in sich geschlossene Kanzlei – gewidmet, gilt es jetzt, den Blick angesichts der durch die Globalisierung beförderten wirtschaftlichen Entwicklungen noch einmal zu weiten, und einen wesentlichen Aspekt für moderne Markenführung zu beleuchten. Die Rede ist hier von der Marke als übergeordneter Orientierung für den Aufbau einer komplexen Wirtschaftsorganisation, kurz: die Rede ist von so genannten *Eco Brands.* Der Begriff stand eine längere Zeit für ökologisch ausgerichtete Unternehmensmarken, aber die Zeiten wandeln sich, und hier haben sie das besonders schnell getan: Eco Brands stehe heute für ökonomisch ausgerichtete, umfassende Wirtschaftssysteme.

Es hat sich nämlich spätestens seit dem Eintritt des Internets in das Marktgeschehen gezeigt, dass die Kunst der Führung einer Unternehmensmarke (eines Corporate Brands) sich mehr und mehr in die Kunst der Erschaffung einer konsistent gestalteten Wirklichkeit unter ökonomischen Gesichtspunkten gewandelt hat. Was bedeutet das? *„From the battle of devices to the war of eco systems"* lautete die Devise, die Stephen Elop, der CEO von Nokia, im Januar 2011 auf einer Pressekonferenz ausgegeben hatte, und damit meinte er: Haben bislang einzelne Anwendungen, Produkte, Dienstleister oder Dienstleistungen um Marktanteile gerungen, sind es heute ganze Ökonomische Systeme (Eco Systems), die sich *„im Krieg um Marktanteile und Kunden"* behaupten müssen. Elop meinte wohlgemerkt nicht ökologische Systeme, er meinte ökonomische.

In zunehmend gesättigten Märkten, auch das ist ein sich wiederholendes Phänomen, wird die Sprache der Strategen martialer – wo es für das einzelne Unternehmen oder die Kanzlei immer enger wird, gilt es, gemeinsam Terrain zu erobern, zu behaupten, auszubauen oder gar zu verteidigen. Die markierten Eco Systems – die Eco Brands – weisen diesbezüglich eine besonders starke und tragfähige Vision sowie eine beinahe militärisch konsequente Umsetzung dieser Vision auf.

© Springer Fachmedien Wiesbaden 2015
S. Hartung, *Die Kanzlei als erfolgreiche Marke,* DOI 10.1007/978-3-658-09801-8_5

Eco Brands liefern eine Erklärung von Welt (eine Vision), sie bieten Orientierung, Zugehörigkeit und Zukunft. Das wichtigste aber, was Eco Brands bieten ist: Sinn. Marken haben wie bereits beschrieben eine ideelle Dimension, eine geistige Komponente, die sich aus der spezifischen, komplexitätsreduzierten Definition von Welt ergibt, welche für die Rezipienten der Marke Sinn machen muss.

Ein eindrückliches Beispiel für dieses neue Verständnis von Marke als Eco System bieten die Unternehmen Apple und Google (um nur zwei von immer mehr entstehenden Unternehmen diese Art zu nennen). Zugegeben, eine ganz andere Branche als der Rechtsmarkt. Will man aber verstehen, welche radikalen Veränderungen für die Führung von Corporate Brands seit 2000 stattgefunden haben, lohnt ein näherer Blick. Es zeigt sich nämlich, dass die beiden Unternehmen, die in Ihren Anfängen lediglich ein/e oder zwei Produkte und/oder Dienstleistungen in ihrem Angebot hatten, in kürzester Zeit zu Anbietern einer komplexen Lebenswelt wurden.

Zwar haben die beiden Marken ganz unterschiedliche Fokusse beim Blick auf ihr Umfeld. Was sie aber vereint, ist, dass sie kontinuierlich eine Marke auf- und ausgebaut haben, die von einer Idee der spezifischen Gestaltung einer bestimmten Welt geprägt ist. Was hier idealistisch, ja nachgerade utopisch klingen mag, entpuppt sich in beiden Fällen als erstaunlich praxisorientierte Strategie, die da heißt: *„Mit uns ergibt diese Welt rundum einen Sinn für Sie"*. Es geht also nicht darum, die ganze Welt verändern zu wollen, sondern es geht darum, in dieser Welt einen möglichst großen und sinnstiftenden Platz zu definieren, der auf eine spezifische Art und Weise für möglichst viele Teilnehmer gestaltet werden soll. Die Blaupausen für dieses Verständnis von Unternehmen habe ich Ihnen bereits vorgestellt: die Sprache ist vom römischen Reich und der römisch katholischen Kirche, die ebenfalls von Weltgestaltungsvisionen getrieben waren und diese mehr als erfolgreich umzusetzen wussten.

5.1 Der Eco Brand Apple

Das Unternehmen Apple hat ausgehend von ersten Innovationen im Bereich IT inzwischen eine konsistente Markenwelt aufgebaut, die den Usern (Mitbürgern dieser Apple-Weltgesellschaft) die komplette Organisation und Verwaltung sämtlicher für sie relevanten Daten ermöglicht, die dann im Apple-Himmel (in der Cloud) abgelegt, und durch die andauernde automatische Synchronisierung aller Apple Geräte von überall abgerufen werden können: Kontakte, Bilder, Filme, Musik, Apps, Präsentationen, Texte, und, und, und. Die Daten sind hier nicht lediglich Bits & Bytes, sondern Inhalt und Ausdruck dessen, was der User denkt und was er ist, was er hat, oder was er unternommen hat. Und es gibt nichts, was Apple nicht diesbezüglich bietet. Das Unternehmen ist beinahe ein eigenes, in sich geschlossenes Universum.

Für die Bewältigung sämtlicher Selbstorganisations- und Selbstverwaltungsaufgaben bietet Apple den Usern quasi neue „Gerätekörper", mit denen das möglich ist, und die Produktnamen verweisen auf die technisierten Körpersurrogate: iPhone, iPad, iMac … Sie sind so gesehen verlängerte Extremitäten, mit denen der Mensch in der Applewelt über sich hinauswachsen kann.

Das Apple-Logo geht gar noch einen Schritt weiter und impliziert: Der Mensch wächst über Gott hinaus. Hier erinnert sich der menschliche Prothesengott, von dem schon Sigmund Freud mit Blick auf die kulturellen Entwicklungsleistungen der Menschheit sprach: *„Der Mensch ist sozusagen eine Art Prothesengott geworden, recht großartig, wenn er alle seine Hilfsorgane anlegt* (Anm.: Freud meinte Transportmittel zu Wasser auf der Erde und in der Luft, Telefon, Brille o. ä.), *aber sie sind nicht mit ihm verwachsen und machen ihm gelegentlich noch viel zu schaffen. Er hat übrigens ein Recht, sich damit zu trösten, dass diese Entwicklung nicht gerade mit dem Jahr 1930 A.D abgeschlossen sein wird. Ferne Zeiten werden neue, wahrscheinlich unvorstellbar große Fortschritte auf diesem Gebiete der Kultur mit sich bringen, die Gottähnlichkeit weiter steigern"*. (Freud 1930)

Diese Steigerung der Gottähnlichkeit, von der Freud hier spricht, ist ein zentraler Treiber des Eco Brands Apple: Mit Apple isst der Mensch vom Baum der Erkenntnis der unbegrenzten (technischen) Möglichkeiten für die eigene Lebensgestaltung. Das mag beim Anblick des Logos in Form eines angebissenen Apfels nicht ins alltägliche Bewusstsein der Verbraucher dringen. Unterbewusst aber entfaltet das christliche Bildsymbol ganz sicher eine starke Wirkung. Das Symbol des angebissenen Apfels ist Inbegriff unserer christlichen Kultur und wir alle sind mit seiner Bedeutung vertraut: Durch den Biss in den Apfel vom Baum der Erkenntnis wurde der Mensch auf sich zurückgeworfen. Er wurde aus dem Garten Eden vertrieben, und musste fortan sein eigenes Wohl und Wehe gestalten.

Wenn der Mensch auf sich und nicht mehr auf Gott vertraut, dann drängt sich einzig sein Körper als „Lebens-Bewältigungsmaschine" auf. Denn es ist der Körper mit Geist und Verstand, mit dem er nun (ohne Gott) die Welt bewältigen muss. Mit Blick auf die Bedeutung des Apple-Logos ist es insofern nachgerade brillant, das Produktdesign der Applegeräte derart sinnlich zu gestalten, dass sich ein annähernd erotisches Verhältnis zwischen Mensch und Maschine entwickeln kann. Die unzähligen Adaptionen der Apple-Formensprache durch die Wettbewerber beweisen den Erfolg: Die Strategie ging auf, eine wachsende Zahl von Usern wurde zu Apple-Bürgern, die als Mitglied der Community in allen Bereichen folgen (müssen).

In seiner Biografie erzählt Steve Jobs die Geschichte der Entstehung des Apple-Logos. Jobs wollte einen Apfel als Firmenzeichen, weil ihm erstens bekannt war, dass Isaac Newton seine größten Eingebungen hatte, als er unter einem Apfelbaum ruhte, und weil er zweitens selber oft tagelang nur Äpfel aß. Die Ernährung war Teil seiner spirituellen Ausrichtung: Jobs hat nichts ausgelassen, was bewusste Selbstbeherrschung und bewusstseinserweiternde Erleuchtung versprach. Von buddhistischen Praktiken über tagelanges Fasten bis hin zu psychedelischen Drogen hat er wie ein Besessener nach eben dieser Bewusstseinserweiterung, nach Kreativität und nicht zuletzt nach Perfektion der eigenen Persönlichkeit gestrebt.

Als der mit der Logogestaltung beauftragte Grafiker mit den Entwürfen kam, meinte Jobs, dass man den Apfel nicht wirklich als solchen erkennen könne, er gleiche irgendwie einer Tomate. Und er schlug deshalb vor, einen angebissenen Apfel zu nehmen. Der angebissene Apfel wurde zum Symbol der momentan wertvollsten IT-Marke der Welt.

Man könnte angesichts der geschichtlichen Fakten über die Entstehung des Apfels sagen, dass meine Deutung des Logos als symbolisierende Teilhabe des Menschen an der Erkenntnis weit überzogen ist, und de facto hat sich bisher niemand mit einer vergleichbaren Analyse über das Applelogo geäußert. Dennoch, ich bin überzeugt, richtig zu liegen, denn tatsächlich hat Jobs das Prinzip des über sich selbst Hinauswachsens nicht nur in seinem persönlichen Leben, sondern auch im Aufbau seines Unternehmens konsequent verfolgt. Er hatte erkannt, welche Bedingungen bei der Verbreitung des Computers in den Privatmarkt entscheidend waren, und er hat damit den Computer näher an den Körper der Menschen gerückt. Die direkte Bedienung – erst über die Maus und später gar direkt mit den Händen oder dem gesprochenen Wort – hat die Apple Geräte zu modernen Körperteilen werden lassen.

Jobs hat im Laufe seiner Karriere konsequent und mit außergewöhnlicher Kreativität am Ausbau dieser Geräte und Services gearbeitet, die vor allem eins geschafft haben: Sie bieten den Menschen die Möglichkeit, mit vergleichsweise einfachen digitalen Mitteln ihre Welt besser bewältigen und vor allem besser steuern zu können. Dass Apple nun auch Inhalte für die Geräte mitliefert, ist mit Blick auf die Entwicklung des Eco Systems ein kleiner, wie wohl mehr als konsequenter Schritt. Worauf ich hinaus will: Die seinerzeit möglicherweise unbewusste Wahl des Symbols zeigte schon in den Anfängen die eindeutige DNA der Marke Apple.

Nun gibt es einen Steve Jobs wohl nur alle 100 Jahre einmal. Seine solitäre Intuition, mit der er wie gesagt möglicherweise unbewusst, dafür aber umso konsequenter den Grundgedanken der Selbstermächtigung des über sich selbst Hinauswachsens der Menschen verfolgte, ist genau die Vision, von der ich bereits gesprochen habe, und der ich im Praxisteil noch einmal eine vertiefte Aufmerksamkeit schenke. Die Apple Vision führte zu der Mission, Produkte, Dienstleistungen und Content zu entwickeln, mit denen Menschen ihr Leben (ohne Gott) bewältigen können.

Solange Jobs lebte, hatten seine Vision und seine Mission ihren festen Platz im Kern der Marke Apple. Seit Jobs Tod hat das Unternehmen nun genau damit Probleme – einen neuen Jobs mit einer derart untrüglichen Intuition scheint es vorerst nicht zu geben, und Apple tut gut daran, einen Prozess der Bewusstwerdung über die für den Außenstehenden so offensichtliche Quelle des eigenen Erfolgs zu starten. Wird die Strategie der konsequenten Erweiterung der Angebote für Lebensbewältigung und -steuerung nicht weiter verfolgt, wird es schwer werden für Apple. Auf den Aspekt der Apple Vision gehe ich im Kapitel „Markenaufbau in der Praxis" noch einmal ein.

Ich komme hier aber noch einmal zurück zum Eco-System als einer als ganzheitlich angelegten Marke. Mit einer Vision davon, welchen Aspekt von Welt man verfolgen will, sowie einer Mission, die daraus eine übergeordnete Konsequenz für die Richtung des Handelns formuliert, bietet das Eco-System denen, welche die Marke von innen und außen wahrnehmen, einen Sinn bezüglich der Weltgestaltung, oder anders: Es bietet die Möglichkeit zur Entscheidung, ob man dazugehören, bzw. mitmachen will. Mit Blick auf Apple befriedigt das Unternehmen als Eco-System wesentliche Bedürfnisse der Selbstorganisation im Rahmen einer *„der-Mensch-macht-die-Welt-Kultur"*, die von Innovation und individualisiertem Gemeinsinn auf Hightech-Niveau geprägt ist. Dabei sind Appleprodukte längst nicht mehr nur Konsumgut im Endverbrauchermarkt – das Unternehmen ist in die Geschäftswelt vorgedrungen, und es hat sich auch hier mit wachsendem Erfolg als unerlässlicher und unermüdlicher Gestalter etabliert. Blackberry lässt seufzend grüßen.

Eine wesentliche Grundlage für den Erfolg der Marke Apple ist das differenzierte (und wie gesagt: möglicherweise unbewusste) Verständnis moderner philosophischer Denkkultur, die unseren Alltag durchwirkt – ohne die Aufklärung eines Immanuel Kant sowie die antike-, respektive renaissanceorientierten Übermenschen-Gedanken eines Friedrich Nietzsche, die an der Eintrittsschwelle unserer heutigen Selbstüberhöhungskultur standen, fänden Angebote wie Apple wohl weitaus weniger Humus für den Erfolg.

Mit Blick auf das universale System, das Apple aufgebaut hat, ist allerdings die Gefahr einer drohenden Markenerosion erkennbar, ein Phänomen, das ich bereits im Kapitel der Entwicklungsgeschichte der Marke im Kontext von Manufakturen und Gilden beschrieben hatte: More for less. Die Preisführerschaftsstrategien anderer Anbieter, die Apple in den verschiedenen Geschäftsfeldern mit me too Produkten angreifen, machen es dem Unternehmen nicht nur zunehmend schwerer, sie weisen der Marke zugleich einen Platz der unattraktiven Hochpreisigkeit zu – Apple Produkte gelten als teuer. Das sind sie nicht, bedenkt man den enormen Entwicklungsaufwand, den das Unternehmen seit Jahren betreibt, und den sich die vielen Kopisten in gewisser Hinsicht eben sparen können. Der Markt aber ist gnadenlos, wie wir wissen – einmal von Apple entwickelt, werden sowohl die neue Technik als auch das komplette ästhetische Produktdesign der Geräte, sowie wie schließlich ganze Marktplatzkonstruktionen (wie iTunes) kopiert und zu einem weitaus günstigeren Preis angeboten.

Zumal die Wettbewerber Apples einstige Stärke in seine Schwäche umzuwandeln wissen. Das Unternehmen hatte sein Eco-System derart „universal wasserdicht" konzipiert, dass die Erkenntnis über die Notwendigkeit zur Systemöffnung und Kooperation in vielen Bereichen möglicherweise zu spät kam. Man weiß es nicht. Jedenfalls aber sind andere Anbieter besser vernetzt, sie kooperieren offener, und sie gestalten ihre technischen Schnittstellen dementsprechend. Das zeigt, dass der Aufbau eines Eco-Systems auf Dauer von einer großen Offenheit, Durchlässigkeit und Flexibilität geprägt sein muss, um mit der Dynamik der dauernden Änderungen und der damit verbundenen Forderung nach Kooperation, Gleichgewicht und negativer Rückkopplung überhaupt mithalten zu können.

Mit Blick auf die prognostizierten Entwicklungen im Rechtsmarkt, insbesondere angesichts der Alternative Business Structures, zeigen sich hier die Gebote deutlich, will man aus der Geschichte lernen: Geschlossene Kanzleisysteme, die sich ausschließlich auf die Dienstleistung der Rechtsberatung konzentrieren (und darauf warten, dass diese angefragt wird), Kanzleien also, die sich nicht als mitverantwortlicher, offener und kooperativer Mitspieler der Märkte verstehen, werden es in naher Zukunft deutlich schwerer haben. Ich prognostiziere, dass all die Kanzleien, die Wettbewerb als Konkurrenz auffassen, und sich ausschließlich auf die Sicherung und den Ausbau ihrer eigenen Marktanteile konzentrieren, bald von offenen und flexibel auf Kooperation angelegten Eco Systemen von ihren Plätzen gedrängt werden.

Wie hoch der Stellenwert psychologischer wie ideeller (bisweilen sogar spiritueller) Aspekte in einer Eco System Marke ist, wird am Beispiel von Apple besonders deutlich. Die Apple Philosophie gleicht förmlich einem neohumanistischen Evangelium, die Abnehmer treten als seine Jünger auf, und sie stehen in ergebenen Schlangen, sobald es neues Technikmanna aus dem Apple Himmel regnet.

Nun mag man denken, dass derlei Umstände mit den Realitäten eines Rechtsmarkts wenig bis gar nichts zu tun haben. Betrachtet man aber die gesellschaftliche, politische und ökonomische Relevanz der Jurisdiktion, wird schnell deutlich, wie eng und eben auch untrennbar sie mit der jeweiligen Kultur, den damit verbundenen Werten, und somit eben auch mit den Gefühlen gegenüber dem, was ist, verbunden ist.

5.2   Der Eco Brand Google

Die Marke Google ist ein globales System der erfolgreichen Suche in einem Welt-Dschungel an Informationen. Was erst 1998 (!) als innovative und interaktive Suchmaschine startete, ist heute, nur 17 Jahre später, ein Weltkonzern, der rund um das Thema „Finden" derart viele Geschäftsbereiche gruppiert hat, dass einem schwindlig werden kann – von Google Maps über Google Earth, Google Kalender, Google Blogs bis hin zu Google Energy gibt es beinahe kaum einen Bereich, der nicht mithilfe von Google gefunden oder gesteuert werden kann. Im August 2011 kaufte Google den Mobilphone-Hersteller Motorola – ein strategisch geschickter Schachzug im Zukunftsmarkt Mobile Web und zugleich die Öffnung des Eco-Systems, das bis dahin seine markierten Grenzen als dienstleistender Gatekeeper des Internets gesteckt hatte.

Google stattete die Handys mit dem konzerneigenen Betriebssystem Android aus und rückte mit den mobilen Geräten ein ganzes Stück näher zu den Verbrauchern, die nun von überall auf die Dienste des Unternehmens zugreifen können. Außerdem verfügte Google mit dem Kauf auf einen Schlag über die meisten Patente im Handy- und Smartphone-Markt. Zweieinhalb Jahre später, im Januar 2014, meldet Google wiederum den Verkauf von Motorola an das chinesische Unternehmen Lenovo – ein erneuter Schachzug, den sich das Unternehmen beinahe 10 Mrd. $ kosten lässt, um die Wettbewerberverhältnisse im Markt neu zu ordnen. Lenovo wird so zum großen Herausforderer der beiden stärksten Wettbewerber von Google: Samsung und Apple. Und damit Google vom Verkauf an den starken Anbieter über den Verkaufspreis hinaus profitiert, hat sich das Unternehmen Anteile an Lenovo für 750 Mio. US $ gesichert. Darüber hinaus bleiben Googles Anstrengungen im Bereich der „wearables" (mobile elektronische Geräte) weiter bestehen: In 2014 ist die Datenbrille Google Glass für die breite Masse auf den Markt gekommen. Darüber hinaus darf mit den Übernahmen von Nest Labs (intelligente Produkte für den Haushalt) und Deep Mind (Spezialisten für künstliche Intelligenz) erwartet werden, dass Google sein Markenimperium immer weiter ausbaut.

Mit der Vision im Markenkern „*Full Value of Managing Data*" und den Kernwerten *schnell, innovativ und interaktiv* hat Google seine Geschäftstätigkeiten von Anbeginn an aus dem eigenen Potenzial entwickelt. Dieses Potenzial kann verstanden werden als: „*Wir können Hilfsmittel für den erfolgreichen Umgang mit Daten erfinden und entwickeln*", und die Identität des Unternehmens ist so sukzessive von der eines Dienstleisters zu der eines ganzheitlichen Anbieters gewachsen.

Mit Blick auf das Serviceportfolio von Google gibt es heute kaum noch einen Such- oder Steuerungsbereich, in dem die Marke nicht auftaucht. Die Suchtechnik wird inzwischen an Internetportale lizenziert, die dadurch eine Websuche anbieten können, ohne dass die User die jeweilige Plattform verlassen müssen. Mit Google Appliance bietet Google seine patentierte Suchtechnologie für Unternehmen und deren Intranet-Einsatz. Wettervorhersagen, Stadtpläne und Weltkarten wie -ansichten, Spielpläne, Kochrezepte, Personen – es gibt nichts, was sich nicht direkt bei oder indirekt über Google finden und inzwischen auch individuell organisieren und steuern lässt. Google ist der einzig wirkliche Gatekeeper der Big Data Welt des Internets und weiß diese Monopolstellung auf der Basis der daraus gewonnenen Personendaten zu Gold zu machen.

Bei all den schwindelerregenden Megadeals bleibt das Antlitz der Marke immer menschlich, immer fröhlich und immer fühlbar. Der entsprechende Umgang mit dem eigenen Erscheinungsbild zeigt sich besonders beim Logo. Das so genannte „Doodle" (englisch, *to doodle*=kritzeln, das Gekritzel) wandelt sich ständig und wird so Hinweisgeber für besondere Anlässe oder ist wahlweise auch Informationsquelle für neue Angebote von Google. „*Interaktivität passioniert visualisieren*" heißt die Ausrichtung des Erscheinungsbilds bei Google, und keinem Unternehmen zuvor ist es jemals in solcher Deutlichkeit gelungen, den Spaß an der eigenen Beweglichkeit, das andauernde „*mind the change management*", in Bildsprache umzusetzen.

Der Eco Brand Google bietet in jeder Hinsicht Mehrwert für die Nutzer – derart, dass das Unternehmen zu einem riesigen Monopolisten mit einem Rhizom ähnlichen Gebilde zu wuchern droht. Der Konzern hat seine Geschäftsbereiche so intelligent aufgebaut und komponiert, dass es kaum Sinn macht und auch nicht so einfach ist, die Google Welt wieder zu verlassen – so man sich erst einmal auf die eingelassen hat.

Auch hier zeichnet sich deutlich die psychologische Kraft und zugleich Macht des Eco Brands ab: Er bedient die Sehnsucht nach einer Rundumversorgung „at it's best" und enthält sich dabei wohlbedacht – ganz anders als Apple – jeder ideellen oder gar spirituellen Bestimmbarkeit. Auch das ein Aspekt, der nicht unmaßgeblich zum Erfolg beigetragen hat. Hier geht es nicht um ein sich Überheben, es geht auch nicht um Kreativität, Revolution oder ähnliches, es geht schlichtweg um Bequemlichkeit und das Bedienen einer Lebenseinstellung, die nach den einfachsten, schmerzlosesten und schnellsten Möglichkeiten zur Bewältigung sucht. Dass dafür der Preis der totalen Durchleuchtung als Datenlieferant für die gefräßige Big Data Maschinerie zu bezahlen ist, stört bisher offensichtlich nur die Minderheit. Die Annehmlichkeiten scheinen um ein Vielfaches höher zu sein als der Wunsch nach Intimität und Privatsphäre.

5.3   Eco Brand –Transfer in den Rechtsmarkt

Wie aber gelingt der Transfer solcher Eco Brand Strategien in den Rechtsmarkt und in die Kanzleipraxis angesichts dieser beinahe monströsen Unternehmensentwicklungen, die in ganz anderen Bereichen stattgefunden haben? Dr. Thorsten Breden, Geschäftsführer der Radius1 Strategieberatung, referierte 2013 auf einer Kanzleimanagement-Tagung über die Kanzlei der Zukunft als integrierter Lösungsanbieter und betonte die Erkenntnis: *„Ihre Mandanten haben keine Rechtsprobleme. Sie stehen vor unternehmerischen Herausforderungen, die auch rechtliche Aspekte einschließen"*. Für Anwälte mag dies lediglich als Provokation daherkommen. Aus Sicht der Unternehmen ist es eine Selbstverständlichkeit und gibt erste Hinweise darauf, in welche Richtung heute Kanzleimarkenführung gehen kann, ja beinahe muss.

Denkt man diesen Ansatz nämlich konsequent zu Ende, bedeutet das erstens, dass die Positionierung von Kanzleien als Rechtsexperten keine wirklich viel versprechende Option für die Zukunft mehr sein wird – sie würden sich dadurch selber zu ausschließlich nachgeordneten Dienstleistern auf Abruf degradieren. Die Positionierung muss viel mehr die eines Unternehmens als proaktiver Gestalter sein, und hier kommt man der Idee einer modernen Kanzleimarke als Eco Brand bereits sehr nah, wenn man von einer führenden Rolle bei der kooperativen Gestaltung ausgeht.

Man würde die alleinstellende Positionierung im Reigen der Rechtsberatungsanbieter (*„full service"*, *„Rechtsexpertise auf höchsten Niveau"*...) verlassen und eine kanzleispezifische Identifikation von Gestaltungsfeldern vornehmen, in denen die Kanzlei dann mit ihrem spezifischen Know-how in einem Verbund von Mitgestaltern unter einem Markendach einen wertvollen Beitrag für Entwicklungen, Märkte und Unternehme bzw. Organisationen anbietet. Genau hierfür spielt schon jetzt der Wert der Kanzleimarke eine besondere Bedeutung. Denn in der Zukunft werden die von Stephen Elop prognostizierten Eco Systeme die neue Form der Unternehmung sein: Legal Megabrands, unter deren Dach sich eine Vielzahl verschiedener Leistungsbereiche zu einem das Umfeld gestaltenden Ganzen formieren oder eben Eco Systeme, die als Dachmarke eines Verbunds selbstständiger Anbieter unter der Führung von Rechtsexperten auftreten.

Insbesondere deshalb stellt sich die Frage nach der Vision: *Welche Welt will mitgestaltet werden, um welche Märkte handelt es sich insofern, und wer sind darin die wichtigen Marktteilnehmer? Was sind die Trends und Herausforderungen und welche Kompetenz-Systeme müssen aufgebaut werden, um die zukunftsorientierte Gestaltung möglich zu machen?* All diese Aspekte sind die ersten zu beantwortenden Fragen beim praktischen Aufbau einer Kanzleimarke, der sich das folgende Kapitel abschließend widmet.

Markenaufbau in der Praxis 6

Die bisherigen Darlegungen über das rationale und das emotionale Miteinander von Menschen, Märkten und Marken, sowie über die Grundfunktionen und grundlegenden Strukturgesetze, verdeutlichen, dass die Kanzleimarke eine komplexe Gestalt mit grundlegenden systemischen Spielregeln ist. Ihre Komplexität zeichnet sich dadurch aus, dass alles gleichzeitig und interdependent geschieht und die Marke außerdem auf eine Austauschbeziehung mit dem Umfeld angewiesen ist, das seinerseits komplex ist und interdependente Strukturen aufweist.

Mehrdimensionale Komplexität ist zwar in gewisser Hinsicht nicht auf dem (zweidimensionalen) Papier darstellbar. Komplexität aber kann durch Reduktion, mithin durch Musterbildung, nicht nur besser gemanagt werden – sie wird durch die Reduktion auch darstellbar. So gesehen hilft für die Führung einer komplexen Markengestalt ein musterhaftes Modell zur Orientierung beim Verständnis darüber, welche Bereiche in einer Marke welche Funktion haben, und wie sie einander zugeordnet werden müssen.

Die von mir entwickelte Kanzleimarkengrafik (Abb. 6.1) bildet ein solches Muster – sie zeigt die wesentlichen Kanzleibereiche in ihrer Zuordnung zueinander und dient als Orientierung auf dem Weg zur erfolgreichen Marke in der Praxis. Wenn auch alles gleichzeitig und interdependent zu verstehen ist, so kann die Grafik als Grundlage für eine „von innen nach außen" zu entwickelnde Marke gelesen werden, bei der zuerst die Vision und die Mission festgelegt werden – und zwar derart übergeordnet, dass sie langfristig Bestand haben können – während die Marke als ein offenes System in ständiger Bewegung zugunsten des Selbsterhalts und der Weiterentwicklung verstanden werden muss.

Natürlich werden die einzelnen Bereiche individuell auszugestalten und zu führen sein – jede Marke ist einzigartig, und insofern dient der Praxisteil der Darlegung einer grundlegenden Struktur für die individuelle Identifikation der jeweiligen Kanzleiinhalte und Entscheidungen. Abbildung 6.1 zeigt – von innen nach außen gelesen – Schritt für Schritt

© Springer Fachmedien Wiesbaden 2015
S. Hartung, *Die Kanzlei als erfolgreiche Marke*, DOI 10.1007/978-3-658-09801-8_6

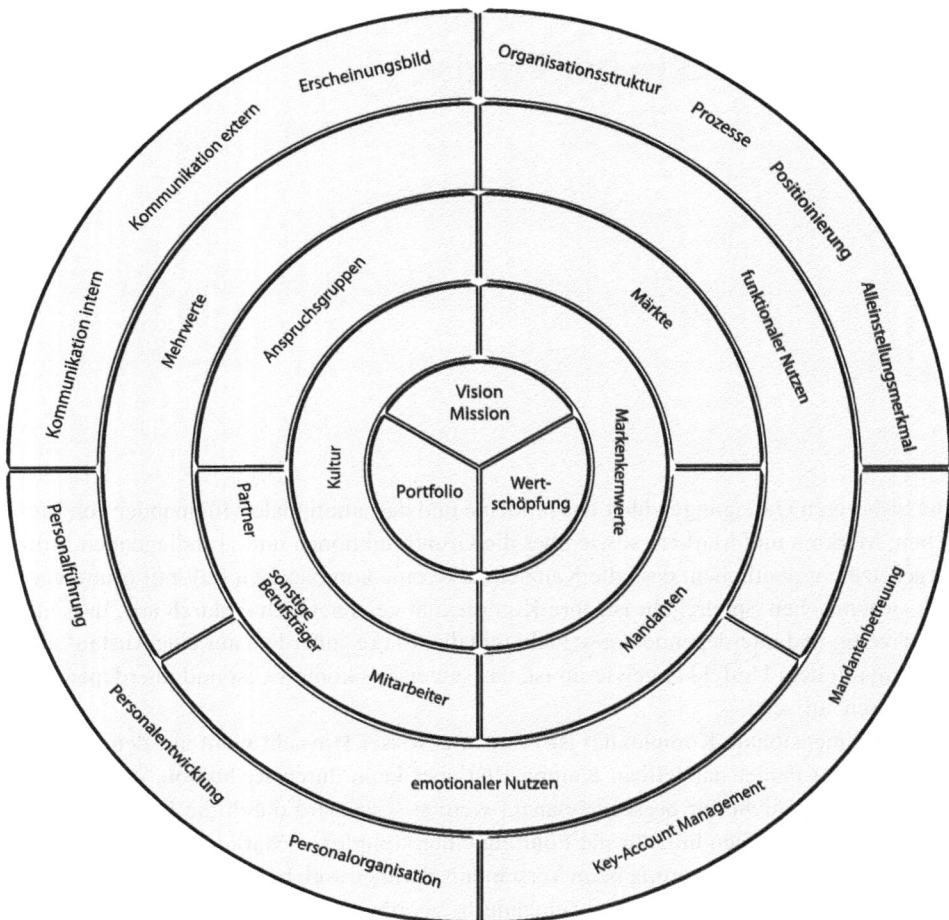

Abb. 6.1 Der Aufbau der Kanzleimarke

die hierfür entscheidenden Aspekte, die in Summe für eine erfolgreiche Markenentwicklung und -führung zu berücksichtigen sind.

6.1 Vision und Mission (Abb. 6.2)

Der von Helmut Schmidt bekannte Satz *„Wer Visionen hat, soll zum Arzt gehen"* wäre als Leitbild im Bemühen um einen erfolgreichen Markenaufbau fatal: Ohne Vision fehlt der Marke das Wesentliche in ihrem Kern. Ohne Vision hätte die Marke keinen Sinngehalt und stünde deshalb ohne ihr zentrales Steuerungselement da. Diese Grunderkenntnis kann man wahrscheinlich nicht oft genug wiederholen, zumal die Bedeutung der Vision die zentralste und wichtigste für jede Marke ist. Gleich aber dem verdienten Sozialdemokra-

Abb. 6.2 Vision und Mission
im Markenkern

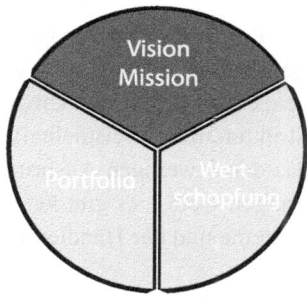

ten, der für seine weniger visionäre als vielmehr pragmatische Art des Regierens bekannt
wurde, versuchen nicht wenige Unternehmen, den eigenen Erfolg pragmatisch – oder pro-
vokativer formuliert: „im operativen Sumpf" – irgendwie hinzukriegen. Das gleicht ein
wenig der Kunst des Segelns ohne Ziel – bei aller Fähigkeit und Fertigkeit, die Segel in
den Antrieb des Windes zu setzen, bleibt jedes Tun ohne Ziel, ein „l'art pour l'art", ein
Handeln ohne ökonomischen wie psychologischen Sinn – und deshalb ohne zielgerichte-
ten Zweck.

Wie machtvoll und wegbereitend Vision und Mission für die Gestaltung eines Systems
sein können, das belegen die aus der Markenperspektive beschriebenen Systeme des Römischen Reichs und der römisch-katholischen Kirche auf eine eindrucksvolle Art. Nun hat
man es hier mit Weltreichen und spirituell getriebenen Organisationen zu tun und nicht
mit Wirtschafts- oder Rechtsmärkten. Man könnte deshalb versucht sein, das strategische
Vorgehen zur Markenbildung und -führung von Rom und Kirche nicht als hilfreiches Modell für die Entwicklung einer Kanzleimarke zu halten. Man könnte sogar – auf den ersten
Blick durchaus berechtigt – fragen, was die expansiven Welteroberungsaktivitäten eines
antiken Staatsvolkes oder der mehr als erfolgreiche Aufbau der römisch-katholischen Kirche mit Marke zu tun haben?

Sie haben nicht nur etwas mit Marke zu tun, sie können vielmehr als Grundmodelle
für moderne Markenführung verstanden werden. Was die beiden Genannten mit erfolgreichen Corporate Brands und vor allem auch Eco Brands teilen, ist eine beinahe un-
erschütterliche Vision vom Zustand einer vieles bzw. alles umfassenden Welt, die von
starken Werthaltungen gekennzeichnet ist. Die Vision hatte in beiden Fällen einen eindeutig monopolistischen Anspruch – die zugrunde liegende Idee war, dass die ganze Welt von
einem bestimmten Wertgefüge und einer bestimmten Kultur, ja einem einzigen Glauben
durchwirkt sein müsse, damit sie einen Sinn für alle Menschen darstellt. Die Stärke dieser
Visionen liegt hier insbesondere in deren Ausschließlichkeitsanspruch, der gleich einem
Leuchtturm für sich steht – jenseits jeder Bewertung darüber, ob man überhaupt auf ein
spirituelles, ein kulturelles oder gar ein nationalistisches Monopol einen Anspruch hat.

Was die beiden Megasysteme jedem Corporate oder Eco Brand als ein auf Ökono-
mie ausgerichtetes systemisches Konstrukt bieten, ist so gesehen eine Anleitung für deren
Aufbau – ähnlich wie es auch die Dachmarke der Hanse für den Aufbau eines Dienstleisterverbunds sein kann. Von der Vision und Mission, über die dezidierte Ausarbeitung

des Portfolios und der beabsichtigten Wertschöpfung für alle, die mit ihren Marken in Verbindung getreten sind, weiter zu Kernwerten und ausgearbeiteten kulturellen Setzungen, einem definierten Umgang mit sämtlichen Anspruchsgruppen, einem ausgeklügeltem Strukturaufbau, beispielhafter Kommunikation und nicht zuletzt einem Erscheinungsbild, das den jeweiligen Anspruch selbstähnlich und deshalb überzeugend auf den Punkt zu bringen weiß – es gibt keinen Aspekt einer erfolgreichen Marke, den die beiden großen Systeme und der Händlerbund der Hanse bei ihrer Markierung unberücksichtigt gelassen hätten.

Ausgehend von der Darlegung von Komplexität und der damit verbundenen Erkenntnis, dass jede Kanzlei ein markiertes System, und also immer eine Marke ist, und im Interesse des Erfolgs deshalb wohlweislich den vorgegebenen Regeln einer strategischen Markenführung folgen sollte, kann sich hier deshalb lediglich die Frage nach der erfolgsorientierten Gestaltung der Kanzleimarke stellen, die sich immer und ausschließlich am Markenkern zu orientieren hat, in dem die Vision der Anlass und Ausgangspunkt für die grundlegende Ausrichtung der ihr folgenden Mission sein muss.

Visionen und Missionen sind immer zutiefst persönlich, eine subjektive und ureigene, komplexitätsreduzierende Vorstellung von Welt oder eines Ausschnittes von Welt, die nicht in Frage gestellt werden kann (darf), weil sie eben subjektiv – oder wie in Organisationen intersubjektiv – zu verstehen ist. Das Subjektive bedeutet auch: Alles ist möglich, solange es für alle Beteiligten sinnvoll erscheint und so konsequent wie konsistent umgesetzt wird. Begrenzungen bestehen lediglich in der jeweiligen Kapazität des Denkbaren, gekennzeichnet durch eine Skyline aus Glaubenssätzen, individuellen Erfahrungen und Wertvorstellungen. Deshalb gibt es auch aus betriebswirtschaftlicher Perspektive keinen „falschen" Markenkern – das Falsche, bzw. das Richtige, bezieht sich ausschließlich auf die Sinnhaftigkeit mit Blick auf eine herrschende Kultur und die damit verbundenen Wertstellungen. Am Beispiel der exemplarischen Betrachtung der Vision von Apple in diesem Kapitel wird der wichtige Aspekt des Eingebundenseins in herrschende Geistes- und Werthaltungen noch einmal besonders deutlich.

Bleiben wir aber noch einen Moment beim subjektiven Charakter einer jeden Vision. Keine Vision lässt sich „*aus dem Nichts*" entwickeln – Subjekte sind schließlich nicht Nichts. Unabhängig vom Grad der Bewusstheit unterliegt jedes Tun – und damit eben auch jedes unternehmerische Wirken – einer subjektiven Vorstellung von der Welt, die bestimmten Glaubenssätzen sowie impliziten wie expliziten Regeln und Grundsätzen folgt. Und genau diese gilt es auch für Kanzleien zu erforschen, wenn sie sich der Vision in ihrem Markenkern zuwenden möchten.

„*We shall not cease from exploration/And the end of all our exploring/Will be to arrive where we started/And know the place for the first time*", lauten die Zeilen des Gedichts „*Little Gidding*" von T. S. Eliot aus seinen „*Four Quartets*", die in den 1940er Jahren erstmals veröffentlicht wurden. Was Eliot hier beschreibt, entspricht dem Prozess der Bewusstwerdung über die eigene Vision, die sich im Wesenskern eines jeden Systems, jedes Unternehmens und eben jeder Kanzlei verbirgt und somit lediglich (wieder-)entdeckt werden kann – und entdeckt werden muss, denn nur die Vision kann die wirklichen Kräfte, die es für eine erfolgreiche Markenführung braucht, freisetzen. Eliot ließe sich auch so wiedergeben: Wer sucht, wird sich finden. Diese beinahe formelhafte Verkürzung gilt als Richtschnur für das Herausschälen der eigenen Vision, die das Wesen der eigenen Organisation bestimmt.

Es ist gemeinhin bekannt, wie blind jeder auf dem eigenen Auge ist, und es ist deshalb auch bekannt, dass unternehmerische Selbst-Bewusstwerdungsprozesse am besten mit einem externen Begleiter gelingen, welcher der Organisation – und hier der Kanzlei – spiegeln kann, was nach innen und außen gesendet und vom Innen und Außen erkannt wird. Die Entdeckung der eigenen Vision ist ein Prozess, in dem die Identifizierung von Gedanken und Ideen, Wertvorstellungen und Glaubenssätzen Schritt für Schritt die Annäherung an die eigene Vision ermöglichen.

Dass sich dieser Weg lohnt, ja sogar wichtig für den nachhaltigen Kanzleierfolg sein wird, schrieben unter anderem in einem Beitrag für Harvard Business Review der Managementberater James C. Collins und der Professor für Organizational Behaviour and Change an der Stanford University in Kalifornien, Jerry I. Porras, in den späten 1990er Jahren. Ihr Beitrag wird mit einer beinahe lapidaren wie nachgerade provokativen Feststellung eingeleitet:

> Companies that enjoy enduring success have core values and a core purpose that remain fixed while their business strategies and practices endlessly adapt to a changing world. The dynamic of preserving the core while stimulating progress is the reason that companies such as Hewlett-Packard, 3M, Johnson&Johnson, Procter&Gamble, Merck, Sony, Motorola, and Nordstrom became elite institutions able to renew themselves and achieve superior long-term performance. (Company's Vision 1996)

Die Worte bringen das Verhältnis von Vision, Mission und Handlung auf den Punkt: So sehr der Charakter eines Systems im Verlauf seines Entstehens durch seine Handlungen geformt wird, so sehr orientieren sich eben diese Handlungen an der dem System innewohnenden Vision und der daraus abgeleiteten übergeordneten Mission. Man soll also das Verhältnis von Identität und Handlung nicht falsch verstehen: Die Handlungen – vulgo: die strategischen Unternehmensentscheidungen und zu ergreifenden Maßnahmen – folgen der Identität und deren Vision im Kern, nicht umgekehrt.

Ein *„Das haben wir hier immer so gemacht"* ist keine Aussage darüber, wer mit *„wir"* gemeint ist, es gleicht vielmehr dem Eingeständnis eines gewissen Wiederholungszwangs, der einem Unternehmen angesichts des geforderten andauernden Change Managements in immer dynamischeren Umfeldern mehr als schlecht zu Gesicht steht und wohl auch bekommen wird. Und deshalb noch einmal Collins und Porras:

> Truly great companies understand the difference between what should never change and what should be open for change, between what is genuinely sacred and what is not. This rare ability to manage continuity and change – requiring a consciously practiced discipline – is closely linked to the ability to develop a vision. (Company's Vision 1996)

Die beiden Autoren führen im Weiteren aus, dass eine gute Vision im Wesentlichen aus zwei Grundelementen besteht: Erstens aus dem, was ein Unternehmen substanziell ausmacht – aus dem Wesenskern – der durch grundlegende Überzeugungen und Werte sowie durch den eigentlichen Zweck eines Unternehmens gekennzeichnet ist. Und zweitens aus einer klaren Vorstellung, einem Bild von der Zukunft mit einem großen, kühnen und anspruchsvollen Ziel, das erreicht und deshalb konsequent verfolgt werden will.

Es gibt diverse Beispiele für bekannte wie mächtige Visionen. Zu ihnen gehört – neben den bereits Erwähnten des römischen Reichs und der römisch katholischen Kirche – unter anderem z. B. die Vision von Wikipedia: *„Imagine a world in which every single person is given free access to the sum of all human knowledge"*. Die in die eigene Vision eingefügte Aufforderung, sich der Vorstellung zu öffnen, und diese gegebenenfalls zu teilen, kam wohl genau zur richtigen Zeit. Wird Wikipedia auch von vielen immer wieder mit Hinweisen auf die fehlende wissenschaftliche Qualität diskreditiert, so wurde das Unternehmen in kürzester Zeit zum größten lebendigen Lexikon der Welt.

Auch das amerikanische Unternehmen Walmart hat eine Vision veröffentlicht, die frei übersetzt *„Alle Menschen sind gleich"* lautet, und seine Mission daraus abgeleitet: *„To give ordinary people the opportunity to buy the same things as rich people"*. Welchen inzwischen weltweiten Erfolg Walmart mit entsprechenden Maßnahmen hatte, ist bekannt. Alle Handlungen des Unternehmens richten sich auf die Umsetzung der Mission, befeuert von der zugrunde liegenden, durch und durch humanistischen Vision, die gezielt das menschliche Grundbedürfnis nach gleichwertiger Gerechtigkeit aufgreift, und hierfür mit seiner Mission erste Hinweise auf Lösungen anbietet.

Vision und Mission sind also auf das Engste miteinander verknüpft. Wendet man sich von der Vision der Mission zu, stellt sich in erster Linie die grundlegende Frage nach dem übergeordneten Unternehmenszweck. Neudeutsch *„Mission statement"* heißt das im Rechtsmarkt und hier wird die Mission nicht selten mit der Vision verwechselt. Ohne Vision aber keine Mission. Walt Disney zum Beispiel hatte ein ganz einfache Mission formuliert: Er wollte Menschen unterhalten und glücklich machen. Hinter seiner Mission könnte sich zum Beispiel die Vision einer phantasievollen und glücklichen Welt zeigen – das aber wissen wir nicht, weil Disney über seine Mission, nicht aber über seine Vision gesprochen hat. Eine solche Mission, wie sie Disney formuliert hat, gibt einerseits eine klare Orientierung für das Handeln, sie ist andererseits derart flexibel ausgerichtet, dass sich die Geschäftsbereiche bei weitem nicht ausschließlich auf das Produzieren von Filmen, das Herstellen von Spielzeug oder das Betreiben von Vergnügungspark beschränken müssen. Der Unternehmenszweck von Disney – seine Mission – wurde so übergeordnet gültig formuliert, dass er jede unternehmerische Flexibilität erlaubt.

Wird der Unternehmenszweck, wird also die Mission zu eng gefasst, dann kann es passieren, dass sie auf der Ebene der daraus abgeleiteten Ziele und Handlungsoptionen zu wenig unternehmerischen Spielraum lässt. Konkret bedeutet das, dass eine Mission der Marktführerschaft, ein Unternehmenszweck des Geldverdienens oder auch einer Qualitätsführerschaft innerhalb des Wettbewerbs den Anforderungen an eine Mission nicht genügen können. Hierbei handelt es sich eher um untergeordnete Ziele, die zwar wichtig und nicht zuletzt auch existenziell sind (Sie erinnern sich: *the business of business is business*).

Zugleich aber fehlt ihnen die psychologische Dimension der übergeordneten Sinngebundenheit, ohne die es keine Entscheidung für ein Dafür oder ein Dagegen geben wird, wie ich eingangs ausgeführt habe.

Angesichts dessen kann man verstehen, warum zu eng gefasste Missionen scheitern können – sie werden schnell von der Dynamik der Märkte überholt. So wie das Unternehmen Ford einst die anfänglich erfolgreiche Mission verfolgt hatte, das Automobil mit dem Modell T – der Tin Lizzie, von der Ford sagte, dass das Auto in jeder Farbe erhältlich sei, solange diese schwarz sei – zum Massenprodukt für Jedermann zu machen, so vergleichsweise schnell wurde das Unternehmen von Wettbewerbern mit derselben Mission (General Motors) überholt, deren Mission ebenfalls darauf abzielte, den Markt mit den eigenen Autos zu sättigen. Ford entwickelte daraufhin „am grünen Tisch" neue Visionen und im Zeitverlauf dann auch diverse Missionen, die – zumindest im europäischen Raum – mehr und mehr zu einer Verwässerung der Marke führten. Möglicherweise hätte sich das Unternehmen viel mehr auf seinen Markenkern konzentrieren und sich fragen sollen, welches Potenzial in dieser für andere so offensichtlichen „Volkswagen"-Vision steckte. Das aber hat Ford nicht getan und trotz der beachtlichen technologischen Entwicklungen des Automobilkonzerns können dessen Aufwendungen für ständig wechselnde Marketingstrategien und Werbeaussagen die Lücke ganz offensichtlich nicht schließen – hier geschieht genau das, was wir eingangs mit *„Markenführung im operativen Sumpf"* bezeichnet hatten. Dem Unternehmen fehlt die Orientierung an sich selbst und die unsicheren Erfolgsschwankungen scheinen dies zu bestätigen.

Auch die einstmals so erfolgreiche Mission von Thyssen Krupp scheint erst langsam wieder zu ihrem Erfolgspotenzial aufzublühen – das Unternehmen mit der Vision *„Erfinden heißt Träume formen"* hatte die Mission formuliert *„Wir bewegen Menschen und geben Stabilität"*. Diese Mission aber verstanden sie nach eigenen Aussagen im eng gesteckten Rahmen der Selbstbestimmung eines Stahlriesen mit Fokus auf Stahlproduktion. Das Anschwellen der Rohstoffpreise, Fehlinvestitionen in Überseewerke und einige andere Entwicklungen bewirkten, dass der Übergang vom Stahlproduzenten zum Produkthersteller zunächst gefährdet schien. Anfang 2014 erklärte der Thyssen-Krupp Chef Heinrich Hiesinger beim CAR Symposium der Universität Duisburg-Essen, dass es im Konzern längst nicht nur noch um Stahl gehe – Thyssen-Krupp verstehe sich heute als diversifizierter Industriekonzern mit einer starken F&E Abteilung für hybride Werkstoffe und deren Anwendungsmöglichkeiten. Hier weist die in ihrem Potenzial große Mission wieder Handlungsspielräume, die längere Zeit gar nicht berücksichtigt worden waren.

Nicht zuletzt hatte auch das Unternehmen Apple in seinen Anfängen eine zu eng gefasste Mission formuliert. Das Unternehmen wollte Computer für jedermann bauen, eine Mission, deren Zeit damals irgendwie reif gewesen zu sein schien:

Imagine having your own self-contained knowledge manipulator in a portable package the size and shape of an ordinary notebook. Suppose it had enough power to outrace your senses of sight and hearing, enough capacity to store for later retrieval thousands of page equivalents of reference materials, poems, letters, recipes, records, drawings, animations, musical scores, waveforms, dynamic simulations, and anything else you would like to remember and change. (Kay)

Die Worte stammen von dem amerikanischen Alan Kay, Leiter der Learning Research Group bei Xerox im Palo Alto Research Center, und sie beschreiben trefflich, von welchen Gedanken die Entwicklungspioniere des Personal Computers – und später des Notebooks (wie hier angedeutet) – getrieben waren. Von Kay stammt übrigens auch das berühmt gewordene Zitat: *„The best way to predict the future is to invent it"* – Worte, die zum Inbegriff der Entdeckung einer subjektiv verstandenen Vision wurden, welche die Macht hat, Wirklichkeit erst entstehen zu lassen.

Die Geschichte rund um diese erste, viel zu eng gefasste Apple Mission der flächendeckenden Marktversorgung ist bekannt: Bill Gates hatte mit demselben Firmenzweck – ein PC für alle – weitaus mehr Erfolg, er hatte damals die besseren Strategien zur Umsetzung, und Microsoft übernahm schnell die Führung im Markt. Inzwischen hat sich für beide Unternehmen erwiesen, dass die damaligen Missionen zu eng gefasst und insofern eher als untergeordnete Ziele zu verstehen waren. Wenn jeder mit einem Computer ausgestattet werden soll, dann fokussiert sich das Tun ausschließlich darauf – die Mission gereicht lediglich als zu erreichendes Ziel und bietet keinen langfristigen Spielraum für die Zukunft. Es ist absehbar, wann dieses Ziel erreicht sein wird, und sei das Marktpotenzial noch so groß. Ist die Mission hingegen so weit gefasst, dass sie als zukunftsorientierte Richtschnur für diverse Handlungsoptionen fungieren kann, dann erlaubt sie die Offenheit für größere Flexibilität und gibt – falls benötigt – Raum für die Entwicklung neuer Ziele und Geschäftsfelder.

Das Unternehmen Apple hat das verstanden, und ausgehend von seiner Vision die neue Mission weiter gefasst. Der neue Zweck, die übergeordnete Mission, die keinesfalls neu und am grünen Tisch erfunden werden musste, sondern sich in der Vision als größere Möglichkeit zur Weiterentwicklung verbarg und nicht sofort vom Unternehmen erkannt worden war, wurde zugleich zum Claim des Unternehmens: *Think different*. Um zu verstehen, wie optimal bei Apple Vision und Mission seitdem aufeinander abgestimmt sind, lohnt ein näherer Blick auf die Vision des Unternehmens.

6.1.1 Die Vision von Apple

Hinter der Marken- und Produktstrategie von Apple erkennt man – wiewohl niemals expressis verbis veröffentlicht – eine *„Power to the people"* Vision, eine aus den Quellen der Antike gespeiste und von Humanismus und Renaissance durch und durch gefärbte Vorstellung von der Welt. Die mit dieser Vorstellung verbundenen Forderungen wurden von Immanuel Kant in der Zeit der Aufklärung des 18. Jahrhunderts ein weiteres Mal formuliert und dabei derart konsequent und kopernikanisch gewendet (wie Kant das für seine Philosophie selbst beansprucht hatte), dass sie schließlich der Wegbereiter für die Übermenschenkonstruktionen des Friedrich Nietzsche und ebenfalls der Humus für Konzepte wie den radikalen Konstruktivismus wurden, der postuliert, dass jede Wirklichkeit durch die jeweils menschliche Perspektive erst kreiert, vulgo: radikal konstruiert würde. Das bedeutet in Konsequenz, dass die Vision erst die Wirklichkeit entstehen lässt. Genau hierauf wollte Kay mit seinen Worten über die Erfindung der Zukunft verweisen.

Steve Jobs, der Begründer von Apple, war ein Kind der Flower Power Generation, deren Streben einem von Zwängen und bürgerlichen Tabus befreites Lebens war – durchwirkt von freier Liebe, Drogenkonsum und östlichen Religionen. Hier liegen auch die Wurzeln für Jobs' Vision, die er mit vielen seiner Generation teilte: Es ging um die Überwindung von sozialen und individuellen Grenzen, es ging um Veränderung und die Aufwertung der Community, es ging um die Suche nach dem Wesentlichen und es ging nicht zuletzt auch um radikale Individualität und Selbstentfaltung. All diese Konzepte und Wertvorstellungen waren Grundlage für die Entwicklung des Markenkerns von Apple. Hier offenbart sich die kongeniale Verbindung zu der später entwickelten Mission eines „Think different": Wer alles anders machen und sich in seiner Individualität entfalten möchte, der muss in erster Linie anders denken als bisher, und erst dann kann er anders handeln als die Anderen.

Wie gesagt: Nicht zuletzt der im Logo abgebildete angebissene Apfel weist darauf hin. Zwar wird von Jobs in seiner Biografie eine ganz einfache Geschichte über die Entstehung des Apple Logos erzählt, wie ich bereits im Abschnitt „Eco Brand Apple" beschrieben habe. Von außen betrachtet aber kann man erkennen, dass sich die innewohnende Vision ihren Weg zur Mission mehr oder weniger selbst geebnet hat. Jobs orientierte sich offensichtlich an einem roten Faden bei allem, was er tat, und er hatte immer die „richtige Nase" für den Wind des Erfolgs. Manche nennen das Intuition – und für seine besondere Intuition war Steve Jobs bekannt. Intuition im Wirtschaftskontext bezeichnet nichts anderes als die Fähigkeit, die Komplexität zu reduzieren, Muster zu erkennen oder neue Muster zu bilden, und diese in einer Kombination aus Verstand und Gefühl in unternehmerisches Handeln zu übersetzen.

Das Unternehmen hat wie erwähnt bis heute weder eine ausformulierte Vision noch ein als Mission gekennzeichnetes Bekenntnis veröffentlicht – sieht man einmal vom Claim des „think different" ab, der offensichtlich zur Richtschnur für alle unternehmerischen Handlungen wurde. Für Apple gilt, was für viele erfolgreiche Marken gilt: Lippenbekenntnisse sind weniger wichtig als konsistentes Handeln. Und genau hier wird Apple als Markengestalt bestens verstanden: Alles, was Apple bietet und tut, macht offensichtlich Sinn für die Community, und man kann sagen, dass Apple die Königsklasse der Markenführung beherrscht, die nach dem Prinzip *„esse quam videri"* (mehr sein als scheinen) unter Beweis stellt, was eben deshalb gar nicht erst behauptet werden muss. Das gleicht irgendwie dem pädagogischen Konzept, das besagt, dass es nichts nützt, Kindern zu sagen, wie sie sich verhalten sollen, sie schauen sich sowieso alles ab.

Von Apple erhält man diesbezüglich wenige Behauptungen und erfährt umso mehr unter Beweisstellungen. Das Unternehmen denkt und handelt tatsächlich anders als alle andern. Angesichts der Tatsache aber, dass die Anderen sich in beinahe allen Fällen Apple angeglichen haben, versteht man auch, welche „driving force" die Apple Mission birgt: Immer wieder ist Anderes, ist Neues gefragt. Bis heute ist das immerhin gelungen. Apple hält sich konsequent an das Neuerfinden emotional gestalteter Produkte, Technologien und Services, die dem Menschen helfen, über sich hinauszuwachsen, ebenso wie an die konsequente Vernetzung sämtlicher Produkte und Angebote miteinander.

Die Apple Kunden stehen heute als Inbegriff der Apple Community, die beinahe als Glaubensgemeinschaft bezeichnet werden darf, deren Credo lautet: „*Wir sind anders. Es geht um uns, weil wir besonders sind. Wir wachsen über uns hinaus, und wir können mit unseren Produkten viel erreichen in unserem Leben.*" Steve Jobs hatte und hat mit seinen Vorstellungen offensichtlich den Individualismus verliebten Nerv der Zeit getroffen – oder anders: Er war nachgerade ein Musterkind seiner Zeit und hat bestens verstanden, die Komplexität des Umfelds zu reduzieren und die jeweils herrschenden Ideen und Utopien der Menschen gekonnt in eine beherrschbare Wirklichkeit umzusetzen – mit der Folge, dass die Märkte heute von Apple dauerhafte Revolutionen in Produkt und Dienstleistung erwarten, anders als von Apples Wettbewerbern, die dem Unternehmen Schritt für Schritt mit günstigeren me too Produkten den Markt erfolgreich streitig zu machen suchen. Hier zeigt sich denn auch der immaterielle Wert der Marke mit Blick auf ihr zukünftiges Potenzial, und genau das ist auch der Grund, warum Marken so hoch gehandelt werden: Die Erwartungen treiben den Kurs.

6.1.2   Vision und Mission von Kanzleien

Natürlich wären hier die Visionen von Kanzleien von eigentlichem Interesse. Allerdings hat meine Recherche keinen wirklichen Treffer ergeben. So lautet zum Beispiel die Vision einer Kanzlei aus dem Magic Circle: „*To achieve our vision to be the world's leading global law firm, we need an outstanding leadership team, with partners who lead by example*". Es ist offensichtlich, dass es sich hierbei um ein (quantitatives und qualitatives) Ziel handelt, um das Ziel der Führung im Wettbewerbsmarkt, dem die sinngebende Vision fehlt – die Frage nämlich: *Warum?* wird hierbei keinesfalls sinnvoll beantwortet. Warum will man führend sein, welche Ideen sind damit verbunden, was bedeutet Führung konkret und welchem Zweck soll das dienen?

Führung in einem Wettbewerbermarkt ist zwar ein herausforderndes Ziel, eine Orientierung aber für Mandanten kann dieses nur in den eher selteneren Fällen sein, in denen internationale Konzerne aus Prinzip mit den Marktführern der Rechtsbranche arbeiten möchten (ein Phänomen mit wie gesagt deutlich abnehmender Häufigkeit). Für die Ausgestaltung einer eigenen Marke fehlt einer Kanzlei mit einer solchen Vision hingegen jede Orientierung, was sich im Übrigen nicht selten in einem strategischen Schlingerkurs verdeutlicht.

Eine andere internationale Großkanzlei sagt von sich: „*Die Partner und Mitarbeiter {...} verfolgen ein gemeinsames Ziel: für unsere Mandanten die beste internationale Kanzlei zu sein – in der Qualität der Beratung, in Leistungsbereitschaft und Service. Jeden Tag aufs Neue.*" Die Kanzlei hat also selber erkannt, dass es sich hierbei um ein Ziel handelt und nicht um eine Vision. Interessanterweise findet sich dieses Ziel zitatgleich bei einer zwar deutlich kleineren, wiewohl auch überörtlich agierenden Sozietät, und auch zahlreiche andere Kanzleien sprechen in ihren Selbstdarstellungen ausschließlich von Beratungs- und Servicequalität auf hohem Niveau. In Summe klingen all diese Formulierungen, egal ob sie „Mission Statement", Philosophie, Ziel, Schwerpunkt oder Kultur genannt werden, wie die Texte der Anonymous Law Firm:

> Great client service requires keen insight, instant response, and the utmost integrity. Good client service requires only some of those elements, and it's good client service that we almost always strive to achieve. A lot of firms spend their energy trying to understand each client's business and figure out how to help them reach their goals. We don't waste time on those sorts of unnecessary frills. We simply come in, do a job, and leave before you even realize the size and scope of our impact. That's how we operate, and that's what our clients come to expect. Whether it's structuring a deal, winning a trial, or merely spending time spinning our wheels, you can trust that we have our best interests in mind, and will act accordingly. That's not merely a promise. It's a guarantee. (Anonymous law firm)

6.2   Das Portfolio (Abb. 6.3)

So sehr darauf zu achten ist, dass sowohl die Vision als auch die Mission als Kernelemente des Markenkerns zu Grundpfeilern der unternehmerischen Ausrichtung werden, so sind die beiden anderen Kernelemente Portfolio und Wertschöpfung gleichermaßen als Konstanten wie als Variablen zu verstehen. Ohne die immer wieder zu aktualisierende, präzise Klärung dieser beiden Aspekte gelingt es Kanzleien nicht, aus ihrer Mitte heraus die Marke selbstähnlich zu gestalten.

Das Portfolio beschreibt im Wesentlichen die bewusst gestaltete Zusammenstellung des Angebots. Dabei können Leistungen direkt oder indirekt zu Umsatz führen. Darüber hinaus aber verbirgt sich im Portfolio das Potenzial, das nicht mit der Fähigkeit zur Rechtsberatung oder mit einer besonderen Beratungsqualität verwechselt werden soll. Das Potenzial ist die Quelle für die Zusammenstellung der Leistungen. Wie genau ist nun das Verhältnis von konstantem Potenzial und variabler Leistung zu verstehen?

In der Wirtschaft zeigt sich am Beispiel von Google das Zusammenspiel von Potenzial und Portfolio besonders deutlich: Das Google-Portfolio gruppiert sich mit Dienstleistungen und Produkten rund um dessen Potenzial: *Google ist in der Lage, Methoden und*

Abb. 6.3 Das Portfolio im Markenkern

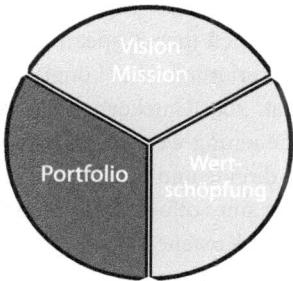

Angebote entwickeln, die das Management von Daten erfolgreich machen. Das zentrale Portfolioelement, die Google Suchmaschine, ist für die Nutzer kostenfrei und bietet dem Unternehmen dadurch beste Voraussetzungen zur Umsatzgenerierung mit dem Verkauf von Werbefläche (Google Ads). Die so für Suchende und Anbieter gleichermaßen gewinnbringende Konstruktion führte zu einer weitergehenden Portfolioausdehnung, wie z. B. das Angebot von Cloud-Diensten, Betriebssystemen für mobile Geräte etc. Ausgehend vom Potenzial konnte so ein aufeinander abgestimmtes Portfolio Schritt für Schritt entwickelt werden, aus dem sich fortlaufend neue Geschäfts- und Wertschöpfungsbereiche ergeben, die alle auf die individualisierte Vernetzung von Suchendem und Anbieter zielen. So wurde aus Potenzial und Portfolio dann die strategische Positionierung von Google: Gatekeeper der Big Data. An diesem Unternehmen kommt (beinahe) niemand mehr vorbei.

Das Potenzial eines Kanzleiportfolios kann so gesehen schlechterdings die Rechtsexpertise sein – sie ist vielmehr eine mehr als selbstverständliche Voraussetzung, man sollte schon davon ausgehen können, dass die Anbieter Experten für ihr Angebot sind. Für Kanzleien ist deshalb die Klärung der elementaren Frage angeraten: *Was genau ist unser Potenzial – aus welcher grundlegenden Fähigkeit sind wir in der Lage, unsere Leistungen in einem bestimmten Umfeld und auf eine bestimmte Art zu erbringen?* Und mit Blick auf die Frage nach primären und sekundären Umsatztreibern müssen sich Kanzleien dann fragen, ob das Portfolio so gestaltet ist, dass es den Mandanten über die eigentliche, primäre Rechtsberatung hinaus Leistungen anbietet, die zwar nicht direkt vergütet werden müssen, direkt aber zur Wertschöpfung für die eigene Organisation, für die Mandanten und für die Märkte beitragen und dadurch ein indirektes, bzw. sekundäres Umsatzpotenzial bergen.

Ein einfaches Beispiel hierfür ist die Vermittlung von juristischem Know-how über Newsletter, Vorträge oder Seminare. Das Angebot der kostenfreien Informationsvermittlung kann den Unternehmen einen Mehrwert an Wissen und den Kanzleien Möglichkeiten zur indirekten Umsatzgenerierung bieten. Grundlegend sind solche unentgeltlichen Dienstleistungen also sinnvoll. Voraussetzung hierbei ist allerdings, dass sich die Informationen direkt auf die spezifischen Herausforderungen avisierter Mandanten beziehen, und eben nicht auf die einzelnen Fachbereiche der Kanzleien, wie es gemeinhin der Fall ist. *„Hast Du Mitarbeiter, brauchst Du Arbeitsrecht – hier ist unser Newsletter mit den wichtigsten neuen Rechtsprechungen, oder hier ist unser Vortrag, der Dich über alles mögliche informiert"* heißt meistens das Angebot, das von sich behauptet, Kanzleien verstünden das Geschäft ihrer Mandanten.

Auch themenspezifische Kooperationen bieten Möglichkeiten der indirekten Umsatzgenerierung. Hier könnte eine Kanzlei, die sich auf einen bestimmten Bereich spezialisiert hat, zum Gatekeeper für wertvolle Kontakte oder zum führenden Kopf bei der Projektsteuerung werden. Das Angebot des Legal Project Managements bietet ebenfalls Vorteile – direkte und indirekte. Die direkten liegen auf der Hand – z. B. Sicherheit, Effizienz, oder die sinnvolle Verknüpfung von Spezialistentum und Commodities. Die indirekten Vorteile sind Kosteneinsparungen, der Aufbau von Netzwerken und die langfristige Möglichkeit, projektorientiert Teams zusammenzustellen. Eine solche Gatekeeper Funktion macht die

Kanzlei wiederum zum wertvollen Partner und bietet indirekt ein hohes Potential an Folgemandaten.

Es macht also insgesamt Sinn, sich bezüglich der Portfoliogestaltung erstens zu fragen, welches Potenzial eine Kanzlei angesichts der eigenen Vision und Mission hat. Erst draus kann sich dann zweitens die sinnvolle Zusammenstellung eines Leistungskanons entwickeln, der indirekte und direkte Effekte berücksichtigt.

6.3 Die Wertschöpfung (Abb. 6.4)

Auf den Aspekt der Wertschöpfung durch die Marke bin ich im Kapitel „Die Wertschöpfungsfunktion der Marke" bereits umfänglich eingegangen. Die Wertschöpfung – ebenfalls Konstante und zugleich Variable – ergibt sich aus der Richtung, die durch Vision und Mission vorgegeben ist. Es gilt, die Frage zu beantworten, wie und mit welchen spezifischen Maßnahmen man für sich und alle anderen Stakeholder Wert generieren will. Und in Bezug auf die Absatzfunktion gilt hier der Fokus der Frage, welche spezifische Rolle die Marke bei der Preisstrategie der Kanzlei haben soll.

Der herkömmliche Wertschöpfungsgedanke der Betriebswirtschaft geht ja in gewisser Weise von einem gesicherten Absatz im Markt aus – was angesichts übersättigter Verdrängungsmärkte im weltweiten Wettbewerb ganz sicher anachronistisch anmutet. Es muss hierbei deshalb darum gehen, sich mit der elementaren Frage zu beschäftigen, wo und für wen eigentlich Wert geschöpft werden soll, oder konkret: Wie die Rechtsberatung bei den Mandanten und in deren Märkten Wert schöpfen kann. Denn der Wert der Rechtsberatung kann in keinem Fall losgelöst von ihrer Anwendung ermittelt werden, unabhängig davon, wie gut sie für sich (unter Kollegen) bewertet werden mag.

Vergegenwärtigt man sich diesbezüglich noch einmal die Feststellung, dass Unternehmen keine Rechtsprobleme haben, sondern vor unternehmerischen Herausforderungen stehen, heißt das, dass der Wert der Rechtsberatung daran gemessen wird, inwiefern dadurch Unternehmen unterstützt werden, ihre unternehmerischen Herausforderungen heute und in der Zukunft zu meistern. Das geschieht sicher nicht durch das allgemeine Angebot Rechtsberatung. Das wäre in etwa so, als wenn ein Immobilienmakler behaupten würde, dass Firmenräume die Zukunft des Unternehmens sichern würden. Natürlich brauchen die

Abb. 6.4 Die Wertschöpfung
im Markenkern

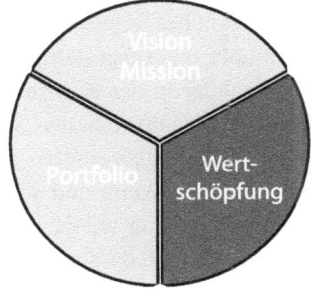

Unternehmen ein Dach über dem Kopf. Und natürlich brauchen sie auch Rechtsberatung. Unternehmerisches Handeln aber fragt danach, wie – in Kooperation mit Rechtsexperten – das Unternehmen langfristig erfolgreich gestaltet werden kann. Dass diese Feststellung auch für den Privatmandantensektor gilt, versteht sich von selbst.

Es gilt deshalb, den Tunnelblick auf die Qualität der Rechtsberatung auszuweiten auf die Frage, wie eigentlich das Leistungsangebot derart überzeugend ausgestaltet und in einen sinnvollen Kontext gestellt wird, dass die Mandanten kaufen. Das klingt profan (vielleicht zu profan für den Einen oder Anderen). Schließlich aber sind es die Mandanten, die das Geld am Ende der auf die Leistungserstellung bezogenen Wertschöpfungskette reinbringen. Geschieht das nicht, erübrigt sich jede Idee von Wertschöpfung. Sie bliebe ein Planungskonstrukt am grünen Tisch.

Markenzentrierte Wertschöpfung fragt deshalb konkret danach, wie ein Angebot derart konsistent gestaltet und zugleich in einen Marktkontext gebettet werden kann, dass damit Umsätze, Gewinne und Mehrwerte erzielt werden können – im Markt selber, bei den Mandanten und nicht zuletzt in der Kanzlei selber. Dass bei alldem die Art des Umgangs und damit die Qualität der Kommunikation eine entscheidende Rolle spielt, haben die Beispiele Rom, Kirch oder Apple deutlich gezeigt. Die Markenkultur und die Markenwerte müssen immer auch im Kontext der jeweils herrschenden Werte und Wertvorstellungen verstanden werden. Deshalb haben Kultur und Werte für die Marke eine besondere Bedeutung, und umschließen unmittelbar den Markenkern. Man spricht deshalb auch von den Kernwerten der Marke.

6.4 Markenkernwerte und Markenkultur (Abb. 6.5)

Die Kernwerte einer Marke definieren die Qualität ihrer sämtlichen internen und externen Beziehungen, seien es menschliche, menschlich-dingliche oder dingliche. Sie sind deshalb in ihrer Bedeutung für eine selbstähnliche, konsistente Markengestaltung und -führung von zentralem Wert. Die Markenwerte sind der Klebstoff der Kanzleikultur – ohne sie wäre ein Miteinander von Menschen sowie Mensch und Dingen überhaupt nicht denkbar.

Das ist so banal wie zentral, und daher können Werte ebenso wenig „am grünen Tisch" entwickelt werden wie eine Vision – es gilt vielmehr diese in der eigenen Kanzlei zu entdecken. Wer hier glaubt, Werte seien küchenpsychologische Beigabe und deshalb nicht von wirklicher Relevanz, der täuscht sich. Schließlich entscheiden die Werte in jeder Hinsicht über die Ausgestaltung der Kanzlei, über die Art der Leistungserbringung, über das Miteinander in der Kanzlei und vor allem natürlich auch mit den Kunden. Ohne Werte bliebe all das im wahrsten Sinne des Wortes wertlos.

Nicht Wenige vertreten die Meinung, dass sich der Wert eines Unternehmens an der Stärke seiner Werte und seiner Kultur bemisst – und nicht an seiner Bilanz. Man kann diese Auffassung teilen, man muss das nicht. Was diese Sichtweise aber in jedem Fall verdeutlicht, ist, dass in der Kultur und in den Werten das wesentliche, bzw. charakteristi-

Abb. 6.5 Markenkernwerte
und Markenkultur

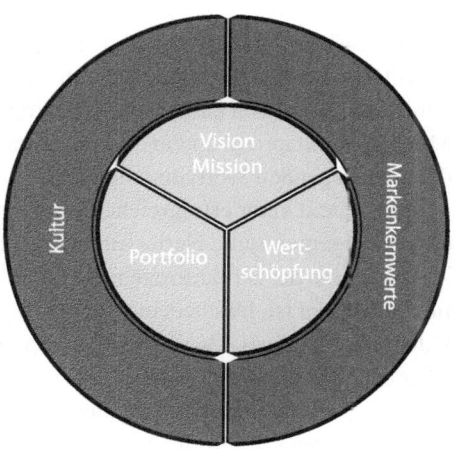

sche Potenzial eines Unternehmens verborgen ist. Kultur und Werte weisen auf zukünftige Möglichkeiten hin, anders jedenfalls als eine Bilanz, die immer nur das Gestern spiegelt. Die Werte und die Kultur, so sehr sie in der Geschichte einer Kanzlei verwurzelt sind, fragen immer danach, wie etwas in Zukunft getan werden soll. So gesehen ist jede Art der Leistung aus Kultur oder aus einer kulturellen Überzeugung heraus viel kraft- und machtvoller, letztlich auch viel überzeugender, weil hier die ökonomische und die moralische (wertorientierte) Haltung zur Deckung kommen und – im Sinne der Marke als überzeugendes Ganzes – zur Einheit. Denn so viel ist klar: Menschen können mit ihrem Verhalten, ihren Normen und Standards sowie ihrem Kommunikations- und Informationsverhalten (kurz: ihrer Unternehmenskultur) die Markenstrategien, hinter denen sie nicht stehen, sehr schnell ausbremsen oder gar zunichte machen. Ohne die notwendigen soft facts ist es mit den hard facts nicht weit her. Das ist so sicher, wie es umgekehrt eben auch gilt.

Natürlich spielen vor allem auch im Personalmanagement die Werte eine entscheidende Rolle. Psychologisch längst belegt ist der dem Menschen innewohnende Leistungswille – Motivation, so weiß man heute, ist ein intrinsisches Element des Wunsches und der Notwendigkeit nach Zugehörigkeit, und sie drückt sich im Wunsch der Mitgestaltung aus. Ein Gefühl der Zugehörigkeit garantiert Motivation. Genau das bestätigen im Übrigen auch aktuelle neurophysiologische Erkenntnisse. Schaut man in die Wirtschaftspraxis, zeigt sich jedoch in, dass der Leistungswille – die Motivation – mehr und mehr abhanden kommt. In hierarchischen Top-Down-Strukturen, in denen es keine wirkliche Teilhabe an Gestaltung und Gewinn gibt, weicht das Gefühl der Zugehörigkeit einem Gefühl der Abhängigkeit. Dieses Gefühl des ausgeschlossen Seins wirkt neurophysiologisch wie ein ausgeschlossen Werden, also wie eine Verletzung. Im Hirn werden Schmerzzentren aktiviert, die wiederum Aggression auslösen. Das hemmt nicht nur die Motivation, es macht sie zunichte.

Statt die wertvollen Erkenntnisse zu berücksichtigen werden dann Motivationstrainings zum beliebten Instrument der Personalabteilungen. Sie sind jedoch als bloße Fehlinvestitionen zu verstehen, wenn man sich vergegenwärtigt, dass Motivation nicht von außen an Mitarbeiter herangetragen werden kann. Ist der Umgang untereinander demotivierend, wird sich Motivation auch nicht durch irgendwelche Trainings herstellen lassen. Fehlende Motivation entspringt einem demotivierenden Umgang, und dieser verweist immer auf die dahinter liegenden Wertvorstellungen.

Im Kontext einer erfolgreichen Marke aber kann es nicht ohne Gemeinsamkeit – nicht ohne eine gemeinsame wertorientierte Motivation und nicht ohne gemeinsame Gestaltung – gehen. Eine der Strukturregeln für Gestalt besagt, dass der Charakter der Selbstorganisation redundant ist. Das bedeutet, dass Gestaltungswille, Gestaltungskraft und Gestaltungshoheit im Überfluss – weil bei allen Elementen des Systems – vorhanden sind. Kurz: Alle Elemente gestalten ein System mit – sei es durch proaktive, leistungswillige Teilnahme oder sei es durch Verweigerung und anderes kontraproduktives Verhalten.

Darüber hinaus entscheiden die Markenwerte über die Bewertung von Märkten, Projekten oder Kunden, sie entscheiden über die Art der Kanzleikommunikation, über die Weiterbildungsmaßnahmen oder den Umgang mit Hierarchien, sie entscheiden über den Umgang mit Erhalt und Innovation, ebenso wie über die qualitätsorientierte Ausgestaltung des Leistungsangebots. Sie entscheiden schließlich auch über das Erscheinungsbild der Kanzlei. Zwar kann man grundsätzlich davon ausgehen, dass in einem Kulturraum mehr oder weniger gleiche Werte vertreten werden, weil eben auch jeder Kulturraum ein markiertes System mit einem Kern und Kernwerten ist. Zugleich aber ist die subjektive Betrachtung und Gewichtung dieser Werte immer zutiefst individuell, was sich nicht zuletzt in der gesellschaftlichen wie ökonomischen Vielfalt einer demokratischen Gesellschaft widerspiegelt.

An der Ausgestaltung des römischen Eco Brands zeigt sich die Bedeutung von Werten und einer gemeinsamen Kultur mehr als deutlich: Der Zusammenhalt einer so globalen Nation konnte nur durch die Identifikation seiner Bevölkerung mit einem eng definierten Wertekodex gelingen. „Wir" bedeutete hierbei immer: „*Wir denken gleich, wir teilen dieselben Ziele, wir handeln gleich, und wir glauben an dasselbe – kurz, wir haben nicht nur eine gemeinsame Vision davon, wie die Welt sein sollte, wir teilen auch die Vorstellung von der Art und Weise, wie diese Welt im Einzelnen gestaltet sein soll.*" Das römische Selbstverständnis sollte zur globalen Kultur werden, und sich in allen Bereichen widerspiegeln – in der Gesellschaft, der Wirtschaft und in der Politik.

Die für die römische Ausdehnung voraussetzenden soldatisch-militärischen Wertvorstellungen entwickelten sich zu einer ganzheitlichen Gesellschaftskultur, die das Miteinander hierarchisch strukturierte und Gehorsam ebenso forderte, wie Treue, Tapferkeit, Selbstbeherrschung, Pflichtgefühl, und im Fall des Sieges: Fairness und gegenseitige Achtung. Auch die Unterhaltung der Bevölkerung durch Brot und Spiele betonte die militärischen Grundwerte: Kämpfen und Töten wurden in einem unterhaltsamen und zugleich die Macht verherrlichenden Rahmen präsentiert und dadurch in neue Kontexte gestellt. Die Vernichtung von Lebewesen, die als niederer angesehen wurden (Tiere und Sklaven), war Programm. Mut und Heldentum wurden von den Massen bejubelt. Der zugrunde liegende römische Wertekodex regelte außerdem – und beinahe automatisch – das Geschlechterverhältnis: Frauen kamen als Soldaten nicht in Frage und waren angesichts der verbindlichen Mission zwangsläufig Bürger(innen) zweiter Klasse – sie eigneten sich schließlich nicht als Soldaten. Der wahre Römer (vir vere romanus) war per definitionem ein Mann. Entsprechend war das römische Bildungssystem gestaltet, die Literatur formulierte Heldenepen und Gleichnisse soldatischen Miteinanders und die Künste stellten militärische Führer in idealisierter Form und Kriegsszenen in heroischer Überhöhung dar.

Auch die Werte der Kirche führten zu einer konsistent gestalteten kulturellen Einheit, die bis heute Bestand hat. Die zehn Gebote und die Bergpredigt lieferten als Leitbilder für soziale Werte ein unmissverständliches Regelwerk zu menschlichem Soll-Verhalten. Bibelzitate gelten noch heute als Antwort auf Fragen zu einem angemessenen, gottgefälligen Alltagsverhalten. Zwar hatte mit dem Aufkommen des Christentums fortan ein jeder die freie Wahl bzgl. seines Verhaltens. Gleichzeitig aber spielt die von der Organisation erzeugte Furcht eine entscheidende Rolle in einem hierarchisch verstandenen Weltbild, in dem ein von Menschen imaginierter Gott zu Gericht über das Leben und die Existenz nach dem Tod sitzt und all diejenigen straft, deren Verhalten jenseits der gesetzten Werte zu verorten ist. Die Macht der Symbole, welche die Kultur in Bildern von Himmel und Hölle, in Architektur, Malerei und Skulptur, ebenso wie in der Gestaltung von Gottesdiensten und sozialen Einrichtungen versinnbildlich(t)en, tat und tut ihr Übriges – die Symbole wirken bis heute bis tief in das Gefühlsleben der Menschen in Form von religiöser Überzeugung, Gehorsamkeit gegenüber Gott und seinen Vertretern auf Erden, sowie tätiger Nächstenliebe bzw. sozialem Engagement.

Die beiden Blaupausen Rom und Kirche, die hier mit Blick auf die Wertstellungen betrachtet wurden, zeigen an jeder Stelle, wie eine machtvolle Marke in sämtlichen Bereichen ausgehend von einem Wertekodex gestaltet werden kann. Dennoch: So einleuchtend in diesen Beispielen die Funktion der Werte für die Stärke der Marken ist, so sehr zeigt die Erfahrung, dass der Transfer in die Kanzleipraxis nicht immer leicht gelingt.

Grundsätzlich gilt: Für Kanzleien ist das Bewusstsein über die Werte deshalb wichtig, weil sie der qualitative Leitfaden für die erlebbare Ausgestaltung ihrer sämtlichen Markenbestandteile sind. Entscheidend dabei ist, dass die Werte keine Lippenbekenntnisse sind oder bleiben, sondern dass sie tatsächlich gelebter Kanzleialltag sind – spürbar, erlebbar und nachvollziehbar an jedem Kontaktpunkt mit der Kanzlei, sei es intern für die eigenen Kollegen und Mitarbeiter, sei es extern für sämtliche Anspruchsgruppen. *„Den wertvollen Traditionen verbunden"* fühlt sich anders an als *„zukunftsorientiert"*. *„Zuverlässig"* ist anders als *„offen für Neues"*, *„jung"* anders als *„erfahren"*, *„qualitätsorientiert"* anders als *„innovativ"*. Dabei gilt für sämtliche Werte: Sie müssen eindeutig identifiziert werden, damit sie als präzise Orientierung dafür dienen, wie die einzelnen Kanzleibereiche ausgestaltet werden können.

Es ist zum Beispiel so, dass Innovation gemeinhin als *der Werttreiber schlechthin* gilt. In nahezu jeder zweiten Firmendarstellung von Wirtschaftsunternehmen wird deshalb dieser Wert behauptet und hervorgehoben. Irgendwie beanspruchen alle die Innovation als Unternehmenswert und vor allem als Unternehmenspotenzial. Nun mag es sein, dass einige dieser Unternehmen ein innovatives Potenzial und tatsächlich einige innovative

Angebote im Portfolio haben. Dass Innovation jedoch ein präzise zu definierender Begriff ist, und dass Innovation zugleich ein hoher Anspruch an eine konsistente Ausgestaltung der Marke ist, bleibt dabei zumeist unberücksichtigt, zumindest unbewusst.

Was bedeutet denn innovativ genau? Geht es um radikale Veränderung, um Umgestaltung, um Verbesserung? Was genau soll radikal verändert, umgestaltet oder verbessert werden – und warum? Was sind funktionaler und was emotionaler Nutzen der Innovation, was sind ihre Mehrwerte? Welche Vision liegt der Innovation zugrunde, welche Mission? Und wie soll der innovative Charakter des Unternehmens an allen seinen Kontaktstellen innovativ erlebbar gemacht werden? Was wären demzufolge ein innovatives Personalmanagement, eine innovative Gestaltung der Schlüsselkunden-Beziehungen oder ein innovatives Portfolio? Wie würde eine innovative Kommunikation aussehen? Hat das Erscheinungsbild einen entsprechend innovativen Charakter? Und schließlich: Genügt das Unternehmen seinen eigenen Ansprüchen im Bereich F&E als Grundlage für jedwede Innovation?

Angesichts der Fragen, die beliebig ergänzt werden können, wird deutlich, dass die Markenkernwerte richtungweisende Elemente einer Haltung sind, vor deren Hintergrund gehandelt wird. Sie müssen weder explizit formuliert noch nach außen verbalisiert werden. Sie müssen aber in ihrer spezifischen Bedeutung auf den Punkt geklärt und vor allem gelebt werden, und sie müssen ökonomisch umsetzbar sein. Schließlich wollen sie organisatorisch bewältigt, sowie spürbar, sichtbar, hörbar und fühlbar gelebt werden – nach innen und außen.

Die Werte dienen also der Ordnung der „Organisationsseele". Sie dürfen deshalb nicht behauptet sondern müssen tagtäglich aufs Neue gelebt sein – bewusst, gewollt, und sich zugleich des steten Wandels gewahr, dem die Kanzlei als System unterliegt. Die Kernwerte der Kanzleimarke können insofern niemals eine Absichtserklärung sein, sie sind das Ergebnis eines sich Bewusstwerdens über das eigene Sosein und so Handeln.

Edgar H. Schein, Sloan Professor emeritus für Organisationspsychologie und Management am Massachusetts Institute of Technology (MIT) in Cambridge, bezeichnet die Unternehmenskultur als den *Niederschlag des Erfolgs*. Tatsächlich ist es ja so, dass gegenwärtig nur Systeme (Unternehmen und andere Organisationen) existieren, die mit ihrer bestehenden Kultur erfolgreich waren oder zumindest überlebt haben. Verständlich, dass beinahe jede Firma zutiefst davon überzeugt ist, dass ihre Art, das Unternehmen zu führen und das Geschäft zu betreiben, richtig sein muss – und im Grunde die einzig richtige und mögliche.

Insofern würden sie ihre Kultur ausgehend von den Gegebenheiten zwar behutsam weiterentwickeln, das Handlungsrepertoire als Ausdruck dieser Kultur aber niemals grundlegend in Frage stellen. Angesichts der erfolgreich gewachsenen und erhaltenden Unternehmensidentität mutete das auch ziemlich unklug an, denn: „*Wenn wir unser Geschäft nicht verstehen und nicht genau so gehandelt hätten, wie wir bisher gehandelt haben (vor dem Hintergrund unserer Wertvorstellungen), dann gäbe es uns ja schon längst nicht mehr*". Bei genauerer Betrachtung ist eine solche Überzeugung jedoch längst nicht so klug wie sie logisch klingt – denn weder sind Unternehmen, noch ist das Umfeld als lineares Konstrukt zu verstehen. Systeme sind immer komplex, Komplexität erzeugt Dynamik, und Dynamik bringt Veränderung. Immer gleiches Verhalten mit dem Hinweis auf beständige Werte ist also mit Sicherheit kontraproduktiv für langfristigen Erfolg.

Insofern ist es natürlich so, dass auch die Werte und die Kultur von einer gewissen Halbwertzeit sind. Auch sie unterliegen einer autopoietischen und zugleich auch notwendigen Entwicklung, der im Interesse der Marke eine besondere Aufmerksamkeit gezollt werden sollte.

6.5   Marke und ihre Stakeholder (Abb. 6.6)

Eigentümer, Mitarbeiter, Märkte, Mandanten und andere Anspruchsgruppen – jede Kanzlei hat eine große Gruppe unterschiedlicher Stakeholder, die bei der Ausgestaltung der Marke und ihrer Beziehungen identifiziert und berücksichtigt werden müssen. Ausgehend vom Markenkern werden hier die Grundlagen für die spezifische Ausgestaltung des Umgangs mit ihnen festgelegt.

Stakeholder Relation Management (SRM), neudeutsch für das Management sämtlicher Anspruchsgruppen einer Organisation, bezeichnet die in Unternehmen implementierten

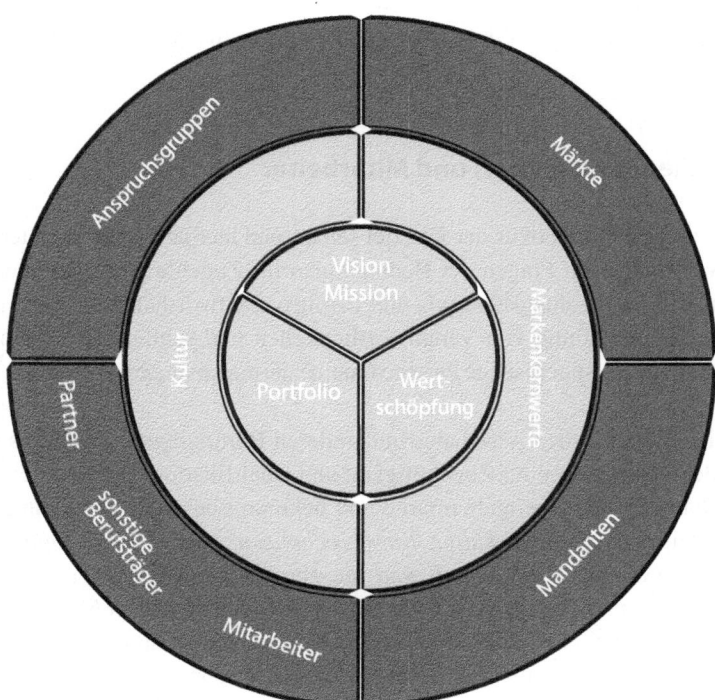

Abb. 6.6 Die Stakeholder der Kanzleimarke

Prozesse zur systematischen Identifikation und Erfassung der Erwartungen und Themen, die von allen Anspruchsgruppen an das Unternehmen herangetragen werden – ebenso, sowie die eigene Reaktion darauf.

Dabei sind Kanzleien heute ebenso wie Unternehmen in zunehmenden Maße mit zahlreichen Erwartungen externer und interner Stakeholder konfrontiert: Der Nachhaltigkeitsdruck fordert, dass sie zunehmend proaktiv zur Lösung gesellschaftlicher und ökologischer Herausforderungen beitragen, und der zunehmende Rechenschaftsdruck fordert dabei unmissverständlich, dass sie über ihr Vorgehen transparent berichten.

Die Berücksichtigung der Stakeholder gilt als bedingungsloses Muss der ganzheitlichen Markenführung. Das Stakeholder Relation Management (SRM) ist die Erweiterung des Shareholder Value Prinzips, das ausschließlich die Bedürfnisse und Erwartungen der Anteilseigner einer Organisation in den Mittelpunkt des Interesses stellt, und es ist die Erweiterung des so genannten Customer Relationship Managements (CRM), das den Fokus ausschließlich auf die Ausgestaltung der Beziehungen einer Organisation zu ihren Kunden richtet. Im SRM ist gefordert, die Beziehungen einer Organisation zu allen, bzw. deren wichtigsten Anspruchsgruppen in Einklang mit der Marke zu bringen.

Man bezeichnet das SRM auch als „Anreiz-Beitrags-Gleichgewicht" zwischen dem Unsicherheitsumfeld (Zulieferer, evtl. Zwischenhändler, Mandanten etc.) und den Unsicherheiten (sozialkulturell, politisch, rechtlich, technologisch, ökologisch) gegenüber der Organisation. Hierbei wird deutlich, dass das SRM ein unerlässliches Managementtool für das Gleichgewicht der Kanzlei darstellt – als Grundlage für den Selbsterhalt des eigenen Systems.

6.5.1 Partner (bzw. Eigner) und Mitarbeiter

Im SRM gilt zunächst der Fokus der Kanzlei selber, und hier natürlich an erster Stelle den Partnern – verbunden mit Fragen der Bedingungen für Zugehörigkeit und Qualifikation, der Autonomie, Entscheidungsbefugnis und Erfolgsverantwortlichkeit, sowie der Art der Kooperation, der Verteilung von Verantwortlichkeiten und schließlich Gewinnen. Auch die Grundlagen für ein spezifisches Partner-Qualifizierungsmanagement sollen hier gelegt werden.

Der zweite Blick gilt den Associates und anderen Berufsträgern, ebenfalls verbunden mit Fragen der Bedingungen für Zugehörigkeit und Qualifikation. Die Kanzleimarke zeigt hier ihren Charakter als Arbeitgebermarke und bekommt besondere Bedeutung im Kontext des Recruitings. *„Sozietätskultur, Karrierechancen, institutionelle und individuelle Ausbildungsprogramme, Secondments und die Vereinbarung von Arbeits- und Freizeit sind die Determinanten bei der Auswahl des zukünftigen Arbeitgebers"* schreibt Wolf Kahles im Anwaltsspiegel (Kahles 2013). Hier stellen sich also sämtliche Fragen der Ausgestaltung spezifischer Arbeits-, Karriere-, und Weiterbildungsbedingungen für Associates. Die Praxis zeigt jedoch, dass diesem Feld gemeinhin viel zu wenig Aufmerksamkeit gewidmet ist.

Verblüffend ist {…} die Gleichförmigkeit, mit der die Kanzleien den Nachwuchs umwerben. Differenzierung scheint einzig und allein über die Höhe der Einstiegsgehälter stattzufinden {…} Die fehlende inhaltliche Differenzierung stellte bereits 2010 eine Gemeinschaftsstudie der Schweizer Business School ZFU und der Unternehmensberatung Promerit zum Employer Branding von Wirtschaftskanzleien fest. Soweit Themen hervorgehoben wurden, blieben diese abstrakt und befreit von jeder Emotionalität. Letztlich wirken die Kanzleien aus Sicht der Bewerber austauschbar, so das Ergebnis der Studie. Einzige Veränderung seither ist der Trend, dass seit neuestem die Kanzleien auch durchweg mit dem Thema Work-Life-Balance für sich werben. (Schneider und Eger 2013)

Nun gilt es nicht nur, im Wettbewerb um gute Juristen eine nötige Differenzierung zu erlangen. Vielmehr muss die notwendige Andersartigkeit in den Markenkontext eingebettet werden, damit ein Ein-Klang mit Vision, Mission, Kultur, Werten und Portfoliogestaltung entsteht. Nur so entwickelt sich eine überzeugende Arbeitgebermarke als nicht zu unterschätzender Werttreiber der Kanzleimarke.

Wie auch immer die Arbeitgebermarke geplant wird – grundsätzlich sind die Associates und mit ihnen alle anderen Mitarbeiter in der Kanzlei die hauptsächlich bestimmenden Werttreiber der Kanzlei- und mit ihr der Arbeitgebermarke. Sie gestalten die Marke täglich aktiv durch ihr soziales und funktionales Verhalten nach innen und außen mit. Ihr Einfluss darf nicht unterschätzt werden, denn er ist in den meisten Fällen allein aufgrund ihrer numerischen Überlegenheit größer als derjenige der Partner. Schon deshalb gilt ein hohes Maß an Achtsamkeit und Führungskompetenz im Interesse der Marke. Es reicht eben nicht, die Marke mit vielen guten Absichten am grünen Tisch zu planen und systematisch zu „deklinieren". Marke will gelebt sein, von allen Mitarbeitern der Organisation – und sie will kommuniziert werden. Deshalb entscheidet auch die Qualität der internen Kommunikation und des Miteinanders maßgeblich über die Bereitschaft aller Beteiligten, die Marke konsequent nach innen und außen zu gestalten.

Insbesondere kleine und mittlere Kanzleien tun sich schwer damit, ihr Personalmanagement zeitgemäß zu optimieren und passend zur Marke zu gestalten. Solche Maßnahmen gelten als arbeits- und kostenintensiv – somit als nicht machbar. Die Kosten aber sind nicht als Ausgaben sondern als Investition zu verstehen. Das macht sie natürlich nicht geringer, stellt sie aber in Bezug zu einem Gewinn, der sie am Ende bei weitem übersteigen sollte. Tatsache ist ja in jedem Fall: Personalmanagement wird immer gemacht – kostet also auch immer. Die Frage kann deshalb letztlich nur lauten: Wie genau wird das Personalmanagement gestaltet?

6.5.2 Kanzleimarke und Markt

Der Markt als Stakeholder der Kanzleimarke wird durch das spezifische Feld bestimmt, in dem die Kanzlei durch ihre Leistungen gestaltend mitwirken und sich entsprechend positionieren möchte. Dieses kann z. B. unter geografischen, technologischen oder branchenzentrierten Aspekten identifiziert sein.

Die Fragen, die in diesem Stakeholdersegment zu beantworten sind, lauten: Welche Entwicklungen gibt es, und welche weit reichenden Trends zeichnen sich in diesem Markt ab? Welche Herausforderungen bedeutet das für diesen Markt und welche Erwartungen hat dieser Markt deshalb an unsere Kanzlei? Wie soll die Marke in diesem spezifischen Umfeld wahrgenommen werden? Welche Alleinstellungsmerkmale sollen als prägnant wahrgenommen werden? Welche Grundlagen werden hierfür geschaffen?

Als Markt gilt natürlich auch der Rechtsmarkt selber, also das Wettbewerberumfeld der Kanzlei, die anderen Kanzleien. Auch diesbezüglich ist der Einfluss auf die Kanzleimarke nicht zu unterschätzen, weil hier ganz konkret die geäußerten Absichten der Differenzierung beim praktischen Vergleich unter Beweis gestellt werden müssen. Nicht zuletzt bietet der Bereich Überschneidungen in der Gestaltung der Arbeitgebermarke, denn: Je überzeugender eine Kanzlei im Wettbewerb steht, desto attraktiver wird sie für High Potentials.

6.5.3 Kanzleimarke und Mandanten

Auch für die Auswahl und spezifische Gestaltung der Beziehungen zu den Mandanten weisen der Markenkern und die Markenkultur den Weg. Nach der Identifikation des Zielmarktes (analog zur Vision) können die Mandanten nun unter spezifischen Kriterien wie „Key Player", Internationalität, Vernetzung, etc. bestimmt werden. Mandant ist nicht gleich Mandant, jeder einzelne muss differenziert betrachtet und entsprechend strategisch behandelt werden. Was so selbstverständlich wie voraussetzend für eine erfolgreiche Kanzleimarkenführung ist, wird erstaunlicherweise wenig beachtet. Oft fehlen ein Kriterienkatalog zur Bestimmung der Bedeutung einzelner Mandanten für die Kanzlei ebenso sowie eine vollständige Abbildung der jeweiligen Beziehungen. Bei der gemeinsamen Erarbeitung solcher Übersichten offenbaren sich außerdem bisweilen grundlegende Meinungsverschiedenheiten über die Relevanz bestimmter Kriterien für die Zuordnung innerhalb der Partnerschaft.

Bestehende und gewünschte Mandanten können aber viel leichter identifiziert werden, wenn Klarheit und Übereinstimmung über deren Bedeutung für die Kanzlei bestehen. Sind die wichtigsten Key Accounts für die Kanzlei ermittelt, werden Kriterien für den erfolgszentrierten Umgang festgelegt. Das sind zum einen die hard facts wie Leistungen, Preise oder Services. Es sind zum anderen die soft facts wie Kundenpflege, Kommunikation, Zuwendungen, Vorteile, Mehrwerte, etc. Insbesondere hierfür dienen die vorab definierten Markenelemente als Richtschnur.

Die markenzentrierte KAM-Organisation („Key-Account-Management") richtet ihren Vertrieb deshalb einzig und allein am einzelnen Mandanten in Verknüpfung mit der erfolgsorientierten Markenidentität der Kanzlei aus. Der Sprit für den Motor der kontinuierlichen Anpassung der Mandantenbetreuung ist eine bedingungslose Konzentration auf dessen Bedingungen.

Denn schließlich gestalten die Mandanten die Marke gemäß den Regeln für offene Systeme direkt mit. Das betrifft natürlich in erster Linie das Mandatierungsverhalten, das darüber entscheidet, wie erfolgreich die Wertschöpfungsstrategie der Kanzleimarke ist. Darüber hinaus führen die individuelle Erfahrung und die Einschätzung vor allem der Key Accounts dazu, wie sie sich in Bezug zur Anbietermarke verstehen und danach handeln, sei es durch Weiterempfehlungen oder andere Reaktionen.

> Brand is a representation of what existing and potential clients, employees and potential recruits think of you and your organisation. These ‚*others*‘ will be influenced by what you put out into the market, for instance, your people, your services and your infrastructure, the way you deliver legal services, how you deal with people, and a myriad other factors.
> How these things are experienced by them will determine your brand and its value. It is necessary to understand that this is what determines a firm's brand; then to put out into the market things that will influence those individuals positively and ensure they will experience those things just as you intend. (ark group 3)

Mandanten sind so gesehen – wie andere Anspruchsgruppen im Übrigen auch – der verlängerte Arm der Markenkommunikation. Die Meffert'sche Definition, „*Marke ist das Bild, das die Verbraucher von der Marke im Kopf haben*", die auch im oben angeführten Zitat der ark group mit Blick auf den Rechtsmarkt aufgegriffen wird, greift zwar, wie eingangs beschrieben, als Alleinkriterium für Marke zu kurz, beschreibt aber genau diesen wesentlichen Aspekt von Marke. Welchen Einfluss die Anspruchsgruppen als verlängerter Arm haben können, wird spätestens durch die Entwicklung der Social Media und das Kommunikationsverhalten der Märkte deutlich. Hier entfalten sich die Gesetze offener Systeme dank der nun zur Verfügung stehenden technischen Möglichkeiten in prachtvoller Gänze.

6.5.4 Kanzleimarke und andere Anspruchsgruppen

So wie die genannten Stakeholdersegmente – Eigner und Mitarbeiter, Märkte und Mandanten – durch so genannte marktliche Beziehungen gekennzeichnet sind, bei denen es um Leistung und Gegenleistung geht, gelten für Kanzleien das lokale bis nationale Umfeld, Politik, Gesellschaft und soziale Einrichtungen, oder auch die Wirtschafts- oder Gesellschaftspresse als so genannte nichtmarktliche Anspruchsgruppen.

Der Dialog mit diesen nichtmarktlichen Stakeholdern vermag neue Geschäftschancen und eventuelle Risiken aufzeigen. Das SRM greift hierbei systematisch gesellschaftliche Trends auf und prüft, welche aktuelle Bedeutung sie für die Geschäftsprozesse, Absatz- und Beschaffungsmärkte haben und welche sie in Zukunft haben können. Dadurch können nicht nur wertvolle Ideen für ein konkretes Leistungsangebot oder ein erweitertes oder gar neues Geschäftsmodell generiert werden – der kontinuierliche Abgleich mit anderen Strategien vermag als Frühwarnsystem fungieren und außerdem Handlungsempfehlungen für den Umgang mit potenziell riskanten Maßnahmen geben.

Nachhaltige Entwicklung – und das gilt für die Gestaltung von Gesellschaft, Politik und Wirtschaft – ist ein dynamischer Prozess, an dem viele Akteure teilnehmen: Tech-

nologische Innovationen und neue wissenschaftliche Erkenntnisse, gesellschaftliche Be-
wusstseinsprozesse und politische Schwerpunktsetzungen bedingen einen dynamischen
wie kontinuierlichen Wandel der Rahmenbedingungen wirschaftlichen Handelns. Unternehmen, die angesichts dieser Komplexität den Dialog mit Stakeholdern als Frühwarnsystem und Trendradar begreifen, können die daraus resultierenden Chancen und Risiken
rascher erkennen und sich in ihren Geschäfts- und Innovationsprozessen darauf einstellen.

> Das Unternehmen wird als politischer Akteur verstanden. Zu den häufig pauschal [...]
> genannten Gruppierungen und Einzelpersonen sind u. a. zu zählen: Verbände und Interessen-
> lobbies aller Art, politische Parteien, internationale Nichtregierungs-Organisationen (NGO),
> Bürgerinitiativen, aber auch die direkten Anrainer eines Unternehmensstandorts. Aus der
> Aufzählung wird bereits ersichtlich, dass eine Vielzahl unterschiedlicher, zum Teil entge-
> gengesetzter Ansprüche an ein Unternehmen gestellt wird [...]. Die zunehmende Bedeutung
> der Berücksichtigung gesellschaftlicher Ansprüche durch Unternehmen ergibt sich aus deren
> rasant gestiegener öffentlicher Exponiertheit, zu der die Medien wesentlich beitragen. Zum
> einen berichten sie weltweit über die Tätigkeit von (großen) Unternehmen, zum anderen
> geben sie selbst kleinen Anspruchsgruppen die Möglichkeit, ihr Anliegen publik zu machen
> und andere Gruppen zu aktivieren. Mit der Globalisierung der Wirtschaft und der damit
> verbundenen Ausweitung der Informations- und Kommunikationsinfrastruktur hat sich die
> Anzahl (potenzieller) Stakeholder eines Unternehmens ebenso erhöht wie deren Reaktions-
> geschwindigkeit. (Anspruchsgruppen für Unternehmen)

Das Zitat zielt auf klassische Wirtschaftsunternehmen ab. Und angesichts der Forderung,
dass Kanzleimarken sich als proaktiv gestaltende Marktpartner und eben nicht als zu-
arbeitende Dienstleister verstehen, gilt für sie das Zitierte ebenso, wie für alle anderen
Unternehmen.

Die systematische Analyse und Segmentierung der marktlichen wie nichtmarktlichen
Anspruchsgruppen ist die Voraussetzung für das ganzheitlich strategische SRM. Es gilt
also, die jeweiligen „Stakeholder" in den genannten Segmenten zu identifizieren, ihre
möglichen Ansprüche an das Unternehmen ebenso wie ihr Potenzial unter Berücksichtigung ihrer spezifischen Macht- und Einflussmöglichkeiten zu verstehen, und schließlich
ihre Kooperationsbereitschaft einschätzen zu können. Für die erfolgreiche Markenführung
ist die Verbindung mit anderen Systemen durchaus entscheidend. Denn erst die bewusste
Gestaltung unter Markenaspekten garantiert die Einheit einer konsistenten Markengestalt.

6.6 Nutzen und Mehrwert der Marke (Abb. 6.7)

„*What is the reason why?*" könnte als Überschrift des Kapitels Nutzen und Mehrwerte
stehen. Hier muss die Kanzleimarke die Frage beantworten, warum man sich für sie entscheiden sollte – welche sachzentrierten und welche emotionalen Argumente dafür sprechen, und was man darüber hinaus gewinnt, wenn man sich der Kanzleimarke zuwendet,
bzw. sich mit ihr verbindet. Die Definition einer Kanzleimarke unter den Aspekten Nutzen
und Mehrwert fordert deshalb die Umkehrung des Blicks auf die Marke von außen nach

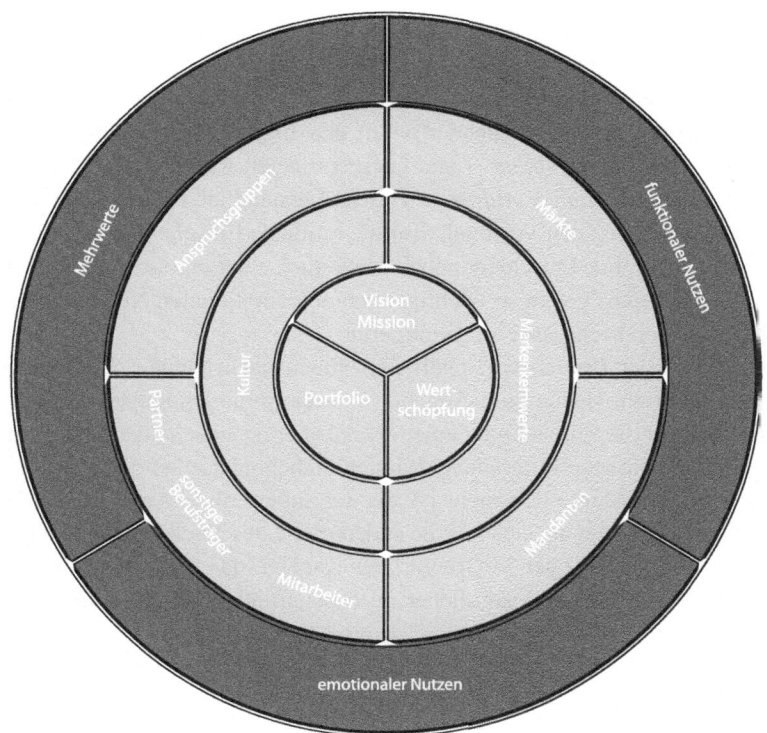

Abb. 6.7 Nutzen und Mehrwerte der Kanzleimarke

innen. Hier gilt nicht mehr die Informations- und Orientierungspflicht, hier gilt es im Wesentlichen, Bedarf und Bereitschaft zu verstehen und auf dieser Grundlage Verbindungen zwischen der Kanzleimarke und ihren Stakeholdern herzustellen. Nutzen und Mehrwerte des Kanleimarkenangebots sind deshalb ausschließlich aus der Sicht der Stakeholder zu formulieren.

Es bestehen diverse Nutzen und Mehrwertmodelle, manche sprechen ausschließlich von Mehrwerten und nutzen den Begriff „added value", der dann nach sachlich, wirtschaftlich und emotional unterschieden wird. Darüber hinaus werden die Begriffe Nutzen und Mehrwert im Alltag unterschiedlich verwendet, und nicht selten besteht Verwirrung angesichts der Frage, was eigentlich genau Nutzen und was Mehrwerte seien.

In der betriebswirtschaftlichen Fachliteratur wird zwischen funktionalem und emotionalem Nutzen unterschieden. Der funktionale Nutzen z. B. eines Autos ist: Es fährt und bringt den Besitzer von A nach B. Der emotionale Nutzen kann sein: Das Auto hat ein dynamisches Produktdesign und vermittelt Geschwindigkeit, oder es hat ein robustes Produktdesign und vermittelt Sicherheit, oder aber es weist den Fahrer als Mitglied einer bestimmten sozialen Gruppe aus. Bezüglich der Mehrwerte taucht nun ein ganzes Bündel an Aspekten auf. So würde z. B. ein günstiges Auto ein Budget für andere Zwecke belassen, eine bestimmte Motorenart könnte die Umwelt schonen und damit die ökologischen Anliegen des Fahrers unterstützen, eine bestimmte PS Leistung kann dazu führen, dass man besonders schnell sein Ziel erreicht und einem so Zeit für andere Dinge bleibt.

In meinem Markenmodell übernehme ich die Bedeutung der Begriffe funktionaler und emotionaler Nutzen aus der Betriebswirtschaft und füge Mehrwerte unter persönlichen (*was bringt es mir darüber hinaus?*) und übergeordneten Aspekten (z. B. *schützt es die Umwelt? Fördert es humanitäre Anliegen?*) hinzu. Verständlich ist, dass die Formulierung des funktionalen Nutzens den Verstand, also die rationale Entscheidungsebene anspricht. Weil aber, wie ausgeführt, Entscheidungen immer auch einer emotionalen Dimension bedürfen, ist es mindestens genau so wichtig, auch den emotionalen Nutzen und vor allem auch die persönlichen Mehrwerte zu formulieren.

Nun werden in der Betriebswirtschaft die Fragen nach Nutzen und Mehrwert ausschließlich in direktem Bezug zum Angebot und damit ausschließlich für den direkten Kauf formuliert. Für die Entwicklung einer Marke aber ist entscheidend, die Nutzen- und Mehrwertargumentation auf sämtliche genannten Stakeholder unter dem Aspekt der ganzheitlich verstandenen Marke (die mehr ist, als die Summe ihrer Angebote) auszuweiten. Diese Vorgehensweise regt an, sich auf die andere Seite des Tisches zu setzen und aus der Perspektive der Eigner und der Mitarbeiter der Kanzlei, des Arbeitsmarktes, des Marktumfeldes, der Mandanten und sämtlicher gesellschaftlicher Anspruchsgruppen auf die Kanzlei zu schauen.

Beantwortet werden sollen dann die Fragen: *„Was hat diese Gruppe davon, für unsere Marke zu arbeiten oder mit unserer Marke in Beziehung zu stehen? Was genau ist der funktionale Nutzen, in welchem Kontext könnte dieser zur jeweiligen Lebensrealität stehen, und welche Emotionen werden dabei angesprochen? Was gewinnen die einzelnen Stakeholder darüber hinaus?"*

In diesem Kontext möchte ich Ihnen den Markendiamanten vorstellen, der von McKinsey entwickelt wurde.

Interessant am McKinsey-Modell ist, dass die Marke hier im Wesentlichen als eine Konstruktion aus nutzenorientierten, informativen und orientierenden Aspekten verstanden wird. Wenn es sich bei diesem Modell auch um eine andere Struktur der Markenbetrachtung handelt, so ist hier jedoch interessant, welchen wesentlichen Stellenwert den Nutzen- (und Mehrwert-)dimensionen der Marke eingeräumt wird.

Die **tangiblen (berührbaren) Attribute**, die in Abb. 6.8 im unteren rechten Segment aufgeführt werden, beschreiben nach Perry und Riesenbeck „*alle sinnlich wahrnehmbaren Charakteristika, die die Grundlage für die Ausprägung des Vorstellungsbilds einer Marke in den Köpfen der Konsumenten bilden*" (**Perrey und Riesenbeck 2005**). Entscheidendes Kriterium der tangiblen Attribute in diesem Konzept ist: Sie werden als erste von den Rezipienten einer Marke wahrgenommen, und verweisen somit auf die besondere Bedeutung des Erscheinungsbilds einer Marke, auf das ich im folgenden Abschnitt noch näher eingehen werde.

Mit den **intangiblen (unberührbaren) Attributen** sind dagegen sämtliche Merkmale einer Marke gemeint, die sich aus ihrem Ruf und ihrer besonderen Persönlichkeit ergeben. Die Rede ist hier deshalb von nicht quantifizierbaren einzelnen Aspekten, sondern eher vom gefühlten Ergebnis einer Markierung.

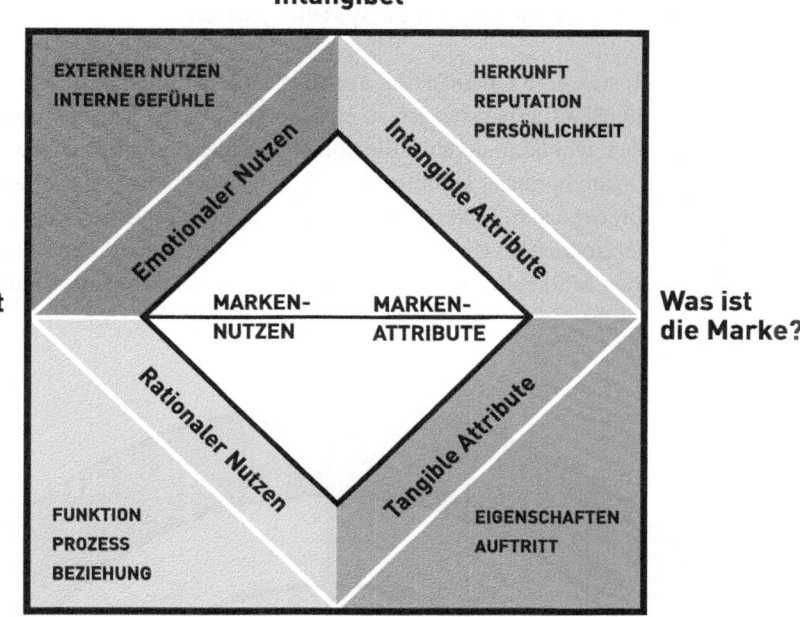

Abb. 6.8 Der Markendiamant von McKinsey

Die Aspekte Nutzen und Mehrwert werden im McKinsey Modell entsprechend der betriebswirtschaftlichen Definition verstanden und beinhalten im Wesentlichen auch die mit dem Nutzen verbundenen Mehrwerte: ***Der rationale Nutzen*** bezeichnet rational wahrnehmbare, faktische Vorteile, die entweder durch die Funktion selber, durch das qualitative Procedere der Geschäftsprozesse, oder durch der Ausgestaltung der einzelnen Beziehungsmomente ergeben. ***Der emotionale Nutzen*** bezieht sich schließlich auf Möglichkeiten der Selbstdarstellung beim Abnehmer oder beim Kooperationspartner der Marke. Mit diesem Modell beanspruchen die Autoren, das Markenimage in nur drei Schritten umfänglich analysieren zu können, ein Aspekt, auf den ich an dieser Stelle aber nicht weiter eingehen möchte, weil die Ausführungen hierzu im Wesentlichen an Produktmarken für den Endkonsumenten ausgerichtet sind.

Welches Modell man bezüglich der Nutzen- und Mehrwertargumentation auch bevorzugen mag – entscheidend ist, dass die Argumentation in jedem Fall das Stakeholder Relation Management berücksichtigt und insofern die Differenzierungen und Vorteile für jeden Stakeholder zu definieren weiß – im Personalmanagement z. B. ebenso wie im Mandantenbeziehungsmanagement, im Vertrieb oder in der Positionierungsstrategie. Für die Definition solch multifunktionaler Nutzen und Mehrwerte bedeutet die Dynamik der Märkte natürlich, dass die Inhalte ständig überprüft und weiterentwickelt werden. Auch hier gilt: Marke ist wie ein lebendiger Organismus, sie will gelebt sein.

6.7   Die Kanzleimarke an ihrer Systemgrenze

So grundsätzlich sich eine Organisation als Marke dadurch definiert, dass sie durch ihre Eigenheiten zwangsläufig markiert ist, so entscheidend ist die Begegnung mit der Marke an ihren sämtlichen Kontaktpunkten – die Sprache ist hier deshalb von Begegnung mit der Marke an ihrer Systemgrenze, an der sich alles zeigt, was vorher im Einzelnen definiert und zu einer überzeugenden Einheit komponiert wurde. Der äußere Ring der Markengrafik (Abb. 6.9) bezeichnet die Bereiche der operativen Umsetzung sämtlicher Grundlagen unter spezifizierten Markenkriterien. Dieser Ring ist in vier Segmente unterteilt:

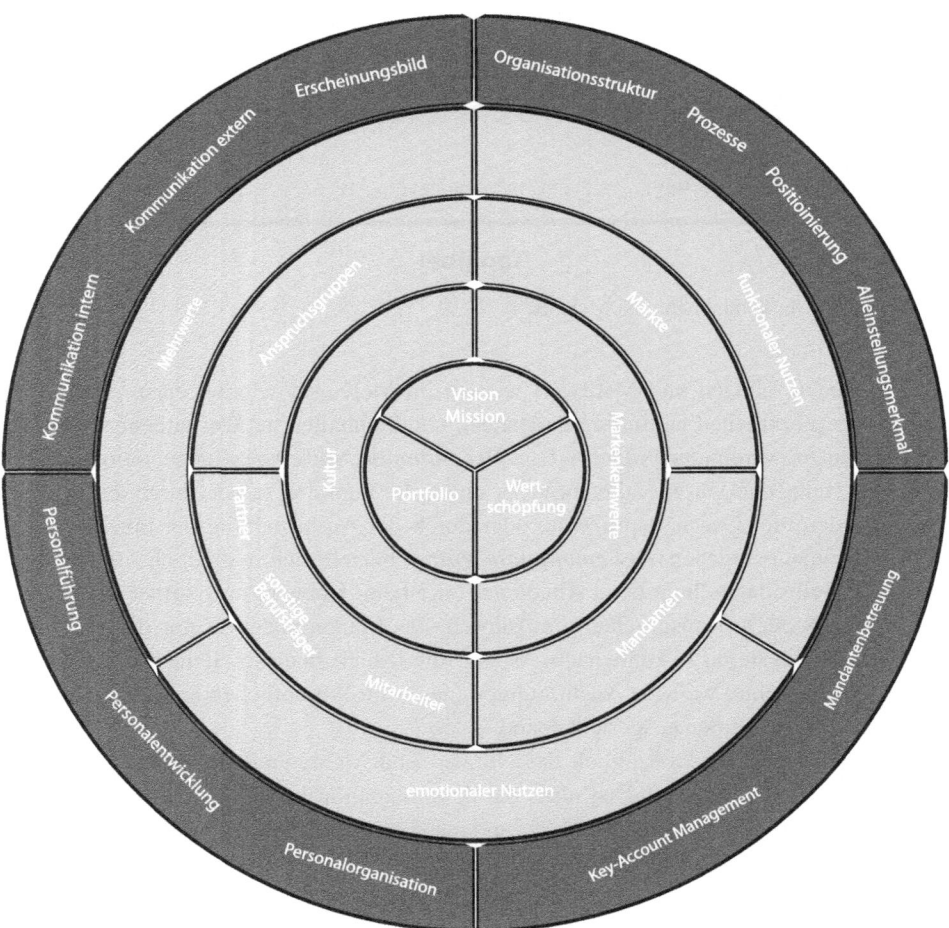

Abb. 6.9 Die Systemgrenze der Kanzleimarke

1. Corporate Design und Kommunikationsdesign
2. Struktur, Organisation, Prozesse
3. Mandantenbeziehungsmanagement
4. Personalmanagement

Ich gehe hier lediglich auf das Segment Corporate Design und Kommunikationsdesign vertieft ein, weil es bereits umfangreiche Fachliteratur über die operative Ausgestaltung einer Kanzlei in den drei anderen Bereichen gibt. In diesem Kontext verweise ich nochmals auf die beiden in jüngerer Zeit erschienenen Bücher von Leo Staub und Christine Hehli Hidber (**Staub und Hehli Hidber 2012**) sowie von Thomas Wegerich und Markus Hartung, (**Wegerich und Hartung 2014**), die als aktuelle Standardwerke für die operative Ausgestaltung der Systemgrenze verstanden werden dürfen.

Die jeweils individuelle Ausgestaltung an der Systemgrenze gilt natürlich auch für das Corporate Design und das Kommunikationsdesign – auch ein operativer Bereich natürlich, über den aber im Kontext der Kanzleimarke noch wenig bis gar keine Literatur vorliegt. Ich werde deshalb insbesondere in diesem Bereich auf einige wichtige Aspekte vertieft eingehen.

6.7.1 Corporate Design

Zunächst definiere ich das Corporate Design und das Kommunikationsdesign als Sammelbegriffe für die *Ausgestaltung spezifischer sinnlich wahrnehmbarer Elemente einer Kanzlei*, von Farben über Formen- und Bildsprache, Sprachmelodien bis eben hin zur vernetzten Kommunikation. Natürlich sind die Bedingungen für diesen Bereich nicht anders als für Unternehmen im Allgemeinen.

Grundsätzlich gilt hierbei: Die Ausgestaltung des Erscheinungsbilds gleicht der Anfertigung eines Maßanzugs für die Marke. Sämtliche Elemente des „Corporate Designs" dienen strikt dem Ziel, die spezifische Identität der Marke mit ihren Werten in eine sinnlich erlebbare Form zu gießen – sichtbar, hörbar, fühlbar und erlebbar. Diese Elemente sollten kontinuierlich unter den Aspekten von Veränderung und Aktualität evaluiert werden. Deshalb sind Corporate Design und Kommunikationsdesign unter dem Aspekt der sinnlichen Beziehungen nach innen und außen zu betrachten. Sinnlich wirkende Elemente wirken eben auf die Sinne, unabhängig davon, ob die Wirkung bewusst oder unbewusst wahrgenommen wird.

Die Wahrnehmungspsychologie hat sich umfassend mit der Wirkung sinnlich wahrnehmbarer Elemente beschäftigt, und ich werde Ihnen in Folge einige Aspekte vorstellen.

> …a combination of good strategy and poor execution in the form of design and creativity is like a Ferrari with flat tyres. It looks good in the specifications, but fails on the road. This is the biggest challenge with brand: succeeding in touching the emotions and igniting passion in clients. This is a particular challenge for law firms which are not used to thinking of their business challenges in terms of impacting emotion and rousing passions!

Good design can build trust. If something looks and feels good, clients assume it is good. Apple Computer has turned this concept into an art form. Too often brand is built around logical, technical offerings and arguments based on features and benefits but logical argument seldom convinces anyone of anything important.

Benefits and features don't often touch the heart and soul of your audience or build an emotional bridge between them and your brand. We have all read the firm brochure extolling the benefit of the firm's one hundred year plus heritage, or that it is the biggest of them all with offices in all the country's key centres – important though these things might be.

This is where design, creativity and innovation come in. It is a vital part of the branding challenge, as Neumeier says, where the > brand rubber hits the road <. (ark group 4)

Das Zitat verdeutlicht: Es geht um eine ganzheitliche Beziehungsgestaltung beim Corporate Design (rational und emotional), denn schließlich geht es auch hierbei um Vertrauen, das nur durch eine überzeugende und verlässliche Marke erreicht werden kann. Corporate Design und Kommunikationsdesign gestalten die sinnlichen Elemente nicht nur nach selbstähnlichen Kriterien, sie setzen sie auch in Beziehung zueinander sowie die daraus entstehende Gestalt der Organisation in Beziehung zum Betrachter.

Deshalb geht es beim Corporate Design weniger um „gute" oder „schöne" Gestaltung. Es geht vielmehr um eine stimmige und zugleich gezielte Definition dessen, was wahrgenommen werden soll. Das Erscheinungsbild soll die Markengestalt sinnlich erfahrbar machen. Zwar wird es immer so sein, dass jede Farbe, jedes Bild und auch jedes Wort in einem individuellen Interpretationsraum des einzelnen Rezipienten fallen. Gleichzeitig aber gibt es natürlich angesichts einer gemeinsamen Kultur auch verbindliche Interpretationen. Und genau hier sollte man sich auskennen, will man gezielt auf das einwirken, was wahrgenommen, bzw. verstanden werden soll. Persönlicher Geschmack ist hier keine zu empfehlende Orientierung.

Dass sich angesichts der einzigartigen Gestalt einer jeden Kanzlei eine mannigfaltige Erscheinungswelt von sinnlich wahrnehmbaren Kanzleimarken entwickeln kann, ja zwingend muss, erscheint logisch: Es kann schlechterdings sein, dass zwei völlig unterschiedliche Rechtsberatungs-Systeme mit ureigener Kultur ähnlich oder gleich erscheinen. Der Rechtsmarkt aber zeigt (bis auf seltene Ausnahmen) genau das: Ein Meer der Gleichheit. Seine Wellen scheinen uns zuzurufen: *Wir erscheinen alle gleich, damit Ihr erkennt, dass wir alle aus derselben Branche kommen. Wir sind alle Anwälte!*

Es ist durchaus verständlich, dass das tradierte Selbstverständnis der Anwaltschaft zu einer spezifischen Akkulturation und einer vereinheitlichten, subjektiven Identifikation geführt haben, die sich eben auch im Erscheinungsbild äußert. Die subjektive Identifikation aber sollte (wenn überhaupt) maximal auf die Person beschränkt bleiben und eben nicht auf die Funktion als Vertreter der eigenen Marke ausgedehnt werden. Die Zeiten, in denen die Person hinter ihrer sachzentrierten Funktion zurück zu stehen hat, sind definitiv vorbei. Gefragt sind Persönlichkeiten, keine Parteisoldaten. Wird das Persönliche der Menschen und der Marke nicht auf allen Ebenen erlebbar, senkt sich ein uniformiertes Selbstverständnis wie geklonter Mehltau auf die unternehmerische Überzeugungskraft einer Kanzleimarke. Zumal es ja darüber hinaus beim Erscheinungsbild nur zur Hälfte darum geht, wer sich hier zeigt. Zur anderen Hälfte geht es eben auch um die Frage, wem man sich zeigen will, und was man bei diesem mit seinem Auftritt erreichen möchte.

Um überhaupt eine Vorstellung über die zahlreichen Möglichkeiten der Gestaltung von Erscheinungsbild und Kommunikation zu bekommen, stelle ich Ihnen hier nur einige beispielhafte Aspekte vor. Dabei geht es mir nicht darum, aus Ihnen Experten für das Corporate- und das Kommunikationsdesigns zu machen. Es geht mir darum, Ihnen eine Vorstellung davon zu vermitteln, worüber Sie überhaupt zu entscheiden haben, wenn Sie sich mit einzelnen Aspekten der Gestaltung der sinnlichen Wahrnehmbarkeit Ihrer Kanzlei beschäftigen.

6.7.1.1   Farbe

Zu den Grundelementen des sichtbaren Erscheinungsbilds zählen in erster Linie die Farben des Unternehmens. Dass es umfangreiche Wahlmöglichkeiten vor dem Hintergrund der Erkenntnisse der Farbpsychologie gibt, spiegelt sich bei der Mehrzahl der Kanzleien nicht wider. Hier wird in über 90 % der Fälle ein mehr oder weniger dunkles Blau gewählt. Für Blau gilt: Es ist die Farbe der scheinbar unbegrenzten Dimensionen, denn es wirkt distanziert und weit entfernt. Das ist ganz einfach physiologisch begründet: Die Lebenserfahrung zeigt, dass beinahe jede Farbe und vor allem jedes Objekt, das weit entfernt ist, bläulich erscheint – je weiter entfernt, desto bläulicher (blauer) wirkt es. Der Grund hierfür ist, dass die Luftschichten zwischen Betrachter und Objekt die anderen Farben optisch herausfiltern. Alles, was weit entfernt ist, wirkt dadurch blau. Blau symbolisiert die Ferne des Himmels, oder einfach: das Ferne, und im Kontext der in vielen Kulturen herrschenden Idee, dass der Himmel der Platz der Götter sei, steht Blau in den meisten Kulturen für das Göttliche, das Geistige. Das Himmelsblau galt einst als die Farbe der Himmelsgötter und war – weil diese in der Mehrzahl als männlich verstanden wurden – schon in alten Vorstellungen mit dem Männlichen verknüpft.

Blau wird so gesehen in den meisten Fällen als kühle und tiefe Farbe empfunden, und das Kühle in Verbindung mit Tiefe und Ferne (= Distanz), sowie in Kombination mit dem Geistigen und Überlegenen mag dem Selbstverständnis nicht weniger Anwälte mit Blick auf ihren Anspruch an Rationalität, Wissen und einer gewissen Form der Überlegenheit bestens entgegenkommen. Tatsächlich entspricht dieser Aspekt ja dem tradierten Selbstverständnis der gesamten europäischen Rechtsbranche, ist aber möglicherweise in Bezug auf das Erscheinungsbild einer Kanzlei, die auf gleichberechtigte partnerschaftliche Kooperation in der Wirtschaft setzt, oder sich vielleicht auf den Bereich nachhaltiger Technologien spezialisiert hat, nicht unbedingt förderlich, auch dann nicht, wenn Blau aufgrund des Aspekts der Tiefe eben auch für Treue steht.

Darüber hinaus: Weil Blau zu allen Zeiten immer schon der Farbstoff war, der am einfachsten und daher am günstigen zu gewinnen war, und eben deshalb in den meisten Fällen verwendet wurde, hat die Farbe in gewisser Hinsicht einen allgemeinen, bzw. einen beinahe durchschnittlichen Charakter – sie gilt als eher unauffällig, und deshalb für jede Gelegenheit passend.

Das zeigt sich gemeinhin in der Verwendung bei der Businesskleidung, ebenso wie beim Blaumann im Bereich der Arbeit, und schließlich bei der indigogefärbten Jeans als Inbegriff der Freizeithose. Nicht zuletzt auch deshalb ist Blau tatsächlich die Lieblingsfarbe der meisten Menschen in unserem Kulturraum, und die assoziierten Bedeutungen haben sich im Zeitverlauf sogar auf die Bereiche Erholung – „blau machen", Urlaub am Meer machen – sowie Entspannung und Kontrollverlust – Alkohol, „blauer Dunst" und „blau sein" ausgeweitet. Die Beliebtheit der Farbe erklärt auch die häufige Verwendung in der Werbung. Viele Unternehmen und Organisationen benutzen die Farbe (Aral, Deutsche Bank, Levis, Nivea, Schalke 04), und wollen damit Überlegenheit und Stärke, Sauberkeit und Reinheit, Sicherheit, Zuverlässigkeit oder Treue vermitteln. Blau gilt schließlich auch als Farbe des Gemüts und stimmt erfahrungsgemäß positiv. Aus diesem Grunde werden einige Verwaltungsinformationen blau gefärbt. Man hat herausgefunden, dass blaue Botschaften leichter angenommen werden.

Angesichts der zahlreichen Assoziationen und Wirkweisen erkennt man am Beispiel Blau, welche Bedeutung die Farbwahl für eine Kanzlei haben kann. Dabei geht es hier bei weitem nicht darum, die Farbe als etwa nicht passend für Kanzleien zu diskreditieren – zumal hier im einzelnen Fall ja immer auch noch zu berücksichtigen wäre, welchen spezifischen Blauton eine Kanzlei wählt, der wiederum durch die Tendenz zum Rot (Lila oder Violett), zum Grün (Türkis) oder zum Gelb (Grün), und schließlich auch durch den Aspekt der Dunkelheit oder Blässe neue Aspekte hinzugewinnt, denn: Sogar kleinste Veränderungen der Farbnuancen können andere, bzw. erweiterte Assoziationen beim Betrachter hervorrufen. Es geht vielmehr darum, eine Bewusstheit über das Wirkungsspektrum einer gewünschten Farbe oder auch einer Farbkombination zu fördern, damit die Farbwahl eine strategische Entscheidung wird und keine individuell geschmackliche Bevorzugung bleibt. Und für eben diesen bewussten Umgang mit Farbe gilt es, sich noch einmal den Werten und der gewollten Orientierung der Kanzlei zuzuwenden und sich zu fragen, welche (insbesondere emotionalen) Aspekte die Farbwahl eigentlich berücksichtigen soll.

Denn so viel ist klar: Farben und Farbkombinationen erzeugen eine Welt im Kopf, sie reaktivieren Erinnerungen und fördern Assoziationen, sie leiten insofern unser Unterbewusstsein und bestimmen dadurch die Richtung für unser Verhalten. So rational die Farbe Blau zum Beispiel daherkommen mag – die Vorstellungen und Bilder, die sich unwillkürlich in Jedem bei der Begegnung mit Farben entfalten, sind völlig unbeeindruckt von unserem Verstand, von unserem Wissen und Denken. Farben wirken direkt am Verstand vorbei auf das System, sowohl physisch als auch psychisch.

Die Farbpsychologie hat als Quelle der Entstehung für die meist unbewussten Assoziationen in der Wahrnehmung drei Bereiche identifiziert. Der erste Bereich ist der physiologische – er bedingt, dass bestimmte Farbtöne für alle Menschen auf der Welt gleiche Assoziationen hervorrufen. Das Beispiel von Wasser und Himmel für Ferne und Distanz, Tiefe und Treue, Erhabenheit und Geistiges habe ich schon genannt. Ein anderes eingängiges Beispiel ist die Farbe grün, die weltweit mit Natur, Entstehung (Hoffnung), Wachstum und Veränderung assoziiert wird. Auch rot ist global gleich besetzt – mit starken Emotionen – es gilt für alle Menschen als Farbe der Liebe ebenso wie der Wut, der Aggression und des Kampfes und je kälter das Rot ist, desto gefährlicher erscheint es.

Besonders auch im Lebensmittelbereich spielt die Physiologie eine besondere Rolle. Versuche mit umgefärbten Lebensmitteln haben gezeigt, dass bei vielen Menschen der gesamte Organismus regelrecht rebelliert – ihnen wird übel angesichts z. B. blauer Spaghetti. Lebensmittel haben natürlich wenig mit der Farbe unternehmerischen Auftretens gemein – der Hinweis soll lediglich verdeutlichen, wie wichtig die Erwartung an die „richtige" Farbe auf der Seite der Rezipienten im Bereich der physiologischen Assoziationen sein kann.

Der zweite Bereich für die Assoziationen ist der kulturelle. So hat sich das Grün zum Beispiel mehr und mehr auch zur Farbe für Umweltschutz, Nachhaltigkeit und die sozialen Bereiche entwickelt. Die erwähnten eher jüngeren Assoziationen zur Entspannung beim Anblick von Blau haben sich im Kontext einer wachsenden Urlaubs- und Freizeitkultur in das Zentrum der allgemeinen Wahrnehmung geschoben. Dass es also im kulturellen Kontext verschiedene Zuordnungen zu einer Farbe gibt, scheint verständlich. Ein bekanntes Beispiel ist die kulturell unterschiedliche Symbolisierung für Trauer: In westlichen Kulturen steht hierfür die Farbe Schwarz, in China die Farbe Weiß.

Der dritte Bereich, aus dem die Assoziationen entstammen, bezieht sich auf die persönlichen Erfahrungen mit bestimmten Objektfarben. Apfelsinen sind immer orange und heißen deshalb im Volksmund sogar Orange – es gibt also für alle Menschen verbindliche persönliche, bzw. interpersönliche Erfahrungen (weil alle Menschen orangefarbene Apfelsinen kennen), und es gibt außerdem individuelle Erfahrungen mit Farben, die z. B. auf Verknüpfungen aus der eigenen Biografie, wie die Farbe eines Kleidungsstücks der Eltern, oder die Farbe des Familienautos zurückzuführen sind. Grundsätzlich kann man sagen, dass sämtliche Vorstellungsinhalte durch eigene Erfahrungen sehr fest mit bestimmten Farben verbunden sind. Natürlich kann man die individuellen Erfahrungen nicht kennen. Man kann aber beobachten, dass durch die Zeitgebundenheit bestimmter Farben Rückschlüsse auf zu erwartende Reaktionen bestimmter Altersgruppen zu ziehen sind

Deshalb gilt es bei der Wahl der Farbe neben den Aspekten Wahrnehmung und Wirkung auch das Phänomen Zeitassoziation zu berücksichtigen. Farben kommen in unserem Umfeld wie wechselnde Moden daher, und bestimmte Farbkombinationen erfreuen sich zu bestimmten Zeiten besonderer Beliebtheit. Waren es in den späten 1960er Jahren zum Beispiel die so genannten ungebrochenen Töne wie Blau, Rot, Gelb und Grün, die nach 40 Jahren der gefühlten Farblosigkeit vorherrschten und außerdem eine gewissen Reinheit im Sinne der Unschuld assoziieren ließen, schob sich in den 1970er Jahren eine nicht selten grelle Farbkombination von Orange-, Grün-, und Violetttönen (ein Zusammenspiel gebrochener Mischfarben also) im Zusammenspiel mit vorherrschenden Brauntönen in den Vordergrund. Orange als In-Farbe der 70er verkörperte die Inhalte der „68er": das Auffällige, Gewagte, Neue und Kreative.

Die 1980er Jahre waren einerseits geprägt von Neon- und Leuchtfarben und zeigten andererseits eine Vorliebe für schwarz, grau und Silbertöne als Inbegriff des Hightech. In den 1990er Jahren dominierten unzählige Varianten von Orange-Grau-Kombinationen in den neu gestalteten Erscheinungsbildern von Unternehmen. Und Ende der 90er Jahre machte sich eine grellbunte Farbvielfalt im Kontext des Internethype bei den unternehmerischen Erscheinungsbildern breit. Nach dem Zusammenbruch des neuen Markts, insbesondere auch nach dem Lehman Desaster, verschoben sich die Vorlieben hin zu verlässlichen, erdgebundenen oder die Nachhaltigkeit assoziierenden Tönen.

Der Relaunch des British Petrol Logos, das ursprünglich eine aus der Heraldik entlehnte Wappenform in dunkelgrün-brauner Färbung zeigte (die sich im Verlauf in ungebrochene Grün- und Gelbtöne wandelte), hin zu einer strahlenden Sonne in weiß, gelb und leuchtend grün, ist ein gutes Beispiel für den bewussten Umgang mit Firmenfarbe und Form im Kontext der sich wandelnden Anforderungen seitens der Verbraucher. Als Mineralölkonzern vermittelt BP seit 2001 Sauberkeit, Naturverbundenheit und Nachhaltigkeit. In einer Pressemeldung schreibt das Unternehmen in 2001 hierzu:

> Im Zuge des globalen Marken-Relaunches der BP wird künftig an allen Tankstellen das gewohnte BP Wappen durch ein neues Symbol ersetzt: ein Sonnenrad in grün, gelb und weiß. Das nach dem griechischen Sonnengott der Antike benannte „Helios"-Zeichen steht für die dynamische Energie in all ihren Formen, von Öl über Gas bis zur Solarenergie und in Zukunft auch darüber hinaus – „beyond petroleum". (BP 2001)

Das neue Zeichen sollte also nicht nur neue Werte im Bereich des Energiesektors stehen, es war zugleich auch als Hinweis darauf konzipiert, dass der Konzern seine Strategien im Bereich Tankstellen weiterentwickelt hatte. BP schreibt weiter in der Pressemeldung hierzu:

> Der strategische Fokus des neuen Konzepts liegt auf dem Convenience Sektor, von dem sich BP höhere Deckungsbeiträge erwartet. (BP 2001)

Farbe ist wie gesagt das wohl grundlegendste Element des Erscheinungsbildes, erstens, weil Farbe die abstrakteste Form der Selbstäußerung ist (und auf eine gewisse Art zugleich die virtuellste ist, weil es sich letztendlich um Täuschungen handelt, die durch Lichtbrechung hervorgerufen werden). Zweitens, weil Farben eine so starke Wirkung auf den Assoziationsraum des Rezipienten haben, sowohl auf der kognitiven als auch auf der emotionalen Ebene. Und drittens schließlich, weil Farbe einen maßgeblichen Einfluss auf die Wahrnehmung von Formen und Bildern hat.

Möglicherweise bleibt die eine oder andere Kanzlei angesichts dieser Ausführungen bei der Entscheidung für die Firmenfarbe dunkelblau. Und dagegen ist überhaupt nichts einzuwenden. Sie sollte sich lediglich der Beweggründe und der gewünschten Wirkungen bewusst sein.

6.7.1.2 Form

Das Beispiel von British Petrol zeigt, wie wesentlich neben dem Umgang mit Farben eben auch der mit Formen ist: Ein Wappen spricht eine andere Sprache als eine Sonne. Aber es muss ja nicht gleich die Illustration für eine gewünschte Assoziation sein, wenn es um die

Formensprache geht. Denn auch jenseits der direkten Symbolisierung sprechen Formen für sich und haben so gesehen eine indirekte Symbolkraft.

Dass eckige Formen kantig und deshalb sperrig, zugleich aber auch gradlinig, geordnet und eher statisch und ruhig, nicht zuletzt männlich wirken, wohingegen runde oder amorphe Formen geschmeidig, beweglich bis dynamisch, warm, geheimnisvoll und in vielen Zusammenhängen weiblich wirken, ist bekannt. Johann Wolfgang von Goethe sah in der sichtbaren Gestalt der äußeren Form einen Ausdruck des Wesens der Dinge. Georg Wilhelm Friedrich Hegel schloss sich ihm an und bezeichnete die sichtbare Gestalt als unmittelbaren Ausdruck des Innen.

Derart formuliert wird der Zweck des Erscheinungsbilds, und hier eben die gewählte Formensprache, auf den Punkt gebracht: Es soll dem Umfeld das Wesen der Organisation mit Blick auf gewünschte Verbindungen vermitteln. Die Formensprache bedient also als Element des Erscheinungsbilds eine wesentliche Komponente – quasi als symbolisierender Container für zu assoziierende Inhalte.

Welche Bedeutung die Form für sich – und ebenfalls im Zeitverlauf – für die Wahrnehmung hat, kann besonders gut in der Automobilindustrie erkannt werden. Nichts verändert sich so eindrücklich und sichtbar, wie das Design der Autos, und nichts wird derart emotional vom Verbraucher zur Kenntnis genommen. Die heute üblichen, animalischen und Comic-Figur ähnlichen Gefährte sprechen eine eindeutige Sprache: Die Maschine ist zum lebendigen Organismus geworden – als postmoderne Haustiere lenken sie von Verkehrskollaps, Umweltverschmutzung und vom Verbrauch unwiederbringlicher Ressourcen ab. Sie sprechen mit und sie denken für uns. Und in den bullig geformten SUVs werden die Fahrer zu Helden des Dschungels komplexer Umfelder und meistern spielerisch jede Untiefe des Lebens. So zumindest fühlt es sich für die Käufer an.

Das Karosseriedesign bedient insofern aktuelle Bedürfnisse, und spätestens seit den 1970er Jahren gilt das Aussehen der Karossen als in Form gegossene Markenbotschaft.

> Wenn Konsumenten ein Automobil sehen, nehmen sie die Karosserieform unmittelbar und intuitiv wahr. Dabei kommt es zu direkten Urteilsbekundungen wie etwa – ‚es gefällt mir' oder ‚es gefällt mir nicht'. Warum ein Automobil gefällt oder missfällt, lässt sich durch das Interagieren vieler unterschiedlicher ästhetischer Eigenschaften (wie Proportionen und Physiognomie) und weiterer – über die Form des Objekts hinausreichenden – Faktoren erklären. So entfaltet neben gestalterischen Gesetzmäßigkeiten die ‚Authentizität' eines Designs ihre Wirkung. [...] wenn es dem entspricht, was Konsumenten von einer bestimmten Marke erwarten. In anderen Worten heißt das, dass als Maßstab für die Beurteilung von Anmutungen weniger das individuelle ästhetische Empfinden des Rezipienten anzulegen ist, sondern vielmehr dessen Eindruck von der Kongruenz bzw. der Inkongruenz zwischen Produktdesign und Marke. [...] Das Design wird damit zunehmend zum Erkennungszeichen für die verschiedenen Automobilmarken. Es gilt, den Markenwert zu visualisieren und in eine Formensprache zu übersetzen.... (Ufermann 2010)

Zwar bezieht sich die Betrachtung der Form am Beispiel der Autos auf den Produktsektor. Form aber ist Form, unabhängig davon, in welchem Kontext sie verwendet wird – ob in der Grafik, beim Logo, in der Bildsprache, in der Architektur, bei der Kleidung oder eben bei Produkten. Versteht man eine Form als gestaltgewordenen Inhalt, dann versteht man auch, dass der Form – ob unbewusst oder bewusst – zahlreiche Inhalte zugeschrieben werden, die sich aus kognitiven wie emotionalen Assoziationsquellen speisen.

Kanzleien haben in der Mehrzahl eine Wortmarke und keine Bildmarke als Logo. Sie nutzen die Symbolisierung ihrer Marke durch die grafische Gestaltung des Schriftzugs ihres Namens. Aber auch Schrift ist Form. Sie ist in ihrer Mannigfaltigkeit nichts anderes, als die Anwendung verschiedener Formensprachen auf ein Medium. Und gerade weil Wortmarken von Kanzleien so häufig verwendet werden, und darüber hinaus die Sprache – und ihre in Gestalt gegossene Form – ein besonderes Element des Rechts im Allgemeinen und der Rechtsberater im Besonderen ist, hat die Typografie, also die Wahl der Schriftart, ebenso wie der gestalterische Umgang mit ihr, eine wesentliche Bedeutung im Kontext der Kanzlei-Formensprache.

6.7.1.3 Typografie

Die Typografie ist heute beinahe eine eigene Wissenschaft und die Geschichte der Schriftentwicklung reicht weit zurück. Über Etrusker und Griechen gelangten die Vorformen des lateinischen Alphabets im ersten Jahrtausend v. Chr. zu den Römern. Unser heutiges Alphabet entspricht diesem noch weitgehend, wobei die Römer zunächst nur Versalien (Großbuchstaben) kannten. Schnell aber erfuhr die Schrift diverse Gestaltungsvarianten, die von der so genannten römischen *Capitalis Monumentalis* bis hin zu informellen Schriftvarianten reichten.

Die Monumentalis glich den in Stein gehauenen Schriften, und nicht wenige Kanzleien bevorzugen heute in ihrem Erscheinungsbild Abwandlungen dieser Type. Die Gängigste unter ihnen ist die Copperplate und prominentester Verwender in der Wortmarke im deutschen Raum ist die Kanzlei Hengeler Mueller. Was in Stein gemeißelt steht, ist unumstößlich, lautet die Kernbotschaft dieser Type. Und weil nicht nur Hengeler Müller sondern tatsächlich auffallend viele Kanzleien diese Type bevorzugen, scheint die Botschaft eine beliebte unter Anwälten zu sein. Hier drängen sich Assoziationen zu den in Stein gemeißelten 10 Geboten auf.

Aus den in Stein gehauenen Schriften haben sich die Serifenschriften entwickelt – die Times ist das hierfür bekannteste Beispiel. Aufgrund der langen Geschichte stehen Serifen noch heute für Traditionsverbundenheit und Seriosität. Bis zur Erfindung des Buchdrucks im 15. Jahrhundert durch Johannes Gutenberg wurden Schriften per Hand hergestellt – und genau das war der Grund für ihre besondere Formenvielfalt und die kunstvoll ausgestalteten Häkchen, die zum charakteristischen Erkennungszeichen der Serifen wurden, deren Charakter immer wieder als elegant beschrieben wird.

Das Aufkommen der Groteskschriften, deren Name auf die Kontroverse über die für das damalige Auge groteske Formgebung verweist, lässt sich zwar bis ins frühe 19. Jahrhundert zurückverfolgen, doch ihr Durchbruch erfolgte erst 100 Jahre später, mit dem Beginn der Werbewirtschaft, wobei sich wie bei den bis dahin dominierenden Serifen- (oder Antiqua-) Schriften auch bei der Groteske verschiedene Gestaltungs-Richtungen zeigen.

Die Alltäglichste unter den Grotesken ist die Arial als digitalisierte Variante der Type, Helvetica, die in jedem Computer – ähnlich der Serifentype Times – vorinstalliert ist, und deshalb maximal kompatible Lesbarkeit und Verarbeitung bei allen Ausgabemedien garantiert. Aufgrund dieser Vorinstallation in gängigen Betriebssystemen werden in vielen Kanzleien Times und Arial als Logo- und Hausschriften für Broschüren und Newsletter verwendet. Zwar sind sie unbestritten ubiquitär nutzbar – der Nachteil durch die fehlende Originalität und Individualität aber liegt auf der Hand: Einer tritt auf wie alle.

Dass die beiden Schriften hingegen für Schriftsätze und Büro- und Verwaltungskorrespondenz verwendet werden, ist mehr als empfehlenswert und sollte so beibehalten werden. Schließlich zeigt sich hier die einzige Garantie der Darstellbarkeit auf allen anderen Rechnern, unabhängig von deren Betriebssystem. Für das eigene Firmenzeichen und die Gestaltung der Firmenmedien aber sind diese Schriften heute nicht mehr wirklich empfehlenswert.

Neben der möglichen Unkenntnis über alternative Typen und deren Möglichkeiten liegt die übliche Wahl der beiden Typen sicher auch darin begründet, dass sie nicht gekauft werden müssen. Schriften sind schützenswerte Designelaborate und werden dementsprechend gehandelt. Der Preis für eine Schrift in ihren verschiedenen Schnitten (regular, kursiv, bold etc) kann schnell im vierstelligen Bereich liegen. Kenntnisse über die fachgerechte Installation auf den Rechnern einer Kanzlei müssen außerdem vorhanden sein. Der Einsatz von Schrift fragt also neben allgemeinen Kenntnissen in Typografie nach einer gewissen IT-Kompetenz.

Die fortschreitende Digitalisierung aber hat auch Vorteile für den Umgang mit der eigenen Schrift. Sie brachte neue Schrifttypen hervor, wie etwa die Vektorschriften (Umriss-Schriften), die nun auch ermöglichen, Veränderungen an einzelnen Buchstaben vorzunehmen. Außerdem: Nicht selten stellen junge Gestalter ihre vektorisierten Schriftentwicklungen als Freeware ins Netz, was dazu geführt hat, dass die Vielfalt der Logoschriftzüge auch bei kleineren Unternehmen förmlich „explodiert" ist.

Die postmoderne Gestaltungswelle zu Beginn der 1990er Jahre sowie die Technokultur und nicht zuletzt die „Sprayer", die sich mit eigenen „Tags" im öffentlichen Raum verewigen, trugen maßgeblich zur Entwicklung neuer Schrifttypen bei, die immer mehr zu Skulpturen mit vorgetäuschter Dreidimensionalität wurden und damit den Formcharakter der Schrift unterstrichen: Die Schrift wurde hier zur Form, zur eigenen Gestalt mit beinahe skulpturalem Charakter.

Insgesamt wird deutlich, dass die Auswahl einer Schrift immer auch ein Bekenntnis zu Stilepochen sowie zu persönlichen, gesellschaftlichen und politischen Haltungen ist, und insofern auch auf das Formenrepertoire der Marke – als Container für ideelle Inhalte – verweist.

Schrift spielt in den Erscheinungsbildern von Unternehmen – insbesondere bei den größeren Unternehmen – eine zentrale Rolle. So hat die Daimler AG exklusiv eine eigene Hausschrift, einen sogenannten *Corporate Font* entwickeln lassen. Die elegante, zugleich schlanke – und trotz ihrer Serifen – schnörkellose Type des bekannten Typografen Jens Wiedemann ist derart charakteristisch, dass sie in ihrer Unverwechselbarkeit stets mit der

Marke identifiziert wird. Und natürlich ist die Hausschrift der Daimler AG urheberrecht-
lich geschützt und darf weder vervielfältigt noch an Dritte überlassen werden.

Das Unternehmen Beiersdorf hat sich im Umgang mit Schrift dagegen weniger auf das
Unternehmen selber denn auf seine Produkte fokussiert. Bekannt ist hierbei vor allem der
regelmäßige Relaunch des Nivea Schriftzuges, der den aktuellen Sehgewohnheiten stets
derart sensibel angeglichen wird, dass die Aktualisierung wahrscheinlich nur wenigen
professionellen Gestaltern auffällt. Sieht man sich aber einmal die Schriftzüge in ihrem
Zeitverlauf nebeneinander an, dann erkennt man deutlich die verschiedenen Gestaltungs-
epochen, und versteht sofort, welche Bedeutung die Aktualität von Typografie hat. (**Nivea
Type**)

Dabei hat Beiersdorf sich für Nivea im Übrigen auch eine exklusive Hausfarbe entwickeln lassen, die unter der Bezeichnung „*Ivocart NIVEA-Blau B65711A*" geführt wird.
Und anlässlich des 100. Geburtstags der Creme beauftragte das Unternehmen schließlich
den Typografen Achaz Prinz Reuss, den Nivea Schriftzug zu einer Hausschrift entwickeln.
In der Pressemeldung von Beiersdorf heißt es hierzu:

> Von einem Auftrag wie diesem hatte Achaz Prinz Reuss schon als Design-Student geträumt:
> Anfang 2000 sollte er aus dem bestehenden NIVEA Logo eine komplette, eigenständige
> Schrift gestalten. Ziel von Beiersdorf war eine schnellere, leichtere Wiedererkennung und
> sofortige Zuordnung der Produkte {…} Von der Geschäfts-Korrespondenz über die Printan-
> zeigen oder Fließtexte bis zur Verpackung: Überall wird seitdem nur die NIVEA-Schrift ver-
> wendet. Und das mit der Wiedererkennung klappt sogar, wenn man ihre typischen Merkmale
> auf kyrillische oder griechische Buchstaben überträgt.
> Nach wie vor den höchsten Wiedererkennungs-Effekt löst jedoch der NIVEA-Schriftzug aus.
> Tests ergaben, dass das Logo selbst dann noch erkannt wird, wenn es zu 70 % abgedeckt ist,
> d. h. der Name nicht mehr lesbar ist. Eine derart unverwechselbare „Handschrift" haben nur
> sehr wenige Marken weltweit: Google oder Coca-Cola gehören dazu. (Nivea 2000)

Es gibt viele andere eindrückliche Schriftentwicklungen für größere Unternehmen, wie
zum Beispiel die serifenlose TeleGrotesk der Deutsche Telekom AG, die DB Type der
Deutschen Bahn oder der Schriftzug des Flughafens Berlin Brandenburg (BER), der im
Jahr 2014 immerhin schon mal mit einem fertig entwickelten Erscheinungsbild auftreten
konnte.

Unter den großen Kanzleien kann Linklaters als die mehr oder weniger einzige benannt
werden, die einen herausgehobenen weil eigenwilligen Umgang mit der Schrift hat. Zwar
hat die Sozietät auf vorliegende Schriften zurückgegriffen, hierbei aber eine derart eigenwillige Type gewählt (die breit laufende Letter Gothic), dass sie damit hervorgehoben im
Wettbewerbsumfeld steht. Die Logotype wird zugleich für Überschriften verwendet und
die Kombination mit der schmal laufenden Groteske Trade Gothic im Fließtext sowie mit
der eigenwilligen Hausfarbe, in der Ähnlichkeiten mit dem Telekom Magenta anklingen,
bewirkt ihr Übriges für einen ubiquitär wiedererkennbaren Auftritt. Linklaters hat den Relaunch seines Erscheinungsbilds Anfang 2000 mit einem umfassenden Prozess der Selbstidentifikation und -bestimmung begleitet.

Grundlegend kann man festhalten, dass die Hausschrift sowie die für die Wortmarke gestaltete Schrift unter folgenden Kriterien gewählt werden sollten:

Die Type soll erstens einen hohen Wiedererkennungswert besitzen;

sie muss zweitens eine gute Lesbarkeit aufweisen;

sie soll drittens durch die einzelnen Geschäftsauftritte hindurch einheitlich und konstant verwendet werden;

und schließlich viertens die Unternehmensphilosophie zeigen und zum Leistungsangebot passen.

6.7.1.4 Bildsprache

Eine andere Sonderform der Formensprache ist die Bildsprache. Die Bildsprache entscheidet darüber, welche emotionalen Werte und Inhalte über das eigentliche Bild hinaus transportiert werden. Insofern bezieht sich die Formensprache der Bilder sowohl auf die abgebildeten Elemente (welche Geschichte wird erzählt?) als auch auf den Bildaufbau und andere Aspekte, wie zum Beispiel den Bildanschnitt. Natürlich hat darüber hinaus die Firmenfarbe einen maßgeblichen Einfluss auf das gewählte Farbspektrum der Bildmotive.

Am Beispiel der Konzeption einer Bildsprache für Thyssen Krupp soll verdeutlicht werden, wie umfangreich die Gedanken hierzu sein können, und wie wichtig die präzisen Vorgaben für die Auswahl der Bilder letztlich sind. Mit der Vision *„Erfinden heißt Träume formen"* und der bereits erwähnten Mission *„Die Welt von morgen gestalten. Wir bewegen Menschen und geben Stabilität. Weltweit. Auf höchstem Niveau"* sowie den Markenkernwerten *„beharrlich, systematisch, inspirierend"* nannte das Bildkonzept folgende Aspekte für die Erstellung von Bildmotiven:

Wunsch, Idee, Vorstellung, Vision, Licht, Weite, Unschärfe, Raum, Kreation, Weitsicht, Größe, Übersicht Perspektive, Ziel, Phantasie, Bereicherung, Inspiration, Möglichkeit, Erweiterung

Schärfe, Disziplin, Vorgabe, Präzision, Form, Orientierung, Zuordnung, System, Struktur, Muster, Analyse, Präzision, Bewegung, Aktivität, Raum, Entfaltung, Orientierung, Behauptung, Festigkeit, Atem, Luft, Berührung, Mensch

Verständnis, Unterstützung, Optimismus, Lust, Lebendigkeit, Sicherheit, Führung, Vertrauen, Klarheit, Unermüdlichkeit, Strenge, Prinzip, Beständigkeit, Verlässlichkeit, Konsequenz, Verbindung, Emotion. **(Bildsprache Thyssen Krupp)**

Ausgehend von diesen Aspekten entwickelte sich eine „Bildgeschichte", in der die wesentlichen Kriterien für die weiteren Konkretisierungen genannt wurden.

Die Geschichte von Thyssen Krupp ist die Geschichte von Menschen mit Träumen, Visionen, Ideen und der Tatkraft, zur Wirklichkeit zu formen, was kühnste Träume sind. {…) Daraus ist Großes entstanden: ein Weltkonzern der Stahlindustrie mit 188.000 Mitarbeitern, die – jeder an seinem Platz – die Idee mitgestalten. Jeder nach seinen Möglichkeiten beharrlich, jeder mit Blick auf die gemeinsame Sache systematisch und jeder durch seine Träume, Visionen und Ideen auf seine individuelle Weise inspirierend. Die Bilder erzählen diese Geschichte: Sie zeigen die Dimension eines Zukunftstraumes in hellem Licht, das durchdrungen ist vom

Geist des Erfinden-Wollens. Sie zeigen zugleich die Strukturen, innerhalb derer sich Beharr-
lichkeit, Unermüdlichkeit, Systematik und die Fähigkeit zur Formgebung entwickeln. Sie
zeigen nicht zuletzt die geformten Ergebnisse in ihrer Größe, sowie die Genauigkeit im Detail
und eine menschennahe Präsenz, die durch Materialität und Berührbarkeit Sicherheit ver-
schafft. (Bildsprache Thyssen Krupp)

Diese Bildgeschichte, so sehr sie noch mit „großen Worten" daherkommt, war Maßgabe
für die konkretisierten Vorgaben in den einzelnen Bildmotivbereichen *Mensch und Ge-
sicht/Mensch und Team/Mensch und Arbeit/Gebäude und Raum Produkt und Objekt.*

Ich möchte hier nur einige beispielhafte Maßgaben zitieren, um zu verdeutlichen, wie
dezidiert die Vorgaben an eine Bild-, Formen-, und Farbsprache sein können.

Für den Bereich *Mensch und Gesicht* wurde festgelegt:

Hinter der Erfolgsgeschichte von Thyssen Krupp stehen Menschen mit Träumen, Innovations-
geist, Tatendrang, Kompetenz und unermüdlicher Schaffenskraft. Portraits zeigen Gesichter
ganz nah, Köpfe im Anschnitt und der Blick zeigt die Richtung der Vorstellung bevorzugt
nach oben rechts (ein visionärer Blick geht immer nach oben rechts). Hintergründe sind entweder unscharf als Ausdruck der möglichen Größe von Ideen oder musterhaft strukturiert als
Ausdruck von Verstand, Logik und Konsequenz. *Insgesamt „helle" Bildräume mit einzelnen
farbigen Akzenten. Verschiedene Ethnien unterstreichen die Internationalität des Konzerns.*

Für den Bereich *Mensch und Team* wurde festgelegt:

Menschen im Team zeigen die Gemeinsamkeit, das Engagement für die Idee wie für die Sache,
die lokale wie internationale Begegnung und Bewegung, immer gemeinsam. Die Teamauf-
nahmen zeigen das wie Momentaufnahmen mit beinahe redaktionellem Bildcharakter. Die
Bildthemen sind Begegnung, Kooperation, gegenseitige Aufmerksamkeit und Engagement
füreinander, bevorzugt in der Kombination verschiedener Ethnien auf einem Motiv. Gestaltungselemente sind starker Anschnitt, Betonung der Bewegungsrichtung, Zusammenspiel von
Schärfe und Unschärfe oder Betonung von Strukturiertheit. Die Farbigkeit ist wie bei den
Portraits, wenn es um Gedankenaustausch geht, oder mischt warme und kalte Töne, da wo
mit Sachkompetenz und Gemeinschaftsgefühl im Team sowie international gehandelt wird.

Im Motivbereich *Mensch und Arbeit* hat die Bildsprache einen redaktionellen, eher be-
obachtenden Charakter, und die Aufnahmen zeigen sowohl die Aktion aus der Nähe sowie
in der Größe des Raumes – als Indiz für die Größe des Konzerns.

Im Motivbereich *Gebäude und Raum* soll die Architektur des Thyssen-Krupp Quar-
tiers in Essen hervorgehoben werden, in der sich der Anspruch an sich selbst, an In-
novations- und Tatkraft, sowie an Menschlichkeit gleichermaßen widerspiegeln. Als Gestaltungselemente werden deshalb Weitwinkelblicke bestimmt, die immer die Größe von
Architektur, Innen- und Außenraum betonen. Darüber kommen Abbildungen der architek-
tonischen Struktur sowie einzelner Materialien zum Tragen. Der Eindruck von Monumen-
talität, Weite und Unbegrenztheit wird ein den Motiven gemeines Kriterium.

Im Bereich *Produkt und Objekt* schließlich *wird Stahl als der Stoff, mit dem Thyssen Krupp vorrangig identifiziert wird, mit mannigfachen Beispielen der Verarbeitung in*

skulptural anmutenden Darstellungen gezeigt. Gestaltungselemente sind ausschnitthafte Nahaufnahmen, farbige Akzentuierung und Materialanordnungen mit Muster-Charakter (Bildsprache Thyssen Krupp).

Diese konzeptionelle Vorarbeit im Rahmen des Relaunches für Thyssen Krupp stammt aus 2007 und ich habe an anderer Stelle bereits erwähnt, welche Entwicklungen der Konzern inzwischen genommen hat – dennoch: Das beispielhafte Bildkonzept orientiert sich ausschließlich am Markenkern und dessen Werten und fordert, diese in Bildsprache umzusetzen.

Für Kanzleien gilt natürlich grundsätzlich zu klären, in welchen Bereichen überhaupt mit Bildern gearbeitet werden soll, und von den Anwaltsportraits über Gebäude- und Büroaufnahmen bis hin zu fachbereichsspezifischen Bildmotiven aus Architektur, Logistik, Finanzen o. ä. ist bedachte Aufmerksamkeit bezüglich der gewünschten Aussage angeraten. Nicht zuletzt fungieren Bildmotive auf unterschiedlichen Informations- und Kommunikationsebenen. Von der Motivation bis hin zur Instruktion entfacht sich hier die ganze Bandbreite der Orientierungsfunktion der Marke, die eben auch im Bildbereich visualisiert werden will. Die Bildsprache soll markenähnlich sein, und als Königsklasse gilt, wenn aufgrund der Eigenheit eines Bildmotivs die Marke ohne weitere Informationen unmittelbar identifiziert werden kann. Auch hierin agiert z. B. die Daimler AG beispielhaft.

6.7.1.5   Sprache und Sprachmelodie

Auch die Art der Sprache befördert bestimmte Bilder und Assoziationen in den Köpfen der Rezipienten, und im Wesentlichen geschieht das durch die so genannte Sprachmelodie. Das Konzept für die Sprachmelodie gibt vor, welche Werte in welchem inhaltlichen Kontext transportiert werden sollen, und welche Vokabeln schließlich dafür bevorzugt in Frage kommen. Die Bandbreite der Sprachwahl kann von blumig und emotional bis hin zu technokratisch und bürokratisch reichen. Dabei hat jeder Aspekt eine absolute Berechtigung in sich, so er denn der sinnlichen Wahrnehmbarkeit des Markenwesens und der Sinn machenden Verbindung mit den Rezipienten dient. Das gilt auch für die Art des Satzbaus, ebenso wie z. B. für den Umgang mit Überschriften, die von der einfachen Zuordnung (worum geht es bei dem Text) über die Provokation bis hin zur Repräsentanz eines dahinter stehenden Gedanken reichen können.

Den letztgenannten Aspekt zeigt das folgende Beispiel aus der Zuliefererindustrie, in der das Unternehmen die Sprache für die Darstellung des unternehmerischen Grundgedankens bei der Produktentwicklung aufnimmt. Einfachheit, Modularität und Symmetrie sollen bei den Überschriften wie bei allen anderen Äußerungen in den Fokus der Aufmerksamkeit rücken.

Einfach. Modular.
Mit standardisierten Einbauöffnungen haben wir die außenliegende Betätigung vom innenliegenden Schließmechanismus getrennt. Dadurch ist ein modulares Prinzip entstanden, das vielfältige Kombinationsmöglichkeiten erlaubt.

Einfach. Symmetrisch.
Die Symmetrie ergänzt das modulare Prinzip perfekt: Scharniere und Verschlüsse werden einfach um ihre Längsachse gedreht. So wird der anfallende Lagerbestand für ehemals Links- und Rechts-Bauteile enorm reduziert.

Einfach. Ohne Schrauben.
Klipsen statt schrauben – die in einem Gehäuse integrierten Klipselemente werden spielfrei in der Einbauöffnung verkeilt. Die innenliegende starke Feder erlaubt absolut feste Verbindungen. Montagezeiten werden so bis zu 90 % reduziert (Kommunikationskonzept 2009).

Im Zuge des neu entwickelten Corporate Designs wurden dann auch Texte, mit denen sich der Anbieter bis dahin in längeren verschachtelten Sätzen beschrieben hatte, zu einfach und kurz formulierten Aussagen, die vor allem auf eins abzielen: Es sollen die Verbindung mit dem Abnehmer in den Vordergrund gestellt und Nutzen und Mehrwerte der Verbindung benannt werden.

Der ursprüngliche Text lautete
Als international agierendes Unternehmen setzen wir mit Konstrukteuren und Produktdesignern individuelle Kundenanforderungen in Lösungen um und entwickeln und produzieren anhand der spezifischen Anforderungen sowohl ...

Ein solcher Text ist ein typisches Beispiel für die Selbstdarstellung von Unternehmen, die mehr oder weniger ausschließlich über rational-faktische Aspekte ihrer eigenen Arbeit sprechen und dabei sowohl die emotionale Ebene, als vor allem auch die Kunden schlicht vergessen. Die unbewusste Reaktion auf einen solchen Text wird entsprechend ausfallen.

Nach der neu konzipierten Sprachmelodie lautet der Text
Innovative Befestigungs- und Verbindungselemente – intelligente Verschlusstechnik. Ob bei Standardprodukten oder für Ihre spezifische Anforderung: Für Sie finden wir immer die beste Lösung. Und produzieren und liefern weltweit zu den für Sie optimalen Konditionen. (Kommunikationskonzept 2009)

Der ursprüngliche Text des beispielhaft erwähnten Zulieferers entspricht in etwa wie die Satire der Website Anonymous Law Firm. Der Autor weiß hier die ausformulierten Selbstdarstellungsusancen von Kanzleien trefflich auf den Punkt zu bringen:

Our firm was founded in 1908 by thirteen lawyers who believed that the practice of law did not have to be merely one aspect of an attorney's life but that it offered enough rewards – mentally, spiritually and financially – that it was all a person needed to live a complete existence. Our commitment to this ideal has driven us throughout our 98-year history, and continues to guide us as we approach the century mark. With lawyers in offices around the world, Anonymous Law Firm offers clients comprehensive legal services, no matter their needs, and no matter the expertise of our staff. We are distinguished by our pledge to offer advice on whatever matters concern our clients, regardless of the skills and knowledge we bring to the table. This philosophy has enabled us to grow, shrink, and then grow once again as the market has opened up new opportunities with corporations who are unfamiliar with our work. Our unsurpassed record of involvement with our clients in all areas of their business has given us a dossier of experiences other firms simply cannot match. We have one compelling mission with regard to our clients: We can do the work, or at least we will spend the hours trying. (anonymous law firm)

Sprache ist ein machtvolles, und sie ist außerdem das wohl wichtigste Werkzeug für Anwälte. Für Kanzleimarken sollte deshalb eine individuell unverkennbare Sprache entwickelt werden, die das Wesen der Kanzlei hörbar, lesbar, mithin assoziierbar werden lässt. Das ist der eine Aspekt der Sprachmelodie. Der zweite Aspekt verbirgt sich in der Tatsache, dass Sprache immer und ausschließlich der Kommunikation dient. Der Begriff, der sich aus dem lateinischen (*communicare* = mit{-einander)}teilen) entwickelt hat, meint genau das: Es geht darum, eine Sprache und eine Art der Aufbereitung in verschiedenen Medien zu finden, die auf die Verbindung mit den Rezipienten zielt – schließlich geht es darum, etwas miteinander, bzw. gemeinsam zu teilen.

6.7.2 Kommunikationsdesign

Man sagt gemeinhin, dass die Sättigung von Märkten dazu führt, dass Unternehmen sich nicht mehr in einem Leistungswettbewerb sondern vielmehr in einem Kommunikationswettbewerb befinden. Beim Kommunikationswettbewerb geht um die Frage, wer sich am besten mit seinem Umfeld zu verbinden weiß. Kurz: Die Qualität der Kommunikation entscheidet über den Erfolg der Kanzlei. Genau hier kommt das Kommunikationsdesign als wesentliches Element der Marke an ihrer Systemgrenze zum Tragen, und angesichts der wirkungsvollen Tragweite erklärt sich beinahe von selbst, dass heute das Kommunikationsmanagement als originäre Managementaufgabe der Unternehmensführung – und hier eben der Kanzleiführung – verstanden werden soll.

Die Unternehmenskommunikation ist zunächst einmal grundlegend zweckgerichtet und erfüllt verschiedene Funktionen, die auf der makroökonomischen Ebene einerseits wettbewerbsorientiert und andererseits sozial-gesellschaftlich orientiert sind. Auf mikroökonomischer Ebene übernimmt die Kommunikation oftmals eine mit einer Absicht verbundenen Informationsfunktion, indem sie beispielsweise zur Information der Konsumenten über eine bestimmte Leistung eingesetzt wird. Wie ich bereits ausgeführt habe, impliziert jede Information eine bestimmte Absicht zur Beeinflussung des Empfängers. Eine dauerhafte Sicherstellung des Kommunikationserfolges erfordert deshalb eine Bestätigungsfunktion, die erstens sicherstellt, dass die Absicht beim Empfänger angekommen ist, die zweitens klärt, ob und wie der Empfänger die Absicht verstanden hat, und die dann drittens sicherstellt, dass die Reaktionen des Empfängers von der Kanzlei verstanden und zum Anlass für eine weiterführende Kommunikation verwendet werden.

Wenn ich hier übergeordnet von Kommunikationsdesign spreche, dann meine ich sowohl die Konzeption der Kommunikationsstrategie als auch deren Umsetzung und schließlich die Gestaltung der einzelnen Informationen. Im angloamerikanischen Markt spricht man hier in Summe bisweilen von *Corporate Communication*. Allerdings wird auch dieser Begriff verschiedentlich weit gefasst.

Nun fragt sich zunächst, was eigentlich genau mit Kommunikation gemeint ist, und möglicherweise klingt die Frage zunächst merkwürdig – als ob nicht jeder wüsste, was Kommunikation wäre. Das ist in der Wirtschaft mitnichten immer der Fall. Schaut man sich im Feld der Unternehmenskommunikation um, dann erkennt man nicht selten, dass Kommunikation mit „Beschallungs"-Information verwechselt wird. Das hat dann zur Folge, dass der eigentliche Zweck der Kommunikation verfehlt wird.

Teilt man eine Information mit einem Gesprächspartner, dann spricht man von Kommunikation. Bei der Kommunikation soll also für beide Gesprächspartner mindestens die Hälfte des Geteilten rausspringen. Was aber wird eigentlich mitgeteilt, was wird miteinander geteilt? Geteilt wird die Bedeutungshoheit über die Inhalte, die ausgetauscht werden. Damit ist gemeint, dass Kommunikation ein dauernder Prozess von Angebot, Interpretation und Gegenangebot ist.

Das Angebot ist die Aussage, die – wie ich bereits beschrieben habe – immer einen bestimmten Zweck verfolgt. Die Interpretation des Empfängers ist immer autonom, und sie hat in den wenigsten Fällen etwas mit den faktisch gesprochen Wörtern zu tun. Sie geschieht erstens in Resonanz zum Sender, bei dem immer auch emotionale Aspekte mitschwingen (bedrohlich, lockend, neutralisierend o. ä.), durch die dann unmittelbar emotionale Reaktionen bei Empfänger ausgelöst (mitnichten verursacht) werden. Die Interpretation basiert zweitens auf der empfängerseitigen Zuordnung des Gesagten zum eigenen Erlebensraum. So wie kalt und warm keine absoluten, sondern relative Werte sind, so gilt das beinahe für jede Vokabel – Sprache und die mit ihr einhergehende Verständigung sind immer relativ. Sie sind einerseits relativ zur Beziehung zwischen Sender und Empfänger und andererseits relativ zur Beziehung zwischen Sender und Perspektive (oder Standort), wie auch zwischen Empfänger und Perspektive zu verstehen.

Bezug nehmend auf den Aspekt des Miteinanders bei der Deutungshoheit über Information spricht man deshalb heute von zweiseitiger Kommunikation – ein wenig ein „doppelt gemoppelter" Begriff für das, was Kommunikation im Wesentlichen schon besagt. Zum Mitteilen gehören mindestens zwei: ein Sender und ein Empfänger.

Das ist zunächst die etwas theoretisch formulierte Seite der Kommunikation – die man kennen sollte. Denn in der Kanzleipraxis erfordert die Entwicklung einer Kommunikationsstrategie die Berücksichtigung eben dieser Grundlagen. Die Fragen, die hierbei beantwortet werden müssen, lauten:

Was sind die wichtigen Botschaften und mit welcher spezifischen Absicht sollen sie mitgeteilt werden? Was soll bei der Botschaft zwischen den Zeilen mitschwingen, was ist die implizite Botschaft? Wer ist der gewünschte Rezipient und welche besonderen Interessen und Bedürfnisse sind bei ihm zu berücksichtigen? Wie wird gewährleistet, dass die Verbindung zwischen dem Absender und dem Empfänger geschlossen und aufrechterhalten werden?

Die Basis jeder erfolgreichen Kommunikation sind also strategisch-konzeptionelle Überlegungen. Die Kommunikationsstrategie regelt die gesamte Unternehmenskommunikation auf übergeordneter Ebene – sie definiert, warum, mit wem und auf welche Art und Weise die Kanzlei den Dialog führen will. Auf Basis einer umfassenden Ist-Analyse (SWOT) definiert und priorisiert sie:

Positionierung der Unternehmung/Marke
Ziele
Zielgruppen und Botschaften
Orte, Kommunikationsinstrumente und -mittel je Zielgruppe
Abstimmung der Kommunikationsinstrumente miteinander (Integration)
Aufteilung des Kommunikationsbudgets auf die einzelnen Bereiche
Planung und Steuerung der Umsetzung
Controlling

Als erstes wird bestimmt, **welche spezifische Positionierung** die Kanzleimarke im Wettbewerbsumfeld besetzen will. Hierbei handelt es sich um die Umsetzung der Portfoliostrategien in Kommunikation. Die Fragen lauten:

Wie müssen unsere Informationen beschaffen sein, damit sie die spezifische Positionierung zu den verschiedenen Anspruchsgruppen transportiert, und wie müssen diese Informationen in Kommunikation unter Berücksichtigung rationaler und emotionaler Verbindungsmöglichkeiten mit den Empfängern aufbereitet werden.

Die **Kommunikationsziele** sind in der gewünschten übergeordneten Positionierung festgelegt. Darüber hinaus werden untergeordnete Ziele für die einzelnen Informationen formuliert, die Maßgabe für die Art und Weise der Umsetzung in Kommunikation sind.

Für die Informationen werden **Zielgruppen** identifiziert und spezifische **Botschaften** formuliert. Hierbei gilt es zu beachten, dass auch Informationen, die sich nicht direkt an mögliche Mandanten richten, auf indirektem Weg auf deren Entscheidungsfähigkeit wirken. Dasselbe gilt für die Kanzlei als Arbeitgebermarke. Die Zielgruppen bewegen sich in verschiedenen Feldern, und sie nutzen unterschiedliche Kommunikationsinstrumente (Medien).

Deshalb werden zuerst die **Orte für die Kommunikation** bestimmt. Im Anschluss daran werden die spezifischen Medien identifiziert und hieraus ergibt sich die folgerichtige Wahl der **Kommunikationsinstrumente**.

Für die **integrierte Kommunikation** gibt es verschiedene Definitionen, die den Umfang der Integration unterschiedlich bestimmen. Mit integrierter Kommunikation meine ich das Zusammenspiel der verschiedenen Informationen und Kommunikationsinstrumente, das den Gestaltaspekt berücksichtigt: *Das Ganze ist mehr als die Summe seiner Teile.* Kurz: Die integrierte Kommunikation meint die inhaltliche und formale Abstimmung wirklich aller Kommunikationsmaßnahmen, wobei im formalen Bereich die vorab festgelegten Grundelemente des Corporate Designs zum Tragen kommen und im Einzelnen entschieden wird, wie genau jede einzelne Information gestalterisch aufbereitet werden soll, damit sie die gewünschte Wirkung erzielt.

Die Details für die Konzeption und Realisierung der einzelnen Kommunikationsinstrumente und -mittel werden in einem Kommunikationskonzept festgehalten. Hierbei werden auch die Aspekte der **Budgetierung**, der **Planung** und der **Steuerung** festgehalten.

Für die externe Unternehmenskommunikation hat der Berufsverband der Public Relations Fachleute in Deutsche (DPRG) zehn Bereiche definiert, die eine hilfreiche Orientierung zur Bewältigung dieses sehr umfassenden Bereichs bieten.

*   ***Human Relations*** *richten sich an Mitarbeiter, aber auch deren Angehörige sowie an*
*   *frühere und potenzielle Mitarbeiter.*
*   ***Media Relations*** *richten sich an Vertreter journalistischer Massenmedien als potenzielle Multiplikatoren öffentlicher Informationsverbreitung.*
*   ***Public Affairs*** *richten sich an Mandats- und Entscheidungsträger in Politik*
*   *und öffentlicher Verwaltung und sind in der Praxis, entgegen der Bezeichnung, eher eine vertrauliche Angelegenheit.*
*   ***Community Relations*** *richten sich an Anwohner und das nachbarschaftliche*
*   *Umfeld.*
*   ***Product Publicity/Produkt-PR*** *richten sich an (potenzielle) Nutzer von*
*   *Produkten und Dienstleistungen.*
*   ***Öko-Relations*** *richten sich an kritischen Diskursen um Normen und Werte der Umweltbilanz aus.*
*   ***Themen/Issues-Management*** *dient dazu, relevante Inhalte frühzeitig zu*
*   *erkennen und aufeinander abzustimmen.*
*   ***Crisis Management*** *regelt kritische Kommunikationssituationen.*
*   ***Corporate Identiy/Unternehmensidentität*** *gestaltet das kommunikative*
*   *Erscheinungsbild.*
*   ***Vertiebs-PR*** *unterstützt Vertriebsaktivitäten.* **(ICV 2010/1)**

Ich würde hier lediglich der Verwendung des Begriffs Corporate Identity widersprechen, denn die Corporate Identity meint ja nicht Gestaltung sondern vielmehr die Identität und ist somit die Grundlage für die Gestaltung – für das Corporate Design. Der Begriff ist insofern an dieser Stelle möglicherweise irreführend. Nichtsdestotrotz: Die Übersicht des ICV veranschaulicht gut, welche verschiedenen Ausrichtungen die externe Kommunikation zu berücksichtigen hat.

Dass darüber hinaus auch die interne Kommunikation eine besondere Rolle im Kommunikationsmix der Kanzlei haben muss, ist selbstverständlich: Schließlich sind es die Mitarbeiter und die Partner selber, welche die Marke in ihrem Verhalten maßgeblich gestalten. Insofern ist auch hier die Kommunikation originäre Führungsaufgabe mit dem Ziel, eine sinnvolle Verbindung aller Beteiligten herzustellen.

Entsprechend der Komplexität der Umfelder wie der eigenen Kanzlei gilt beim Kommunikationsdesign die Berücksichtigung der kontinuierlichen Evaluierung und eventuellen Veränderung des Kommunikationsverhaltens. Kanzleikommunikation gleicht einem Kreis, der keinen Anfang und kein Ende kennt. Ihr ist deshalb kontinuierliche Aufmerksamkeit zu zollen. Hierbei spielt das Kommunikationscontrolling eine entscheidende Rolle. Dabei soll Controlling nicht mit Kontrolle verwechselt werden – beim Controlling handelt es sich um Zielfindung, Planung und Steuerung, sowie Evaluierung und Analyse.

Auch hierzu noch einmal der ICV, der insbesondere die gängigen Defizite beim Kommunikations-Controlling aufzählt:

- *Die Entwicklung einer eigenständigen Strategie der Unternehmenskommunikation und deren Anbindung an die Unternehmensstrategie fehlen oft.*
- *Auch bei der Anbindung der Unternehmenskommunikation an die Kennzahlen der Unternehmenssteuerung sind häufig Lücken festzustellen.*
- *Die Praxis der Unternehmenskommunikation ist zu sehr auf Maßnahmen konzentriert, es besteht ein Defizit bei Strategien und Zielen auf allen Ebenen.*
- *Erfolgsmessung und Evaluation finden maßnahmenorientiert und beliebig statt: „Alles was geht" oder „Die Maßnahme war erfolgreich, aber wozu haben wir sie eigentlich gemacht?"*
- *Erkenntnisse aus der Erfolgsmessung werden bei der Entscheidungsfindung kaum berücksichtigt* (ICV 2010/2).

Kanzleikommunikation ist in der Tat ein großes Feld, das beinahe ein eigenes Buch füllt. Zur vertieften Auseinandersetzung mit den Möglichkeiten der Kanzleikommunikation empfehle ich Ihnen zum Beispiel das von Claudia Schieblon herausgegebene Buch „Marketing für Kanzleien und Wirtschaftsprüfer" (Schieblon 2013), und auch die Bücher von Ilona Cosack und Angela Hamatschek „Praxishandbuch Anwaltsmarketing" (**Cosack 2013**) sowie von Johanna Busmann „Chefsache Mandantenakquisition" (**Busmann 2013**). Im Bereich der englischsprachigen Fachliteratur sei außerdem auf das Buch von Ford Harding „Rain Making" hingewiesen (**Harding 2008**).

Abschließend 7

Es gibt, wie gesagt, zahlreiche Bücher über Markenführung. Und auch die Literatur über strategische Kanzleiführung wird immer umfangreicher. Was jedoch bisher fehlte, war eine zeitgemäße Betrachtung der Verbindung von Rechtsmarktspezifika und der Kunst der Markenentwicklung und -führung. Mit der Überzeugung, dass eine strategische Kanzleiführung erst unter markenzentrierten Aspekten ein erfolgreiches Potenzial entfalten kann, habe ich beschrieben, warum das so ist, und welche Aspekte bei dieser speziellen Verknüpfung berücksichtigt werden müssen.

„Hier komme ich noch einmal zu dem bereits zitierten Gedicht Little Gidding" von T.S. Eliot zurück „ *We shall not cease from exploration/And the end of all our exploring/Will be to arrive where we started/And know the place for the first time* ".

Was Eliot hier beschreibt, gleicht zusammengefasst dem Prozess der Markenentwicklung, der mit dem Begriff *Individuation* umschrieben werden kann. Der Begriff kommt aus dem Lateinischen – *individuare* heißt: sich unteilbar, untrennbar machen.

Bekannt ist der Begriff vor allem aus der Psychologie und Carl Gustav Jung sagte zur Individuation sinngemäß: *Der Individuationsprozess zielt auf eine Mitte der Persönlichkeit hin, die gleichzeitig auch ihre Peripherie umschreibt. Die Mitte der Persönlichkeit zeichnet sich durch höchste Intensität aus und besitzt deshalb eine besondere Ausstrahlungskraft, die für den Menschen selbst, aber auch für seine Umwelt immer – bewusst oder unbewusst – erkennbar ist.*

Der Kernsatz von Jungs Ausführungen hierzu lautet: *Werde du selbst – Werde was du bist – Erwecke deinen Kern, deine Bestimmung. Aber bedenke: Eine Eiche kann nicht entscheiden, eine Buche zu werden.*

Nun klingen Jungs Sätze beinahe ein wenig „esoterisch" angehaucht, zumindest erkennt man hier das Konzept eines „Selbst", das jenseits kultureller Einflüsse sozusagen als mit der Geburt gegebene Grundausstattung zu verstehen wäre. Diesem spirituellen

© Springer Fachmedien Wiesbaden 2015
S. Hartung, *Die Kanzlei als erfolgreiche Marke*, DOI 10.1007/978-3-658-09801-8_7

Selbstkonzept möchte ich mich mit Blick auf den Rechtsmarkt natürlich nicht anschließen – jedenfalls nicht inhaltlich.

Die Idee eines solchen Selbst aber bietet strukturell ein hilfreiches Grundmuster für das Verständnis eines Corporate Brands, der aus seinem Markenkern verstanden und gesteuert werden will und die große Aufgabe der Interdependenz mit seinem Umfeld bewältigen muss. Mit Blick auf diese notwendigen Austauschbeziehungen des offenen Markensystems verweise ich deshalb auf eine Erweiterung des Individuationskonzeptes, wie es sich bei dem Philosophen Bernhard Stiegler findet. Stiegler bezeichnet die Individuation als einen grundsätzlich kollektiven Prozess, bei dem es nicht darum geht, dass sich das Individuum der Gruppe entgegenstellt, sondern sich mit dieser als prägnante Persönlichkeitsmarke entwickelt.

Wenn es mir gelungen ist, Ihnen die komplexe Ganzheitlichkeit einer Marke, ihr Systemwesen und ihren Gestaltcharakter mit meinen Ausführungen deutlich zu machen, dann verstehen Sie auch, warum ich angesichts des Prozesses der Markenentwicklung im Wesentlichen von einem Prozess der kollektiven Individuation spreche.

Das tue ich durchaus in dem Bewusstsein, dass die hohe Kunst der strategischen und operativen Gestaltung sämtlicher Kanzleimarkenbereiche beinahe eigene Wissenschaften für sich sind, und dass es deshalb mit einem lapidaren „Werde Du selbst" bei weitem nicht getan sein wird. Egal ob strategische Entscheidungen, Portfoliogestaltungen, Controlling, Personalentwicklung und -führung, Kommunikation oder Corporate Design – das alles sind Tätigkeitsfelder für ausgewiesene Experten, zumal, wenn es darum geht, diese Bereiche nicht nur operativ auf hohem Niveau zu führen, sondern das eben strategisch sinnvoll unter markenzentrierten Aspekten zu leisten.

Was ich mit dem Begriff der Individuation in jedem Fall verdeutlichen möchte, ist, dass sich aus der Markenperspektive jede Managementstrategie und jede operative Maßnahme an der Mitte der Markenpersönlichkeit, ihrem Kern, in dem die Vision und die Mission verortet sind, zu orientieren haben. Zu welcher besonderen Strahlkraft das führen kann, habe ich Ihnen an verschiedenen Beispielen zu verdeutlichen gesucht.

Zu beachten gilt dabei jedoch: Nicht nur starke Marken haben eine Strahlkraft – auch schwache. Und deshalb erweitere ich zusammenfassend die Markendefinition um den Aspekt des Kollektiven. Wenn für den Betrachter deutlich wird, dass eine Marke inkonsistent, nicht selbstähnlich oder nicht authentisch geführt wird, wendet er sich in den meisten Fällen von der Marke ab, im geringsten Fall irritiert, im schlimmsten Fall desinteressiert.

Was darüber hinaus – und hier abschließend – ebenfalls für den kollektiven Individuationsprozess von Corporate Brands gilt: Er ist so lange nicht abgeschlossen, wie es die Marke gibt. So lange nämlich befindet sie sich in einer nötigen Austauschbeziehung mit ihrer Umwelt, die sich, wie gesagt, kontinuierlich ändert, und jede Marke vor die Herausforderung stellt, immer neue und zugleich selbstähnliche Antworten für jedem nur denkbaren Unternehmensaspekt zu formulieren.

Literatur

A & F YouTube Greg Karbers. *Kampagne „FitchTheHomeless".* http://www.youtube.com/watch?feature=player_embedded&v=O95DBxnXiSo

Anonymous Law Firm. http://anonymouslawfirm.com

Anspruchsgruppen für Unternehmen. http://www.wirtschaftslexikon.co/d/anspruchsgruppen/anspruchsgruppen.htm

ark group 1/2/3/4, Ark Group. *Brand Strategy and Management for Law Firms.* Ark Group London 2012. 1: PDF Seite 1/2: PDF Seite 2/3: PDF Seite 3/4: PDF Seite 5

Bildsprache Thyssen Krupp, ©Stephanie Hartung. *Entwicklung der Bildsprache für Thyssen Krupp im Auftrag von Zintzmeyer & Lux* Stephanie Hartung 2007

BP 2001, British Petrol. *BP Marken-Relaunch: Die Innovation an der Tankstelle.* http://www.bp.com/liveassets/bp_internet/austria/corporate_austria/STAGING/local_assets/downloads_pdfs/m/markenrelaunch_bp_austria_150501_de.pdf

Busmann, Johanna Busmann. *Chefsache Mandantenakquisition: Erfolgreiche Akquisestrategien für Anwälte.* Verlag De Gruyter, Berlin/Boston 2013

BVF 2007 A/B, Brand Valuation Forum. *10 Grundsätze der monetären Markenbewertung.* http://www.markenverband.de/kompetenzen/markenbewertung/brand-valuation-forum-grundsaetze-der-monetaeren-markenbewertung/10%20Grundsaetze%20der%20monetaeren%20Markenbewertung.pdf, A: Seite 7/B: Seiten 10–12

Company's Vision 1996, James C. Collins und Jerry I. Porras. *Building your Company's Vision.* http://hbr.org/1996/09/building-your-companys-vision/

Cosack, Ilona Cosack und Angela Hamatschek. *Praxishandbuch Anwaltsmarketing: Mandanten gewinnen mit System.* NWV Verlag, Herne 2013

DIN 2010, Deutsches Institut für Normung e. V. *Markenbewertung – Anforderungen an die monetäre Markenbewertung (DIN ISO 10668:2010).* Beuth Verlag, Berlin, 2010

Freud 1930, Siegmund Freud. *Das Unbehagen in der Kultur.* Internationaler Psychoanalytischer Verlag, Wien 1930, Seite 50

Harding, Ford Harding. *Rainmaking – Attract new clients no matter what your field.* Adams Business/Adams Media, F + W Publications Company, Avon, Amerika, 2008

Hartung 2013, Markus Hartung. *Fremdbesitz an Kanzleien – Weniger Nebelkerzen, Weitblick fehlt.* http://anwaltsblatt.anwaltverein.de/rechtsprechung-details/items/Fremdbesitz.html

Häusler 2011, Prof. Dr. Jürgen Häusler. http://www.marketing-site.de/content/liebe-oder-vertrauen;74287

© Springer Fachmedien Wiesbaden 2015

S. Hartung, *Die Kanzlei als erfolgreiche Marke,* DOI 10.1007/978-3-658-09801-8

ICV 2010/1 und/2, Dr. Reimer Stobbe. Leiter des Fachkreises Kommunikations-Controlling des ICV. *Grundmodell für Kommunikationscontrolling.* Internationaler Controller Verein e. V., Leutstettener Straße 2, 82116 Gauting. www.controllerverein.de, verein@controllerverein.de, 1: Seiten 11 + 12; 2: Seite 15

IDW 2010, Institut der Wirtschaftsprüfer. *Grundsätze zur Bewertung immaterieller Werte: Besonderheiten bei der Bewertung von kundenorientierten immateriellen Werten.* http://www.idw.de/idw/portal/d600384/index.jsp

Kahles 2013, Wolf Kahles. Director Human Resources, Clifford Chance, Frankfurt Main. *Anwaltsspiegel Ausgabe 06/2013 vom 20. März 2013, Seite 11.* http://www.deutscheranwaltsspiegel.de/archiv/

Kahles 2014, Wolf Kahles. Director Human Resources, Clifford Chance, Frankfurt Main. *Baby-Boomer, Generation X, Generation Y, Millenials – nur Modewörter?* In: *Der Rechtsmarkt in Deutschland – Überblicke, Analysen, Kenntnisse.* Hrsg. Thomas Wegerich und Markus Hartung. Deutscher Anwaltsspiegel, Frankfurter Allgemeine Buch, Frankfurt 2014

Kay Noah Wardrip-Fruin und Nick Montfort, Hrsg. *The New Media Reader.* The MIT Press, Cambridge, Mass. 2003, Seite 394

Kommunikationskonzept 2009, © Stephanie Hartung. *Auszüge aus der Entwicklung eines Kommunikationskonzeptes für ein mittelständisches Familienunternehmen der industriellen Zuliefererindustrie.* Stephanie Hartung 2009

Marke Definition 1 http://markenlexikon.com/glossar_m.html

Meffert, Burmann, Koers 2002. Heribert Meffert, Christoph Burmann, Martin Koers. *Stellenwert und Gegenstand des Markenmanagement –. Grundfragen der identitätsorientierten Markenführung.* Wiesbaden, Gabler Verlag 2002, S. 3–15

Mellerowicz 1963, Konrad Mellerowicz. *Markenartikel – Die ökonomischen Gesetze ihrer Preisbildung und Preisbindung.* 2. Aufl. München/Berlin, Beck Verlag 1963, S. 39

Munzinger, Sasserath 2010, Unternehmensberatung Munziger Sasserath. *Studie Markenvertrauen 2010.* http://de.slideshare.net/MusiolMunzingerSasserath/mms-markenvertrauen-2010

Nivea 2000, Pressemeldung der Beiersdorf AG, Abt. Corporate Comunications. *Die Nivea-Schrift: Erkennungsmelodie der Printmedien.* https://globe360.net/nivea100/sites/stage.globe360.net.nivea100/files/documents/die_nivea_schrift.pdf

Nivea Type, Relaunch der Nivea Type im Lauf der Zeit. https://upload.wikimedia.org/wikipedia/de/0/0e/Nivea_Logos.jpg

Perrey Riesenbeck 2005, Jesko Perrey und Hajo Riesenbeck. McKinsey Company. *Mega-Macht Marke – Erfolg messen, machen, managen.* Redline Verlag/Reihe McKinsey Perspektiven, 2005, S. 187

Personal Computer, Noah Wardrip-Fruin und Nick Montfort (Hrg). *The New Media Reader.* The MIT Press, Cambridge/Mass. 2003, S. 394

Prognos 2030, Prognos AG *Der Rechtsdienstleistungsmarkt 2030, eine Zukunftsstudie für die. Deutsche Anwaltschaft.* (im Auftrag des Deutschen Anwaltsvereins e. V.), Juni 2013

Schieblon 2013, Claudia Schieblon (Hrsg.) *Marketing für Kanzleien und Wirtschaftsprüfer – ein Praxishandbuch für Anwalts-, Steuerkanzleien und Wirtschaftsprüfungsunternehmen.* Verlag Springer Gabler, 3. . Auflage 2013, S. 29–91

Schneider Egler 2013, Torsten Schneider, Michael Egler Torsten Schneider ist Director Human Resources, Luther Rechtsanwaltsgesellschaft mbH, Köln/Michael Eger ist Manager der Promerit Management Consulting AG. Anwaltsspiegel Ausgabe 06/2013 vom 20. März 2013, Seite 14

Starke Marken 2011, Markenverband. *Markenwirtschaft steigert Umsatz deutlich.* http://www.markenverband.de/presse/archiv-2011/markenwirtschaft-steigert-umsatz-deutlich

Staub/Hehli Hidber, Prof. Dr. Leo Staub und Christine Hehli Hidber. *Management von Anwaltskanzleien – Erfolgreiche Führung von Anwaltsunternehmen.* German Law Publishers, Frankfurt 2012

The UKs Most Valuable Law Firm Brands, Intangible Business. *The UKs Most Valuable Law Firm Brands.* http://www.intangiblebusiness.com/reports/the-uks-most-valuable-law-firm-brands/376

Ufermann 2010, Andreas Ufermann. *Imageaufbau durch Produktdesign.. Eine empirische Studie am Beispiel Automobildesign.* Diplomica Verlag, Hamburg 2010, Seite 53

Wegerich/Hartung, Prof. Dr. Thomas Wegerich und Markus Hartung (Hrsg.). *Der Rechtsmarkt in Deutschland – Überblick, Analysen, Erkenntnisse.* Deutscher AnwaltSpiegel/Frankfurter Allgemeine Buch, Frankfurt 2014

The manufacturer's authorised representative in the EU is Springer
Nature Customer Service Centre GmbH, Europaplatz 3, 69115 Heidelberg,
Germany. If you have any concerns regarding our products, please
contact ProductSafety@springernature.com

Printed and bound by CPI Group (UK) Ltd, Croydon, CR0 4YY
26/04/2026
02097302-0017